本书获教育部人文社会科学研究青年基金项目"乡村振兴视域下滇桂边界文化传统与乡村治理现代化耦合机制研究"（22YJC850007）资助。

Research on the Coupling Mechanism Between Cultural Traditions and Rural Governance Modernization in the Context of Rural Revitalization Along the Border of Yunnan and Guangxi

乡村振兴视域下滇桂边界文化传统与乡村治理现代化耦合机制研究

唐 俊 著

中国海洋大学出版社

· 青岛 ·

图书在版编目（CIP）数据

乡村振兴视域下滇桂边界文化传统与乡村治理现代化耦合机制研究 / 唐俊著 . -- 青岛：中国海洋大学出版社，2025. 5. -- ISBN 978-7-5670-4192-9

Ⅰ. D638

中国国家版本馆 CIP 数据核字第 2025Y5T877 号

出版发行	中国海洋大学出版社		
社　　址	青岛市香港东路 23 号	邮政编码	266071
出 版 人	刘文菁		
网　　址	http://pub.ouc.edu.cn		
订购电话	0532－82032573（传真）		
责任编辑	邵成军	电　　话	0532－85902533
印　　制	日照日报印务中心		
版　　次	2025 年 5 月第 1 版		
印　　次	2025 年 5 月第 1 次印刷		
成品尺寸	170 mm ×240 mm		
印　　张	14. 25		
字　　数	230 千		
印　　数	1～1 000		
定　　价	69. 00 元		

目 录
CONTENTS

第一篇

理论阐释篇

第一章 >>

治理与乡村治理解读

中共中央办公厅、国务院办公厅印发的《关于加强和改进乡村治理的指导意见》，将推进乡村治理体系和治理能力现代化作为全面实施乡村振兴战略的基础，从现代乡村社会治理体制、乡村治理体系、乡村治理格局等方面提出建设乡村的总体要求，[①] 为进一步深化研究乡村治理体系和治理能力现代化建设提供了理论指导，提出了工作要求。

在乡村振兴的大背景下，乡村治理现代化作为突显时代变迁的重要概念，越来越受到社会各界广泛关注。我国乡村治理传统可以追溯的时期较远，然而中华传统文化与乡村治理之间的关系，在不同历史阶段反映了不同的影响力和形塑力。滇桂边界丰富的传统文化内涵，为笔者研究乡村治理现代化创造了多元的实践题材：当前滇桂边界开展乡村治理工作如何把握传统与现代的关系，在乡村治理现代化语境下如何分析传统文化的形塑作用力。本章通过对乡村治理相关概念的解析，以乡村治理层面的概念阐述为切入点，重点阐述实践过程中的滇桂边界乡村治理模型类型、层次结构、内涵特征等内容，将乡村善治置于更宏观的治理层面进行解读，解析治理层面的目标、属性、主体等多层次内容，以此为依托解读宏观背景下治理与乡村治理的深层次概念模型和主要特征。

---

① 中共中央办公厅 国务院办公厅印发《关于加强和改进乡村治理的指导意见》[EB/OL].（2019-06-23）[2023-02-15]. https://www.gov.cn/zhengce/2019-06-23/content_5402625.htm.

第一节　治理的解析

一、治理的含义

20 世纪 90 年代,"治理"受到社会学、经济学、政治学等领域的广泛关注,英文单词 governance 常被译为治理,通常有统治、统治方式、管理等含义,也指管理者通过权力对公共事务的调控和支配。[①] 过去,"治理"大多应用于国家层面以及不同行业利益关系等领域。近年来,"治理"的应用范围和用途不断扩大,无论是在学理解释还是在社会实践层面,均出现了对"治理"不同层次的运用。英国学者杰索普认为,之所以出现"治理"的应用范围和用途不断扩大的现象,是由于 20 世纪七八十年代社会科学领域出现的范式危机,根源于对社会科学界过于简单化的两分法的否定。[②] 治理不仅是对公共事务的调控和支配,而且通过对公共资源的有效配置,还可形成对社会运行的有效调控。

在实际运用过程中,治理的内涵显然要大于字面的理解,特别是结合实地情况考察治理内涵,不是单一的主体调控和支配活动。联合国全球治理委员会的《我们的全球伙伴关系》对治理概念的界定如下:治理是个人和各种公共或私人机构管理共同事务的方法总和,是为使互相冲突或不同利益得以调和而采取联合行动的过程。[③] 此定义中对治理的阐述,表述出了多主体的特征,出现了公共、个人、私人机构的关系,以及以利益为导向进行调节并取得相应利益的过程。治理的概念显然不是单一主体,多元联动主体治理的各层面均发挥了不同职能。吕德文认为我国的乡村治理不能照搬西方理论;乡村治理的实践,既包含基层对乡村社会的管理,也包含群众自治组织参与公共事务;乡村治理既包括国家层面,也包括乡村自治层面。[④] 从治理概念的阐述视角

[①] 徐勇. GOVERNANCE:治理的阐释 [J]. 政治学研究,1997(1):63.

[②] [英] 鲍勃·杰索普. 治理的兴起及其失败的风险:以经济发展为例的论述 [M] 漆芜,译.// 俞可平. 治理与善治. 北京:社会科学文献出版社,2000:56.

[③] 王勇. 社会治理创新与政府积极作为 [J]. 国家行政学院学报,2017(1):66.

[④] 吕德文. 乡村治理 70 年:国家治理现代化的视角 [J]. 南京农业大学学报:社会科学版,2019(4):11.

分析,多元主体作为治理的维度,符合治理概念的阐述;而从乡村治理层面来看,不难发现学者们对乡村治理的解释,也是与治理概念阐述相互吻合的。

"治理"的含义不仅具有治理主体的多元特征,而且体现出治理形式的多样性。通常情况下,治理不会是静态或单一的过程;从治理的字面含义进行分析,公共权力的配置、社会运行的调控等过程,实际上根据体制状况、社会发展等要素,也会呈现不同的形式。在市场化机制作用下,以公共权力调配为主导,以市场运行机制为主体,以社会主体多元联动为要点,共同组合形成公共权力、市场运行、社会主体的多元联动。有效的社会运转依靠公共权力的供给,进而推动社会整体多元联动运转。"社会的治理需要社会中社会自治权的参与,就权力的公共服务性而言,公共权力应是一个以国家权力为主导,同时包含社会自治权的体系。"① 笔者将治理看作是多样性的形态,不仅要从字面上认识治理的含义,而且要结合市场机制的调节、公共权力的调配来分析治理。从客观层面分析,治理主体的多元性往往决定了治理形式的多样性,这是由不同社会性质、不同时期的社会发展条件所决定的。

从治理的形式或类型来说,马克斯·韦伯采用统治的理想类型,揭示西方社会制度下的社会治理类型。从社会治理合理化的角度,本书将韦伯的观点视为三种不同的治理类型,分别是法理型、传统型和魅力型。韦伯认为法理型即服从合法章程、非个人制度,依据正式合法的指令而服从指令;传统型则是尊重并服从传统统治,接受传统的统治者约束;魅力型即服从有魅力的管理者,在其魅力范围内表示信任。② 关于治理类型的阐述,韦伯为我们提供了一个标准化的多样类型划分。在不同制度的现实社会条件下,也许存在不统一的划分形式,但治理的理想类型划分,却对西方多样化的治理形态进行了阐释。笔者通过对韦伯治理模式的分析,试图诠释一般性的概念化问题,即治理的多样性是普遍存在于不同的社会结构中的,然而多样性的治理问题既受到学界关注,也符合社会运行实际。从社会层面来讲,社会自身的多元结构、多样形态,本身就决定了治理问题的多样形态。所以在考察社会治理或其他治理的问题时,都需要全面地思考治理的本质含义,以及结合实际情况所呈现出

① 徐勇. GOVERNANCE:治理的阐释 [J]. 政治学研究,1997(1):64.
② [德] 马克斯·韦伯. 经济与社会(上卷) [M]. 林荣远,译. 北京:商务印书馆,1997:241.

的有关治理的多样性问题。

治理的多元主体与多样形态,决定了不同社会制度中存在治理的多层次问题。韦伯认为要解决治理的"合法性"问题,即治理者合法性的问题,而人们对治理的过程拥有合理性认可的权利。韦伯指出:"习俗或利害关系,如同结合的纯粹情绪的动机或纯粹价值合乎理性的动机一样,不可能构成一个统治的可靠基础。除此之外,还要加上另一个因素:对合法性的信仰。"① 可以看出,韦伯所指的治理合法性,需要从多层面进行解析。按照韦伯对治理的合法性解释,从价值理性来说,通常这不是治理的有效基础,但以价值理性为依托的治理模式,显然会带来一定效用。韦伯的传统型、魅力型、法理型治理类型,在揭示西方社会组织制度的同时,也揭示了治理的多种类型问题。

根据韦伯对治理三种类型的阐释,在乡村治理视域下分析治理基本特性问题,可以洞察不同社会制度或发展环境下对治理的类型理解。一是以传统型治理为切入点。韦伯所指的传统型治理,是建立在统治合法性的继承制度或神圣性权利的基础上,按照传统的主仆关系建立等级关系,不以法律规章为管理原则,缺乏固定合理的等级制度,缺乏相应业务培训,没有固定的契约或管理规定决定官员的任免。② 可以看出,传统型治理,既无合理的任免规定,也无法律规章规定,显然不同于礼俗的治理模式。这是在不同历史时期,在不同社会制度下产生的治理类型,可见不同社会制度或发展环境使得对治理类型的划分有较大差异。二是以魅力型治理为切入点。魅力是建立在特殊品质基础上受人尊重的、有超凡过人之处的素质。魅力型治理是一种与个人魅力联系紧密的治理形式。③ 韦伯所指的魅力型治理形态,显然不同于笔者今天看到的社会精英参与治理的模式,魅力型治理是在当时西方社会条件下产生的。三是以法理型治理为切入点,即在法律规章的基础上,受到规则的约束并在一定权限内有明确的分工和任务。法理型治理有明确的规则要求,有固定

---

① [德] 马克斯·韦伯. 经济与社会(上卷) [M]. 林荣远,译. 北京:商务印书馆,1997:239.

② [德] 马克斯·韦伯. 经济与社会(上卷) [M]. 林荣远,译. 北京:商务印书馆,1997:251-258.

③ [德] 马克斯·韦伯. 经济与社会(上卷) [M]. 林荣远,译. 北京:商务印书馆,1997:269-271.

的监督制度和议事规则,行动者受到严格的约束和监督。① 西方的科层制突显法理型治理的特征,韦伯也将科层制视作法理型治理的一种形式。通过职务级别形成的有序体系,产生了固定的权限内容。在以科层制为特征的西方制度基础上,法理型治理也同样呈现了西方治理的弊端。

通过对治理方式多样性的阐述,笔者看到治理内容受到社会制度、社会运行环境等客观条件制约,需要通过具体问题具体分析的方式,分析和判断治理类型的内涵和特性。简而言之,治理的具体含义受到客观的社会条件制约,需要具体问题具体分析,而不是单一地将治理多样性应用于不同社会制度、不同社会发展环境。无论是治理主体的多元性,还是治理类型的多样化,在不同社会制度框架下,都形成了具有时代性及地域特征的具体内容,所以更需要从实际情况出发考量治理的具体类型及深层内涵。

二、治理的特征

英国学者斯托克认为,治理所追求的目标是创造条件以保证社会秩序和社会行动,治理的结果和统治无不同之处,差别只在于过程。② 治理的目的应是实现社会制度的有效运行,促成社会资源的合理公平分配,形成社会的有序协调运行。俞可平认为治理的目的是在各类不同制度关系中,通过权力规范和引导公民活动,最大限度地实现公共利益,也即政治管理包括政治权威的规范基础、处理政治事务的方式及对公共资源的管理。③ 就治理的目的及功能而言,治理要实现利益的最大化、秩序的有效规范运行。

(一)治理的目标导向

无论治理的形式、治理的主体怎样变化,都应以实现善治为主要目标。从治理的具体实践层面分析,有取得既定目标的积极治理实践,也有消极的治理实践,但就治理的目标而言,无法忽略的是市场的自主调节功能,即通过弥补上层调节的不足进而发挥市场调节作用,通常在治理实践过程中形成政府指

---

① 〔德〕马克斯·韦伯. 经济与社会(上卷)〔M〕. 林荣远,译. 北京:商务印书馆,1997:245-246.

② 〔英〕格里·斯托克. 作为理论的治理:五个论点〔M〕. 华夏风,编译 // 俞可平主编. 治理与善治〔M〕. 北京:社会科学文献出版社,2000:32.

③ 俞可平. 治理与善治〔M〕. 北京:社会科学文献出版社,2000:5.

导、市场引导、协会主导、公众参与的协作机制,即所谓实现既定目标的有效治理。实际上,各方有效协作是实现治理目标的重要内容,一定程度上失效治理的出现通常会使协作难以开展,无法形成有效的协调、协作的秩序状态。所以,学界对有效治理的论述,认为治理的有效性应是治理功效的体现。从治理的目标应是实现有效治理的过程来说,"善治就是使公共利益最大化的社会管理过程,善治的本质特征就在于它与公民对公共生活的合作管理,是政治国家与公民社会的一种新颖关系,是两者的最佳状态"。[①] 学界引入"善治"的概念,也成为追求有效治理的重要叙述,反映了追求有效性的治理目标。

以善治作为治理的目标,为实践过程中落实治理目标明确了对管理、过程的追求。在实际操作过程中,治理的目标常以概念化的形式出现,通常概述为善治、有效治理等内容,通过文本进行抽象和宏观的概括。笔者探讨了在治理的具体操作过程中如何更好地体现出治理的目标导向特性。以乡村治理中的目标为例,很多学者在研究乡村治理过程中,均对此特征着重进行了阐释,并将其作为一项有力的论述内容来揭示乡村治理的本质。有学者认为当前实施乡村振兴战略,在推动三治融合的乡村治理体系探索中,应当在追求有效治理的同时,重点把握制度创新的合理性和分寸感,完善监督和审查制度,加强基层党组织建设,重点突出群众路线和服务群众的思想。[②] 在我国基层治理语境下,重要的是要以服务广大人民群众为工作出发点。"唯有在乡村治理中不断增进民生福祉,提高乡村居民的获得感、幸福感、安全感,才能更有效地推进乡村实现振兴和更扎实地推进共同富裕。"[③] 要以广大人民群众的满意程度作为衡量工作的重要指标,治理的目标和任务也应以此为重要内容。很多学者均持同样的观点,可以说乡村治理无论是在学术还是实践层面,其目标均是一致的。

制定出正确的治理目标,这样才能有效地完成既定治理任务;以目标为导向的治理方式,促使治理的整个过程和调控方式均体现出明确的方向感和责

---

① 俞可平. 治理与善治 [M]. 北京:社会科学文献出版社,2000:8-9.

② 朱政. "三治融合"乡村治理体系探索——以"积分制"治理为素材 [J]. 湖北民族大学学报:哲学社会科学版,2022(4):78.

③ 吴业苗. "民生为先":乡村治理的基本遵循——兼论乡村振兴中的实践问题 [J]. 社会科学战线,2022(6):208.

任感。通过对善治、有效治理等问题的解析,笔者在陈述治理目标特征的同时,也尝试呈现治理这一特定任务的特殊性,体现不同于其他理论或实践任务的特征。正因如此,笔者在考量乡村治理目标任务的过程中,认为基层干部必须树立为人民服务的正确理念和政绩观,这样才能以有效的目标,确立乡村治理规范化的任务流程以及可落地可操作的目标追求。

在滇桂边界传统文化丰富的民族地区,乡村治理的目标更为有效地反映在人民群众的获得感、幸福感和归属感之中。在乡村建设发展进程中,带领人民群众共同富裕是乡村治理现代化的主要目标,是各级干部为之奋斗的主要任务和重要内容,也是在以治理目标为导向的奋斗道路上,为实现各类任务提出的新的奋斗指引和工作重点。以治理目标为准则,以治理方向为追求,构建好结合实际的基层治理体系,将成为实现地区社会优先发展的新机遇,也是构建具有地区实际特色的乡村治理现代化的主要内容。有学者提出,构建乡村治理体系的核心是处理好国家和农民,以及基层政府、村干部和农民的互动关系。[①] 民族地区构建自治、法治、德治结合的新治理体系,归根到底要以实现群众幸福感和获得感为准则,滇桂边界民族地区基层治理体系的构建也是为了实现这一目标。在实践过程中充分发挥人民群众的能动作用,突破简单化、单一化的上传下达的模式,关键是激活村民自治、加快法治建设、强化德治影响,真正实现三治融合。在法治建设的基本原则下,应将地方文化传统扩大为较具德治效益的实践方式,充分发挥村民愿意和能够积极参与的自治效应,真正实现区域内村落在自治、法治、德治方面的互动融合。

(二)治理的多重属性

治理的特定内涵及其特征属性,决定了其多元的层次属性;治理的含义及目标效益,使得在追求效益最大化的同时,也呈现出多重目标的特性。在分析治理特征的过程中,从多层属性来说,治理并不是仅表现为单一层次的叙述过程;从多层次互动的观点来看,也不是仅具单一层次的特性,而是至少可以体现宏观、中观、微观的层面属性。也就是说,笔者所讨论的治理,范围是很大的,比如在国家层面、社会层面、公司层面均可阐述治理的层次问题。

---

① 吕德文. 乡村治理 70 年:国家治理现代化的视角 [J]. 南京农业大学学报:社会科学版,2019(4):8.

英国学者罗伯特·罗茨定义了治理的 6 种运用领域,分别是国家层面、公司治理层面、公共管理层面、善治层面、社会控制系统层面、组织网络层面。[①]在具体运用过程中,国家治理层面大体从经济、政治、宣传等层面入手,对整体层面进行调控和调节,以达到有序的运行状态。从公司治理层面来说,范围上缩小了,主要是对公司组织的指导和控制,对责任、公开、解决问题等方面的解释。从公共管理层面来说,转变为"更小的政府"和"更多治理"。这是将社会层面公共管理与企业家结合起来考察,在市场、消费、公共服务中削减官僚机构,并增强市场的运作效率。善治层面即将善治与公共管理结合起来,鼓励实现公共服务中效率的主张。作为社会控制论的治理,认为多种行动者之间相互依存,治理成为一种互动的管理方式结果。在组织网络层面,公共部门、个体部门等多种组织被纳入这种类型中,突出以服务为特征的组织联系纽带,组织成员间为了利益最大化,需要相互交换资源。[②]罗茨对治理类型的概述,使治理的多层次问题受到了学者们的关注。在此 6 类不同的治理层次中,可以发现有组织层面、资源交换、运行效率、管理互动、主体依存等方面的内容,为笔者讨论治理的多元层面提供了宽泛的考察视角。法国学者皮埃尔·戈丹认为治理的理念是一个集体产物,有混杂的特征:从治理的概念来说,有"善治""新型治理""人本治理"等概念,从治理的内容分析,有"现代治理""多层次治理""公司治理"等。[③]从治理的不同主体来说,至少有国家、社会、企业、组织等多个层次,且各个层次之间具有相互衔接的特点,可以从不同层次划分出不同类型的治理结构,包括新兴经济体、国家层面,或再细分出社会整体、地区等层面。

对于治理的内涵层次特征,笔者从区域、内容等方面进行划分,不难发现治理的多层次特征是较为明显的,不仅表现了治理特征的多元性,而且突出了治理结构的多元特性。笔者试图粗略地探讨治理的多层特征,进而从归纳

---

① ［英］罗伯特·罗茨. 新的治理［M］. 木易,译 // 俞可平主编. 治理与善治. 北京:社会科学文献出版社,2000:87.

② ［英］罗伯特·罗茨. 新的治理［M］. 木易,译 // 俞可平主编. 治理与善治. 北京:社会科学文献出版社,2000:87-95.

③ ［法］皮埃尔·戈丹. 何谓治理［M］. 钟震宇,译. 北京:社会科学文献出版社,2010:19-20.

的角度进行分析。区域层次至少包括国际层面、国家层面、地方层面；治理的类别可以通过行政、公共管理、组织内部等层面进行解析；治理的内容有公共政策、组织制度、制度协调等有形的治理内容，也有现代信息化领域的治理问题，这些都为治理的多层次问题提供了多样化的解释。皮埃尔·戈丹对有关治理的研究进行了论述，得出早期研究的几个共性观点，集中地反映出在公共行为的行动体之间发展出来的紧密的互动关系。他通过对治理研究的整理得出的观点是，治理的论证能够更为有效地归纳出人们寻求协调的方式，包括行为体之间的协调，规则与行动价值之间的协调等。[①] 可以看出，在治理多层次的解释中，集中的研究是将治理的主体层次、治理的行动价值等进行梳理，这为笔者论述治理多层次的特征作了很好的梳理归纳。

根据罗伯特·罗茨对治理类型的概述分析，乡村治理现代化具有的多重属性特征，同样可以反映在多层次、多维度主体的实践过程中。滇桂边界以文化传统为嵌入点的基层治理模式，以多元化的多层次的实践主体为维度，为乡村治理提供了多层面的实践形态和主体。区域内乡村治理实践过程，基本可概述为组织动员、资源整合、运行效率、管理机制、主体协作等层面。乡村层面的组织动员有别于城市社区治理，需要结合实际情况或是一村一策，村民的年龄、需求及人口等常会成为组织动员的考虑因素。在不同类型的村落建设中，常存在多层面的实践主体、利益群体、协调对象。整合多方资源以发挥村寨最大优势，这是实现乡村治理重要和关键的环节。乡村治理不同于企业、基层政府的治理，大多数村干部在知识、技能等方面制约较多，在实践村落治理的路径上，每户情况不同、各家诉求不一，造成上传下达、挨户落实的难度加大，所以运行效率在此时起到关键作用。有学者提出过乡村治理主要以乡村主体和管理体制为关键，乡村管理机制更是多层次、多层面运行，不仅难言规范，不少管理规约也有流于形式的情况。建设、运用和发展好乡村管理机制，需要各方主体相互协作，共同提高主体协同的效益和成效。

（三）治理的多元主体

在治理内容及类型的多样化特征基础上，治理主体呈现出与之相对应的

---

① ［法］皮埃尔·戈丹. 何谓治理［M］. 钟震宇，译. 北京：社会科学文献出版社，2010：23.

多元特征,这是对治理特征的阐述中较能反映多样性之处。笔者在讨论治理主体的问题时,通过对治理的多样类型进行分析,以实际问题为导向对治理问题进行概述,进而反映治理主体的多元特性,特别是反映治理主体多元特征的具体情况。贺雪峰在《乡村治理的社会基础》中对村庄权力结构进行了三层分析,分别归纳如下:体制精英,即掌握村庄权力资源的乡村干部;非体制精英,即在乡村有一定影响力的地方精英;普通的无政治村民,即乡村无政治影响力但可以参与集体行动的村民。[①] 以体制和非体制为参照依据,不仅在乡村治理中能体现出充分的依据,而且将其扩张至多元的其他治理领域,也是具有一定说服力的。

从乡村基层治理层面分析治理主体可知,村民以体制和非体制精英方式参与乡村治理,一定程度上塑造了治理主体中的体制及非体制形象。从这个层面来说,以乡村基层治理为例进行分析,治理主体至少可以划分为制度主体、非制度主体、普通群众。笔者在云南文山州、广西百色市等地考察当地村寨的乡村治理参与主体时发现,当地以村委会干部为主、以村寨中有资历的精英为辅,共同组成村委会重要事项议事组织,这与学界对乡村治理中的制度主体和非制度主体的论述是一致的。

关于乡村治理主体的多元性问题,笔者从基层治理的角度,简约直接地分析出治理主体的多元特征问题。很多学者从制度、非制度的角度进行阐释,试图将乡村治理主体的问题放置到制度与非制度二元结构中进行讨论。张厚安等人在《中国农村村级治理》中,将村民公共参与的形式,划分为制度化参与、非制度化参与两大类,将制度化参与划分为制度化的正式参与和制度化的非正式参与。其中,制度化的正式参与,即参与的形式及程序有明确规定,以制度认可的正式组织为依托;制度化的非正式参与,即制度框架所允许的参与行动,没有明确的规范约束,没有可依托的正式组织。非制度参与没有明确的制度规定加以规范,大多发生在突发性或变化性的矛盾问题处理过程中。[②]可以看出,通过对乡村基层治理的制度、非制度主体问题的分析,大致可以将治理在乡村治理主体层面划分为制度与非制度两个类别。之所以以基层的乡

---

① 贺雪峰. 乡村治理的社会基础 [M]. 北京:中国社会科学出版社,2003:119.
② 张厚安等. 中国农村村级治理 [M]. 武汉:华中师范大学出版社,2000:69-71.

村治理为分析依据,是由于治理层次具有多样性特征。治理主体具有多元性的问题。

从治理模式分析治理主体多元性的问题,以乡村治理模式为依托,也能直观地呈现出治理主体的多元性特征。张厚安等人将村级治理模式划分为传统型、能人型、法治型三种模式,不同模式中体现出传统权威、村委会、乡村精英、传统行政等主体。[①] 虽然治理主体并不会以一种或几种类型为依托,但如此划分依据能说明的是,治理主体存在不同层面的多元主体特征。如果将乡村治理的主体特征放置到治理主体中,以更宽广的视角分析治理主体的问题,也是具有基础性分析依据的。

滇桂边界乡村治理的多元主体共同参与的村落治理实践模式,在村落建设发展中发挥着不可替代的主体推动作用。就乡村治理的新系统来说,充分发动村民群众广泛参与建设的村寨,大多是具有发展活力和可持续发展潜力的村寨。滇桂边界区域内传统文化丰富,地方文化传统的精神内涵更是可以激发动力,为推动地方乡村社会发展注入了强大正能量,可以说是不可多得的文化传统传承延续和进步发展的硕果。云南西畴县的红色文化主题村,就有以发挥"五老"治理为主协同参与治理的有效实践,为村落邻居纠纷、家庭问题、村落异议、法治建设等问题的解决,发挥了有效协作治理作用,不仅为村落治理带来有影响力的村落权威力量,更突显出村民"五老"参与自治的积极有力实践。区域内多元主体参与乡村治理的案例更是为村落发展注入了强有力的动能。云南砚山县部分以文化旅游为主题的村落,就充分发挥外来驻村干部资源优势,通过引入外来资源,将村落文化旅游包装打造成为以村落文化为主题的案例。通常情况下,传统的村落发展不仅在资源整合、宣传影响等方面受到制约,也难以适应当前乡村治理现代化的发展要求。然而,外来多元主体协同参与下的乡村文化旅游模式,却发挥了资源引进、对外宣传、包装运营、推动就业等方面的现代化管理优势。在当前全面推进法治社会建设的过程中,乡村社会法治建设的宣传、引导和教育极其重要。广西西林县传统村落就有传统型、能人型、法治型主体参与法治建设的案例,通过乡村青年人参与网络直播、网络宣传的形式,为全村老少带来法治案例宣传的生动讲座。网络宣传

---

① 张厚安等. 中国农村村级治理 [M]. 武汉:华中师范大学出版社,2000:82-86.

不仅跨越了时间、空间的限制,还为适应不同村民需求提供了便利。镇政府依靠法治型人才加网络直播,将法治案例和故事带到了千家万户。区域治理多元主体中的制度主体、非制度主体,以村落"五老""三型"等多元主体形式,为建设乡村的新治理体系,发挥了多元主体参与乡村自治、法治、德治的积极有效推动作用;多元主体参与村落自治,形成了以地方文化传统规约的德治效应;结合现代管理方式推动法治建设,使区域内多地村落中多元主体参与的乡村治理新体系建设各具特色,带动不少地区乡村治理初见成效。

第二节　乡村治理的概念阐释

乡村治理是国家治理的重要基石,是实现国家治理体系和治理能力现代化的基础工程。按照乡村振兴战略的总体要求,为全面深入实施乡村振兴战略,乡村治理不仅当前起到促进乡村全面振兴的基础作用,也将产生后续动能及统筹协调的持续效应。作为夯实乡村振兴的基础工程,乡村治理体系和治理能力现代化已不仅仅是着眼于通过进一步做好"三农"工作,推动乡村建设、乡村发展的等工作层面。在百年未有之大变局形势下,乡村振兴视域下对加强和改进乡村治理的工作要求,具有进一步保障和改善民生、统筹经济社会协调发展的重要意义。

乡村治理研究已进入新的发展阶段,内容包括在实施乡村振兴战略背景中,如何更具针对性地开展乡村治理工作,以更契合地方文化、社会发展的角度,分析乡村治理的实施路径,解决实践过程中的乡村治理路径问题。笔者从学理层面分析,以西方社会学理论为视角,以路径以抓手,以案例为突破口,以实践为依据,结合云南、广西部分民族地区乡村特点,抛砖引玉,提出滇桂边界地区乡村治理的内涵阐释及实践价值。

本书通过研究与乡村治理契合的乡村治理理论,结合云南、广西边界民族地区乡村社会发展实际,以及不同民族地区地域、文化、社会发展特性,分析具有操作可能的地方乡村治理路径。可以说,在全面推进乡村振兴战略实施过程中,民族地区乡村治理因特定的地域范畴、特色的民族文化、特殊的社会发展等因素,为乡村治理研究提供了广阔空间,对实际操作提出了更高要求。

目前,学界对乡村治理的概念及其内涵特征,并没有一个相对统一的阐释标准,但乡村治理内涵的特征是相对确定的。也就是说,乡村治理是在一定乡村场域中针对特定人群、社会经济形态等进行的多元共治的过程。这仅仅是对乡村治理文本层面的表述。如要从更深层或更符合学理及实践的层面来阐释,乡村治理应是在多元层面的协调、协同、协作的基础上,从治理主体、治理过程、治理效益三个层面来阐释,才能将其概念在内在含义和实践效用方面结合起来。笔者将其称为乡村治理的三层内涵模型。在前人研究的基础上,笔者讨论对有关乡村治理概念的理解,从文本叙述、内涵要义、特征概况三个层次进行解析,同时从宏观、中观层面的理论及社会背景切入,以微观层面的地区乡村治理案例为导入点,分析三个层次、三个层面的乡村治理路径。

一、乡村治理的三层内涵模型

如果从学理上理解乡村治理的概念生成,乡村治理应是一个追求利益最大化的过程,应是在自治、法治、德治三治融合的治理体系下,各类公共资源有效协调配置,各类主体协同参与,在乡村社会实现治理过程中有序协作,进而不断完善共建共治共享的社会治理制度,以实现治理能力和治理体系建设。笔者重点从如何实现社会运行、群众收益、运转协调的层面进行理解,将乡村治理的具体含义划分为三个层面的内涵模型,进而从不同层面进行概述。

俞可平讨论善治时认为,善治是公共利益最大化的社会管理过程,本质是政府与公民对公共生活的合作管理,是国家与公民的最佳状态。[①] 从学理上分析,乡村的善治过程应该是乡村社会实现管理效能最大化、社会运行相对优化的社会治理过程,或者说是乡村社会协调有序、公众参与有益、社会效益有利的治理效能实现过程。显然,这是对乡村善治效益的解释,而作为目标性的效益最大化层面的理解,乡村治理的概念除了在宏观层面的阐述外,当前的具体任务还具有多个层面和层次的阐释途径。这为乡村治理含义的丰富性阐述提供了一定的参考依据。

学界对乡村概念的阐释大多从治理主体、过程和目的三个层面进行。目前,学界没有形成相对统一的阐释答案。笔者从乡村治理的三个主要逻辑层面讨论乡村治理概念,大致可以将乡村治理划分为"谁来开展乡村治理""如

---

① 俞可平.治理和善治引论 [J].马克思主义与现实,1999(5):39.

何开展乡村治理""乡村治理的效果怎样"。通过对以上三个问题的解析,结合笔者对云南、广西边界开展的田野调查,在学理阐释的基础上,本书尝试将乡村治理的含义从学术界定与地方实践方面相结合,认为无论从学理还是从田野调查的实践角度分析,将乡村治理含义进行分层次的阐释都能有代表性或相对全面。

(一)基于乡村治理的主体层面解析

本书从乡村治理的外在层面和内生层面解析乡村治理,从外在层面理解乡村治理。笔者注意到外在层面体制机制对乡村治理的整体框架的搭建,这是乡村治理的指导原则、体制机制、构建体系的问题。党国英认为乡村治理以基层政府为基础,乡村权威机构为乡村社会提供公共产品,治理主体的选举产生方式、机构之间的运转关系、财政的收支规则、治理机构的基本职能等构成乡村治理机制的主要内容。[1] 从外在主体层面来理解乡村治理,一直以来是认识乡村治理内涵的主要途径。房正宏提出,乡村治理是在政治、经济、文化等资源基础上,对乡村社会的管理,目的是协调乡村社会各种关系,推进乡村经济社会发展。乡镇政府作为治理主体之一,出现了治理动能不足、职能错位越位等问题,这些问题要在乡镇政府主导下予以解决。[2] 多元主体的治理格局无论在学界还是在实践过程中均受到不同层面的关注,学界对乡村治理多元共治的阐述,不仅体现在政治、经济等层面,而且具有治理主体的层次特性。

从外在层面关注乡村治理的主体问题,决定了乡村治理主体行动者的主要类别区分。学界逐渐从单一治理过渡到多元共治的研究认识。张润泽认为乡村治理是一项综合治理,应把政治、文化、经济统摄起来,以更宏观的视野开展乡村治理工作。他提出应把重点放在政府自身改革上,治理对象不应局限于村民和村委会。乡村治理在遭遇消极社会情绪时,突显出法治等综合治理的功能。[3] 这是对乡村治理含义多元层面的解释。多年来在乡村治理实践过

---

[1] 党国英. 我国乡村治理改革回顾与展望 [J]. 社会科学战线,2008(12):1.

[2] 房正宏. 乡村治理:精英与政府间的博弈 [J]. 学术界,2011(11):207-213.

[3] 张润泽,杨华. 转型期乡村治理的社会情绪基础:概念、类型及困境 [J]. 湖南师范大学社会科学学报,2006(4):11-13.

程中,学者注意到外在治理层面的单一性,所以大多将体制机制、经济发展、社会稳定、文化发展等相结合,这也符合当前的乡村治理实际。任艳妮将乡村治理的主体视为多元化的治理主体,认为乡村治理是政府组织、村社以及其他主体参与的多元主体的公共资源与权力的有效配置活动;乡村治理的主体分别是国家赋予的刚性政治资源,乡村社会的柔性文化、社会资源,以及介于两者的经济资源。[①] 可以看出,从乡村治理的主体层面进行分析,基层政府主体、乡村社会组织、村民集体组织、村民主体等多元共治主体成为乡村治理中有效配置各类资源、有效协调各方利益的直接主体。乡村治理中有关治理主体的划分,一定程度也代表了共建共治共享的社会治理制度。

　　从乡村治理不同层次主体视角分析,有学者将乡村治理主体划分为制度性主体和非制度性主体。不少学者从宏观的集体层面、微观的个体层面,形成多层面的乡村治理主体视角。仝志辉、贺雪峰在《村庄权力结构的三层分析——兼论选举后村级权力的合法性》一文中,将村庄权力划分为"体制精英—非体制精英—普通村民"三层分化结构,在此基础上划分出村庄的四种理想类型。[②] 体制和非体制之间形成乡村治理的利益主体。延续体制和非体制的研究思路,张艳娥认为,乡村治理主体是指治理活动中的机构及组织群体。她从宏观和微观层面来分析乡村治理主体,提出制度性乡村治理主体包括乡镇政府、村委会等;非制度性乡村治理主体则包括农民组织、宗族、企业等。[③] 长期以来,学界没有形成一个较具一致性的阐述,但是多元共治的治理结构符合乡村治理主体实际情况。根据笔者长期在民族地区乡村社会从事的田野调查分析,可以说是在制度性和非制度性乡村治理主体相互耦合的过程中,形成了当前乡村治理的基本结构。要实现共建共治共享的基层治理,分类指导、分层推进必不可少。多元共治的治理结构正是从治理主体的分层出发,进行有层次、有类别的治理主体类别划分。

---

① 任艳妮. 多元化乡村治理主体的治理资源优化配置研究 [J]. 西北农林科技大学学报:社会科学版,2012(2):106-107.

② 仝志辉,贺雪峰. 村庄权力结构的三层分析——兼论选举后村级权力的合法性 [J].中国社会科学,2002(1):160-161.

③ 张艳娥. 关于乡村治理主体几个相关问题的分析 [J]. 农村经济,2010(1):15.

（二）基于乡村治理的实践过程分析

本书在乡村治理的实践主体基础上，考察乡村治理的实践过程，进而分析与实践主体对应的实践过程的阐释要义；通过对乡村治理的实践主体阐述，划分出了不同层次的治理主体类别。笔者在进一步分析"谁来开展治理工作"的同时，将乡村治理的实施过程"怎么开展乡村治理"勾连起来一同阐述。笔者在滇桂边界一带民族地区乡村开展田野调查过程中，初步对乡村治理实践过程层面的向度进行解读。该层面可以概述为在三治融合的治理体系中，在自上而下的制度空间中，具有地方特色、体现自我消化功能的内部机制。

为了以乡村社会村民自治为切入视角进行解读，有学者将地方文化引入乡村社会自治的重要内容中进行讨论。游祥斌等人认为，乡村社会自治中的地方文化构成了乡村自治共同体的社会资本，并将乡村社会民间宗教等文化因素引入讨论中，认为自治共同体内部的信任、伦理、价值使乡村社会自治成为可能。[1] 黄宗智提出，要根据社会变化中的政经体系来认识传统和现代的治理体系，我国的治理体系不适用韦伯提出的科层制理论。在个人逐利的价值观下，我们亟须解决在国家和社会互动产生的"第三领域"中的道德失范问题，要重建传统与现代结合的道德价值。[2] 在传统与现代之间，制度与非制度的互动，形成我国乡村治理体系中地方文化传统与地区乡村治理的特定形态，进而将乡村治理中的自治塑造为有地方特色的解释范畴。

学界对乡村治理中侧重治理实践过程的阐释是多层次、多角度的，有的从不同历史时期分析，也有的从三治融合的视角概述。吕德文认为，新中国成立以来，经历了乡村治理的多次变革，形成从人民公社、乡镇村治到三治融合的乡村治理模式，治理模式的变化也反映了特定时期的时代特征。他提出了压力型治理体制和运动型治理体制。所谓压力型体制即在科层制中下级为完成上级下达的目标任务，多层化解并以指标的形式量化，每一级都在评价体系压力中运行，形成上下级之间内部互动关系。运动型治理体制与科层制有机结合，以动员为核心打破壁垒，加强内部的联动合作，形成集中力量办大事的特

---

① 游祥斌，彭磊. 社会资本——中国"草根民主"的文化基础 [J]. 山西大学学报：哲学社会科学版，2011（5）：78-79.

② 黄宗智. 重新思考"第三领域"：中国古今国家与社会的二元合一 [J]. 开放时代，2019（3）：31.

点。^①在当前三治融合的乡村治理体系之中,自治、法治、德治相融合,乡村治理过程有高效的上层制度作为指引,在制度层面提供了高效的制度体系,在乡镇一级政府的治理过程中,更需体现自上而下的治理效能和执行力度。与此同时,以地域特色、村落特性为基础的地方文化,也会对自上而下的消化功能进行执行反馈。

上文以综述的形式对乡村治理过程的概念进行解析,目的是综合众家之长,不以一家之说为定论,对乡村治理含义进行深度剖析。从目前的梳理来看,三治融合的乡村治理体系在学界是受关注的,而自治、法治、德治三治融合的治理体系也是当前乡村治理中全面的治理体系。在自上而下的治理模式下,高层为自治、德治提供了顶层制度框架,也为地方自治、德治填充了概念阐释空间,使得地方化的治理表达形态更具特色。正如欧阳静所说,"乡村治理实践所要面对的便是情理社会中具体的人,而简约治理的独特之处在于要做人的工作,也即乡村干部所说的群众工作"。^②此时乡村治理的群众工作,是不同人群、不同文化中人的工作,所以说,无论是科层治理还是简约治理都需尊重地方乡村治理的特色性、特殊性,从实际出发调动乡村治理的资源。简言之,乡村治理的过程应是三治融合架构下,结合地方实际充分调动村民的积极性,尊重地方特色及地方文化,充分利用社会治理资源。

(三)基于乡村治理的目的功能分析

乡村治理在目的功能层面进行阐释,主要是体现出治理效益和实现目标的最大化,使治理的主体在运用适当的治理手段后,形成一定的治理效益。"乡村要实现治理效能的最大化,需要个体实践、积极参与和价值规范等共同作用,治理效果应体现在村民对美好生活的幸福感受上。"^③乡村治理要实现善治,最重要的目标之一应体现出人民群众的幸福感、收获感。新时代共建共治共享的社会治理制度是当前乡村治理中体现人民群众参与社会治理、获得社会治理协同秩序的模式。乡村治理的目标功能之一应体现在协同有效、机制

---

① 吕德文. 乡村治理 70 年:国家治理现代化视角[J]. 南京农业大学学报:社会科学版,2019(4):14-15.

② 欧阳静. 简约治理:超越科层化的乡村治理现代化[J]. 中国社会科学,2022(3):154.

③ 唐俊,徐祖祥. 空间表征与象征秩序:桂西南壮族乡村治理中传统文化的现代价值重塑[J]. 云南民族大学学报:哲学社会科学版,2022(2):106.

完善、充满活力等方面。无论治理主体如何参与或实现有效的治理过程,治理的主要目标都不应偏离乡村治理的效益提升,这样才能真正体现构建乡村治理共同体的优势。

在社会快速转型升级的今天,乡村治理如何实现从功能型、原子化的失序状态到社会有序发展的转变呢?张春华认为,要实现乡村治理现代化目标,就要培育乡村人力资本,提高组织能力,扩大社会资本,进而吸引更多的精英回归乡村,打造服务型政府,强化村民集体组织。[①] 他认为这是实现乡村治理现代目标的有效之举。以对策建议为出发点,对乡村治理的功能转换进行的阐述,大多集中在乡村治理目标对策取向上。这部分针对乡村治理目标的研究,很多以乡村治理的对策建议为抓手,将乡村治理问题放置到实际解决过程中进行讨论。笔者认为,从目标功能出发,在乡村社会协调有效运行基础之上,应将实现人民幸福美好生活作为一项重要目标。

有关乡村治理的目标、功能、含义的阐述,学者们虽没有具体在乡村治理的概念层面提出解释,但文本内容分析能直观地体现出内涵。吴业苗认为,乡村治理亟须发展乡村民生事业,不应照搬城市的治理模式,盲目追求城市治理的条款内容,也不能过于强调自身再生产能力,盲目追求村民的乡愁,不顾村民进城务工的实际需要,需要在乡村振兴中补上解决民生问题的短板,这样才能提升乡村治理水平。[②] 以解决民生问题为抓手,显然是乡村治理中基于目标功能的具有代表性的阐述。如前所述,在实现人民群众对美好生活的向往中,民生问题是关键,也可以说是乡村治理的重要目标之一。否则,再好的实施过程、再精细的实施路径,如果不能落实到人民群众的民生问题上,也是徒劳和没有任何价值的治理。王春光认为,在当今制度创新的改革架构之下,应该提升个体实践的价值认知能力和对美好生活的追求。[③] 帮助实现人民群众对美好生活的追求,始终应是乡村社会治理实施过程中的重要动力源泉、重要努力方向、重要追求目标。

综上所述,对乡村治理三个层面含义的阐述,分别着眼于治理主体、治理

---

① 张春华. 乡村治理如何从失序走向有序 [J]. 人民论坛,2017(7):65.

② 吴业苗. "民生为先":乡村治理的基本遵循——兼论乡村振兴中的实践问题 [J]. 社会科学战线,2022(6):208.

③ 王春光. 乡村建设与全面小康社会的实践逻辑 [J]. 中国社会科学,2020(10):40.

过程、治理效益层面。笔者不仅仅从单一的角度阐释乡村治理概念,而是力图从三个层面构建出乡村治理概念模型,进而相对全面地阐述乡村治理的含义问题。一是从制度性和非制度性的乡村治理主体来说,多元参与主体共同促成了多元共治的治理结构,多元主体构成的多元资源的分配秩序,为制度性主体、非制度性主体再分配不同领域的资源。以治理主体为洞察视角,为乡村治理提供了从个体层面出发的阐释视域。二是从多元共治的治理过程来说,自治、法治、德治三治融合的治理体系,使自上而下的顶层设计落地于不同地域、不同文化领域的治理环境之中,使其更具乡村治理的三治融合特征,充分发挥以自治为基础、法治为引领、德治为引导的三治融合治理作用;无论是科层治理还是简约治理,要实现自上而下治理效能的消化反馈,在"上面千条线、下面一根针"的情况下,治理效能要尊重地方的特色和特殊性。三是从治理效能方面来说,针对不同类型的乡村治理主体,以发挥不同层面多元治理主体效能为依托,在制度性和非制度性治理主体共同作用下,应体现出乡村治理的善治效益目标,实现群众对美好生活的向往。

二、乡村治理的三个层面特征

在对乡村治理概念的三层内涵分析基础上,本书重点讨论了治理主体、治理过程、治理效益所表现出的内涵特性,将其运用到乡村治理的含义阐述上,进而表述乡村治理的特征。在学理分析的基础上,本书尝试以分层次梳理的方式分析乡村治理研究的主要特征,从不同层面分析从大到小的剖析过程。本书在当前社会发展大背景下乡村治理的基础上,试图从宏观理论视角进行把握,结合乡村治理从村域到治理的特性阐释,将乡村治理概念化为具有地方特色的概念,同时,从中观、微观的角度出发,阐释乡村治理现代化、操作化以及地域化差异的特征。贺雪峰在《乡村治理研究的三大主题》一文中,从宏观、中观、微观层面讨论了三个问题:一是制约中国乡村发展的宏观背景因素,二是我国乡村社会发展的非均衡状态、区域间差异化问题,三是乡村治理的研究基础和落脚点问题。[①] 可以看出,该文从宏观、中观、微观三个层面,对制约乡村社会发展及乡村治理问题的讨论,在我国社会发展的大背景中,以区域发展

---

① 贺雪峰. 乡村治理研究的三大主题 [J]. 社会科学战线,2005(1):223-225.

不协调的矛盾为切入点,以乡村治理为突破口。笔者尝试从宏观和中观层面出发,讨论乡村治理及其现代化理论的基本含义,进而分析乡村治理中所蕴含的治理体制、治理体系及社会治理理论问题。在此基础上,笔者以微观层面的案例为切入点,讨论滇桂边界一带民族地区的乡村治理概况,尝试分析乡村治理的共性和特性。

乡村治理的三个层面特征作为本部分的论述重点,主要是在对之前乡村治理含义的梳理基础上,把握宏观背景下的中观基层治理和微观乡土传统。笔者根据长期在滇桂边界地区开展的田野调查,发现在基层存在"上面千条线、下面一根针"的情况下,对于不少基层干部来说,乡村治理现代化要么停留在文件材料上,要么停留在简单理解的层面,而地方家族及传统精英又扮演着较有号召力的角色,地方村寨中交织着现代化的标识与传统文化的传承。所以说,在顶层设计的治理框架下,滇桂边界地区村寨落实能力及执行能力,如果仅从治理主体、治理过程、治理目标方面来阐述,难以突出地域特征、民俗特色、文化特性。笔者通过对三个层面治理特征的讨论,目的就是探索在类似西南地区的文化及地域特性之下,怎样落实好基层治理要求,发挥出中间层面的作用,并以地方特色为出发点,更好地服务人民群众,使乡村治理更有效能、更加有力、更具活力。

从宏观、中观、微观三个层面的治理特征入手进行的分析,主要是体现在宏观层面的乡村治理现代化背景下,地方基层乡镇政府如何做到以自治、法治、德治为主的治理体系在基层的落实,并结合乡土社会的治理功效及反馈,呈现以礼仪传统为形塑力的微观治理结构。笔者主要从三个层面划分乡村治理的特征。

在宏观治理层面体现的主要特征,即从国家治理体系和治理能力层面把握乡村治理现代化。乡村治理是实现国家治理体系和治理能力现代化建设的基础工程。在新时代共建共治共享社会治理制度与自治、法治、德治结合的基层治理体系下,基层需深入学习贯彻国家关于乡村治理现代化的政策措施,深入落实《中共中央国务院关于加强基层治理体系和治理能力现代化建设的意见》等政策要求,以增进人民群众福祉为目标,进一步完善基层治理制度,加强党的基层组织建设,构建党组织统一领导、社会广泛参与的基层治理格局,强调因地制宜、分类指导、分层推进,建设共建共治共享的基层治理共同体。

宏观层面的乡村治理指导,是落实好乡村治理的重要指南,也是基层组织开展乡村治理工作的指引。所以说,对宏观政策的学习贯彻,直接决定了基层治理机制的有效运行,直接作用于乡村治理体系和治理能力建设。

构建党建引领的社会参与制度,增强基层的组织、协调、动员能力,需充分发挥共建共治共享的社会治理制度优势。乡村治理宏观层面,具有以组织建设为核心、以为民服务为目的、以执行能力为要点、以凝聚动员为要义、以规范建设为抓手、以平安建设为基础等特征。宏观层面的特征突破了单一的科层治理,从单一的自上而下,转变为广泛动员及参与的制度,这是宏观层面突出的特征。有学者认为,中国社会变迁及流动性加剧,多元、复杂和差异性的社会发展特征,使得单一化、简单化的科层机制容易滋生形式主义、官僚主义。"追求格式化和标准化的科层治理一旦进入变迁中的乡村社会,不仅难以切中治理的要害,而且容易引发基层行政治理僵化和形式主义问题。"①广泛动员群众及社会各界参与共建共治共享,充分发挥治理共同体的效用,将宏观层面的治理制度优势转变为基层组织动员的组织优势,这是贴近地域特征、发挥群众优势的灵活治理模式。可以看出,宏观层面的乡村治理,不仅需考察对制度的领会把握能力,而且需将宏观的理论转变为对工作路线的思想认识。这是乡村治理中宏观治理的一大特征,也是将宏观层概念化的步骤过程。

在中观治理层面体现的主要特征,即在三治融合治理体系下,加强地方政府在治理能力建设方面的效能,加强地方政府行政执行能力、为民服务能力、议事协商能力、应急管理能力、平安建设能力。地方政府在推进基层法治、德治建设的同时,强化为民服务、广泛动员、议事协商的地方治理能力,需着力提高基层党员干部法治意识和素养;加强村委会规范化建设,加强基层队伍建设;以促进基层政府队伍建设为推手,以促进村民共建参与为动力,以健全村民自治机制为助推,以优化村落服务格局为促进,完善在法治框架下基层自治、德治相结合的治理体系。

如果说宏观层面是设计的顶层框架,那么在落实和执行宏观制度的框架下,中观层面考验的是地方政府的执行力和落实水平问题。实际上,落实好顶层设计的制度任务要求,促进以执行力为追求的地方执行效能,这是考验制度

① 欧阳静. 简约治理:超越科层化的乡村治理现代化 [J]. 中国社会科学,2022(3):148.

落实的重要环节,也是解决"中梗阻"环节的重要步骤。从韦伯的工具理性、价值理性层面来说,西方科层制中较多体现出工具性的需要,将自上而下的科层制放置到利益效益中考察,而笔者讨论的中观层面追求的是群众的幸福感,目标是实现群众对美好生活的向往。所以,地方政府的管理能力、议事协商能力、动员协调能力、队伍建设及规范化建设能力等,在乡村治理层面上,属于完善村民广泛参与的自治、法治、德治融合的基层治理体系。

有学者将此类型归纳为简约治理。所谓简约,即追求效用,防止繁文缛节,提升管理效率。"如果说科层治理是一种基于工具理性的'形式治理',那么简约治理是基于'为人民服务'的价值理念,是一种不讲究繁文缛节、追求朴实简洁的'实体治理'。"① 这是对基层治理效率的追求,也是以群众获得感为目标的治理模式。从中观治理层面来讲,简约治理追求的是以效率、效能、效果为目的的治理模式。笔者尝试在此基础上讨论法治顶层框架下自治、德治相互融合促进的中观治理结构,强调地方政府在乡村治理中的执行能力和组织动员能力。当然,中观治理所体现的目标,应该是乡村治理中的效率、协调、服务等。可以看出,中观治理层面的特征更多需要地方政府杜绝形式主义、官僚主义,走好群众路线,充分体现出组织、动员优势和能力。如果说宏观治理具有概念化层面的特征,中观治理则具有操作化层面的特征。

在微观治理层面体现的主要特征,即乡村社会的快速变迁和发展,使得现代与传统、变迁与保守、利益与传承多元交织在一起。本书从自治、法治、德治三个层面将不同的微观治理内容联系了起来。微观治理总体是见人见事,具体特征应是在加强基层干部组织动员等能力基础上,面对乡村群众一方面开展具有引领性的道德风气、村规民约、价值观念、协调动员等工作,另一方面发挥地方精英、礼俗传统文化、服务等方面的作用。总体来说,微观治理以提升服务能力和水平为标准,更好地满足群众的生产生活需要。

本书以自治、法治、德治三治融合的视角,分析三治层面所蕴含的微观治理特征,进而对需要重点解决的微观治理问题进行阐述。一是在加强法治建设方面,从乡村治理的微观层面来说,村规民约、公序良俗具有代表性。在田

---

① 欧阳静. 简约治理:超越科层化的乡村治理现代化 [J]. 中国社会科学,2022(3):147-148.

野调查中,笔者发现规范的村规民约确实起到规范管理和维系秩序的作用,而有的村规则是作为宣传栏的展示材料,很难得到村民认可和集体遵守。二是在德治建设方面,加强村民思想道德建设是关键。要强化社会主义核心价值观的宣传引导,树立良好的乡村社会新风尚,发挥道德引导、致富能手的宣传效应。思想道德教育是德治的重要内容,具有塑造地方社会风气的作用。三是在自治建设方面,以提升基层干部动员能力为带动,发挥群众自我管理、自我服务、自我教育、自我监督的作用;在德治的价值塑造下,发挥村民小组长等乡村精英的作用,发挥现代智慧服务和传统礼俗文化的作用。乡村治理中的自治建立在法治、德治的框架之上,在营造乡村社会良好的社会风气、价值观念的情况下,以服务、动员、引领为导向,充分认可和发挥村民群众自我管理、自我服务的本领和能力,这是考验基层干部能力水平和格局视野之处。可以看出,微观治理必须在顶层设计的大框架下运行,必须结合地域实际,充分发挥自我服务管理的效能,充分发挥家族家风家教的作用,在社会主义核心价值观引领下,挖掘地方优秀文化传统,以此适应和塑造群众的礼俗文化需求。

乡村治理的三层特征是相互贯通、互动结合的,在由自上而下的治理传导下,需要中间和基层的落实和反馈。这样才能使得乡村治理的共同资源得到有效配置,乡村社会秩序得到良好运行,广大群众得到优质服务。若无宏观层面治理顶层设计、贯彻落实,则无中观层面治理传导、治理落实,更无微观层面的自我服务、自我管理。有学者认为,乡村治理现代化的趋势,要从农民状况、产权秩序、治理体制和空间布局等多个维度进行把握,构成乡村治理问题的广义框架;乡村治理现代化意味着乡村治理范畴的收缩,也即乡村治理体制的适应性调整;乡村治理不是一元过程,而是传统乡村依附关系解体,国家治理不断下沉,乡村治理工作和乡村社会现代性之间的适配过程。① 乡村治理的三层特征体现了多元的治理结构特征,在自上而下的乡村治理过程中,呈现出的是从宏观治理、中观治理再到微观治理的特征。

---

① 陈明.“十四五”乡村治理现代化走向及 2035 年远景展望 [J]. 治理现代化研究,2022 (3):26-27.

第二章 >>

滇桂边界乡村治理实践模式

乡村治理作为国家治理的基石，需要体现与现代社会发展相适应的治理架构及模式。在自治、法治、德治三治融合的治理体系下，公共资源配置、行政权力治理、价值理念辅助、群众参与态度等因素，共同促成共建共治共享治理制度的有效实践。当前，乡村治理现代化的实践内容，在基层生产生活得到持续改善的同时，不断促进地方农业生产和产业发展，进而切实解决广大群众关心和期盼的利益问题。滇桂边界地区丰富的民俗传统文化直接参与和塑造着群众的日常生活，特别是山区村落丰富的传统文化影响和塑造着村民生产生活的诸多方面。可以说，这些民俗传统组合形成了村民日常生活的一部分，并为当地群众所熟悉。基于以上分析，本部分以区域内的文化传统为切入点，重点对文化传统蕴含的内在价值进行解析，进而剖析村民以地方文化传统为载体共同参与乡村治理和建设地方村落的实践过程。

滇桂边界的乡村治理实践过程中，有基层执行力的问题，也有地方文化特色的形塑作用。之所以选择治理的实践模式作为讨论主题，是因为这部分中笔者关注的主题主要有两大类。一方面，在治理制度的顶层设计大框架下，在追求乡村治理协同有序、产业兴旺过程中，在追求乡村治理能力和治理体系效能最大化的同时，基层政府的执行力及落实度等问题是乡村治理实践过程中值得关注的问题。另一方面，在共建共治共享的社会治理制度下，我国各地群众的生活习俗、价值观念等存在差异。如何发挥好共治效能，落实好政府的惠民政策，使政策红利惠及更多的群众，也是迫切需要关注和解决的问题。本章所指的实践模式，建立在地区差异的情况下，以我国西南地区的云南、广西等区域为主体地域参照,探究当地乡村治理的实践过程、影响因素等。需要说明的是,此部分所指的乡村治理实践模式,并不是放之四海而皆准的治理模式,而是以滇桂边界地区为侧重的村落治理模式。之所以将其称为实践模式,而不是较为宽泛的实践理论分析,是因为笔者以滇桂边界传统的民族地区乡村为出发点,进行了一些面上的探索。此部分作为理论部分和实践部分的衔接,就乡村治理面上的问题进行宏观层面关注。应该说这一区域乡村社会虽然在经济产业等方面不如东部地区发达,基层政府的执行力等也与东部地区有差距,但在地方传统文化、基层治理特色等方面,在西部地区乡村治理中具有一定代表性。简而言之,笔者关注的重点是滇桂边界这一区域乡村社会自身和治理体系两类因素问题,并以此为出发点对滇桂边界乡村治理的实际情况进行概述。

贺雪峰认为,"影响乡村治理现代化的两个重要变量分别是乡村社会本身和乡村管理体制或制度"。[1] 基层政府对乡村治理的实践能力和执行力,已成为实施乡村治理现代化的关键因素。这是乡村治理制度层面的问题,或者说是治理效能层面的问题,比如有的地方存在应付检查以材料论英雄,重"痕"不重"迹"的问题,有的存在形式主义、官僚主义作风,这些都成为影响和制约基层乡村治理的现实问题。从乡村社会自身层面分析,以滇桂边界地区为依据的田野调查,较能反映地方民族文化特色以及地区文化价值特性,这是乡村治理中不可多得、难以复制的文化要素。当地村民群众以较易接受、广为认可的方式,以滇桂边界乡土社会的地方传统为特色,连续多代持续塑造和创造村落传统,使其地方文化传统根植于广大群众的内心和生产生活中,成为群众日常生活和乡村社会互动交往的重要组成部分。这些民俗传统的内在价值,为当地乡村社会运行特别是乡村社会制度的具体落实提供了广大群众熟知的乡土社会运行规范,将地方文化传统内在价值创造性地转化为乡村治理的实际行动,将为激发群众参与活力和内在动力提供有效支撑。我国各地乡村治理存在地域性特色,不同地域特色类型差异明显,其治理也要随之调整。贺雪峰认为,我国农村本身的类型存在客观性,实施何种管理体制有因地制宜的选择性;农村类型与管理体制的匹配存在四种理想类型,第一种是传统村庄与传

---

① 贺雪峰. 乡村治理现代化:村庄与体制 [J]. 求索,2017(10):4.

统体制的匹配,第二种是城市化的村庄与传统体制的匹配,第三种是传统村庄与现代体制的匹配,第四种是城市化的村庄与现代体制的匹配。^①从这四种理想类型来看,笔者选取滇桂边界地区中第一种、第三种类型作为参照对象,分别在滇桂边界地区选取相关村落作为田野调查对象,重点考察具有一定文化底蕴或地域特征的乡村的治理现状、困难及发展对策等。对于滇桂边界地区传统优势明显、地方特色突出、发展后劲强的村落,笔者将传统文化与现代社会发展相结合,以区域内村落较具特色的"传统"为关键词,在反映当地文化传统特色的基础上,探索村民共同参与乡村治理的实践方式和方法,满足村民对切实利益的需求和期盼。

笔者以选取的地域特征为划分依据,突出云南、广西传统的村落特征,以此为代表阐释地区乡村治理的实践过程和方式。值得注意的是,在城镇化进程中,部分传统村落搬迁至新型社区,改变了过去的生产生活方式。同时,随着基础设施等的不断完善,部分民族地区村寨已由传统型农业转变到新兴产业。笔者着重选取的一些传统或偏远的村落,虽然不能说是发展快速,但近年来也发生了改变,特别是在涉及村民民生等问题上有了变化。之所以选取这样的民族村落作为案例进行分析,是由于该类村落具有一定的地区代表性。根据实际情况,可以将这些村落案例分别称为"传统延续型村落""传统向现代转型村落""传统与现代整合型村落""传统与现代糅合型村落"。

第一节　传统延续型村落实践模式

一、传统延续型村落实践基本概况

村民生活以传统农业、手工业为主,此类型村落由于地处相对偏僻的区域,村民们大多延续着传统的生产生活方式,故将其称为传统延续型村落。本书通过阐述此类村落的实践类型,旨在分析和阐释地方村落运行的实际情况以及村民群众关心的农业生产发展情况。在以传统规约为生产生活方式的实践中,村民关注的传统民俗和价值规约,深度作用于地区内该类型村落的治理

---

① 贺雪峰. 乡村治理现代化:村庄与体制 [J]. 求索,2017(10):5.

和建设之中。虽然生产生活模式传统,但该类型村落独特的民族文化、地方特色在西南少数民族地区的村落基本特征中具有一定的代表性。这一实践模式主要呈现出延续传统生产、延续传统生活等特征,但在乡村治理中将群众所关心的民俗传统文化创造性地转化为乡村治理的生产实践,成了村落建设的迫切需求。

虽然该类村落是传统延续型,但经济产业仍然努力与现代化对接。在乡村振兴的背景下,村落的集体产业处于探索和建设阶段。该类传统型农村的土地承包权、经营权相对单一。以滇桂边界相对偏远山区传统型农村为调查对象,笔者以介绍土地制度基本情况、农村生产概况、村民生活状况等问题为切入点,阐述此类乡村运行和管理的基本问题,特别是在乡村振兴视域下,如何突显因地制宜的地域、民族特征,解释滇桂边界地区该类村落的基本状况。滇桂边界地区的传统型村落界定,主要以生产生活方式、农村发展水平、地方文化特征等为参考依据,在考察土地制度的基础上,调查当地乡村产业发展情况,以传统农业生产为主,以土地制度特征为重点,以民族优秀传统文化为依托。这样的类别划分及定义方式,主要以对滇桂边界实地调研的情况为依据。

随着时代的进步,在滇桂边界地区传统延续型村落,人地关系已悄然发生了变化,从过去以土地为生的乡村生计方式,转变为以农业生产、向外就业和集体经济为主的生产方式。随着经济社会的发展变革,传统延续型村落虽然受到地理环境条件、生产方式、技术技能、治理理念等方面制约,但对土地依附的程度大大减小,新形态产业慢慢开始兴起。青年一代村民走出村落的现象较多,年老的村民回村及在村的居多。农民与土地的关系没有改变,但生计受土地制约的情况却发生着变化。同时,耕作方式、种植养殖方式也发生着变化,以此形成依靠现代科技兴农的态势。在田野调查中,笔者发现该类型村落现代农业科技对传统型乡村种植养殖的影响,虽然一段时期内仍处于探索阶段,但总体的发展趋势没有变化,处于科技兴农的初级阶段,发展模式在不断推进和探索之中。在对滇桂边界的广西德保县、西林县及云南西畴县、广南县、砚山县等地村集体经济的考察中,可以看出现代农业已形成有效的态势,在当地的桑蚕养殖、脐橙种植、土猪养殖等项目中,现代科学技术为农业生产带来了初步成效。

传统延续型村落从原来依附土地、以地为生的乡土社会,逐步转变为以乡愁为根、以传统文化为魂的乡愁社会。年轻一代农民逐步走出大山,他们大多愿意去大山外面的世界闯荡。云南西畴县、富宁县很多村民到昆明、广州等地打工,他们的收入不仅多于老一辈,而且带回了现代文化,这对地方文化的发展起着反向塑造作用。传统延续型的乡村社会发生新情况,使得滇桂边界区域的乡土社会逐步过渡到乡愁社会,年轻一代的外出使得村落以老人、小孩为主,他们思盼着外出的家人,而外出村民在外打拼,故乡便成为这些外出村民乡愁寄托的地方。传统延续型村落表现的文化价值更具民族性、地方性特色,地方文化延续了过去的传统。以文化传承为推动力,促进地方文化繁荣,推进文化传承延续,此类村寨文化传统不仅在滇桂边界区域体现出特色鲜明的优势,在云南其他少数民族地区也有类似的文化特征。比如,云南景东县安定镇彝族传统村落青云村,将彝族刺绣、羊皮舞蹈等传承下来,申报了非遗项目,民族文化得到有效传承的同时,也为彝族村落传统文化发展奠定了基础。虽然不同村落的地理环境和民俗传统特征有所差别,但在传统文化的创造性转化方面,仍具有共同的特征。

二、传统延续型村落建设管理

就传统延续型村落的管理机制来说,年轻村民外出务工,这对土地承包、经营、使用的要求也发生了变化。集体所有、农户承包、耕作使用的三者关系展现了新的管理特征。如前所述,传统延续型村落对土地的依附程度有所下降,但对现代技术的要求有所提升,这对土地管理、土地流转、土地使用等制度也提出了新的要求,对新形势下地方政府落实好集体所有权、稳定农户承包经营权提出了新要求。此处所阐述的主要内容以村落建设发展的农业发展、土地承包为主。在乡村治理现代化过程中,此类问题是村落发展和村民最关心的问题之一,也是区域内该类型村落建设需关注的问题。除此之外,村民们对日常生活中切身利益、村民互动等问题的关注,也是该类型乡村治理需重点关注的话题。所以在传统延续型村落建设管理上,村落若仅是对上级要求进行执行式的传递,难免会出现村民不理解、不了解的情况。强化对村民所熟悉内容的运用和转化能够有效地促进乡村治理的执行落实。

传统延续型村落普遍老幼两类人群占村落日常的主体,村干部选拔与其他村落不同。青年村民外出务工造成村落普遍的空心化现象,而村落的发展还需年富力强且有能力的村民承担。滇桂边界村落出现了大量进城务工、经商的村民，年轻人进城的比例越来越大，如何选拔有经验、有能力、有品德的村干部也成了当前村落管理中的重要话题。村干部大多以兼职的形式，在做好自家农业生产的情况下兼职村委会工作，村干部竞选也是以能不能带头致富为重要指标。滇桂交界的德保县东凌镇山区，壮族村寨村委会主任大多是由有生产经验的能手担任，他们在外已有生产经验特别是农业生产经验，年纪通常不太大，在生产能力、工作经验等方面都是村落中出色的人选。这些村干部大多在进城务工或经商后返回村庄，带领在村村民一起致富。部分村干部的收入会高于普通群众，但相较于外出务工人员，村干部收入还是少了，所以村干部以回乡不愿出门的村民为主。

传统延续型村落大多延续着传统的管理方式。滇桂边界山区村落大多有基本的管理制度，比如村委会事项公开公示、基层党支部管理的规则。很多村落在村委会外宣传栏展示着村委会公开和宣传的工作内容。在具体的操作过程中，该类山区村委会以上传下达、补贴补助发放、解决村民具体问题等为主，以直接的管理方式为主。有的村干部将"上面千条线、下面一根针"的实际问题反映出来。以滇桂边界山区疫情防控期间的村民动员来说，仅仅是从村部将防疫要求传达到各个村屯，就需要会议布置、动员要求、上门检查等多个环节。在要求落实任务紧急情况下，当地村干部上门服务的工作量非常大。仅仅从该类型村落的日常管理分析可知，此类村落虽地处偏僻位置，但当地村落在传达、执行相关管理任务和要求时，仍有大量的事务性工作要处理。乡村治理中能解决好群众关心的问题，才能称得上村落运行好的治理方式，而传统延续型村落通常地理位置偏僻、村落日常人员构成以老幼为主。要想更好地发挥村落的乡村治理特色和优势，为村民参与、执行、互动提供实践平台，更好地将传统特色创造性地转化为乡村治理的优势，关键是要为村民群众解决急盼的问题，而不仅是将治理的口号落在纸面上、程序中。

从乡村治理的制度层面分析，传统延续型村落治理以解决问题为主，以简约治理、治理成效为目标。近年来，驻村队员为偏远的滇桂边界山区带去了很多先进的管理理念和服务办法，特别是在壮族村落基层党组织建设上，在制度建设及整理检查材料上均取得一定进步。信息化使得偏远的山区村委会连接了网络，信息化办公、网络会议也进入乡村，无论是政策传达的效率方面，还是召开会议的时效方面均有所提升。简约治理是以群众更为熟悉的方式传达和宣介政策。应该说,信息化发展对偏远山区壮族村落的管理效能提升起到了助推作用。笔者在调研中发现,滇桂交界的壮族山区村落在村委公示公开、村委会管理规范、解决村民问题方面也发生了很大变化,但客观来说乡村治理效能特别是山区村落的发展效果,不是看台账材料,也不是看会议数量,而要看村民是否获得了真正利益,村民是否有安全感、幸福感。在滇桂边界山区传统型村落中,村民能够实实在在获得收益才是群众最为需要的。

第二节　传统向现代转型村落实践模式

一、传统向现代转型村落实践基本概况

滇桂边界一带壮族村落大多地处山区、盆地、小平坝中,从经济发展到文化延续均具有一定特色性、民族性。该区域内的传统型村落以传统型和传统转化型为主。本部分重点讨论的是传统型向现代村落转化的类型。城镇化建设过程中,传统型村落为适应现代化进程产生了适应性转变。就土地承包的特征来说,出现了新型集体所有制。随着城镇化进程,农村土地承包权与经营权相分离,提高了农民的生产收益和经营积极性。该区域农户土地承包权与经营权,在顶层设计和现实需要的情况下,形成了依法承包、有偿经营使用的架构。应该说,在相对偏远的滇桂边界地区,放活土地的经营权为当地壮族村民带来了实惠和收益。当地乡村变迁的过程中,土地集体所有、农户承包、流转经营三者关系在法律框架下得到了很好的实践。

随着顶层设计和地方实践的不断互动和完善,滇桂边界一带村落逐步形成土地承包、土地经营权和使用权的产权结构变化。相较于沿海发达地区,滇桂边界一带民族地区相对偏僻,地处祖国的西南边陲,土地的流转经营也相对较晚。滇桂边界一带村落的土地流转经营权,推动了当地农业现代化的进程。云南、广西一带特别是滇桂交界民族区域的农业发展状况,以区域为特征,靠近县城、集镇的村落大多由于时代变化、地方实际发展等因素,土地经营更加灵活,靠近城镇的农户承包经营土地,创造了多样形态的收入和致富方式。可以说传统型向现代化转变的过程,是随着土地制度的发展而产生的。不得不

说，当地以农为本的乡土社会中，传统型向现代转变的村落，相较于传统延续型村落对土地的依附性更强，在经济产业相对发达的地区，呈现出以耕作为主的农业向现代农业转变的趋势。以滇桂边界壮族聚集区为例，土地经营权的流转规则，一定程度上带动了传统小农社会向现代农业转变的潮流。在社会供给结构发生变化的浪潮下，滇桂边界一带城镇化发展较快的地区，不仅土地经营流转出现农户、集体、企业等多层经营方式，地方农业也带动起新的发展方式。以距广西德保县城约 30 千米的壮族村落为例，当地村民从传统的玉米、水稻种植，逐步转型打造果树种植基地，将更具经济价值的脐橙等引入村落，作为主要的经济来源。值得一提的是，村民在土地承包经营权的使用上，农户自愿承包土地、集体经济使用土地多措并举，以市场供给为导向，广泛种植具有经济价值的果树。在整体打造现代农业的基础上，村落的农村土地"三权"分置制度得到了较好的诠释。

《中华人民共和国民法典》的颁布，为农村土地"三权"分置提供了土地集体所有权、农民土地承包权和土地经营权相结合的农村土地制度架构法律保障。至此，农村土地"三权"分置对土地承包权、土地经营权从身份、物权等属性方面作了顶层法律设计。笔者对滇桂边界壮族聚集区村落的调查发现，壮族村民对法律的认知程度逐步提高，在实践过程中也有保障权益的合同条款，农民对土地流转政策认知度相对较好，比起传统延续型村落来说，经营也较好。大多壮族村民不仅对流转的合同有了解，还对土地经营流转后的经济收入满意。笔者对滇桂边界地区传统向现代转变型村落的调查表明，在传统型经营方式基础上，主要有农户家庭经营、集体经济、企业承包经营等经营模式。三类经营模式基本对应土地经营权的特征。当地农村土地的流转方式，受到了地理区域、经济环境、交通条件等影响。应该说在交通条件好的村落，现代农业的发展也好，而相对偏远的村落从土地经营到农业发展都缓慢。笔者从德保县城出发，不仅对沿路的村落进行了调查，还深入到壮族村民家中了解情况，发现从传统型向现代转变的村落主要集中在主干道两侧 10 千米范围内，相应的土地承包、经营等模式也会在不同村民中存在着较大差异。

区域内传统向现代转型村落，地理位置通常以县城周边的主干道附近、乡镇集市等区域范围为主。以滇桂交界处的云南西畴县、富宁县、广南县为例，这一区域内大多为壮族村寨，村落的发展状况大致可以用向现代转型的过渡概述。大致来说,该区域内村落土地从传统精耕细作转变为承包经营的模式,与之相对应,也出现了多层次的经营主体,不仅有农户个体承包经营,也有村集体经营,甚至有企业经营等类型。虽然形式多元,但村民对土地的依附关系没有改变,从传统的农业种植向现代化的转变在不断延续,随之而来的社会运行也随着土地承包经营、农业现代化等的发展发生着改变。该类型村落的土地承包和土地经营模式的转变,为村落人员流动带来新的变化。外地人的增加和本地村民的回流,也使得乡村社会的治理发生了变化,且与之前传统延续型村落不同的是,传统向现代转型村落的治理方式、村民组成、传统文化特色、村民利益需求等均出现了明显变化。该类村落乡村治理的特征,体现为村民对农业生产的追求、对养老以及村落传统的关注度出现了下降。传统向现代转型出现了临时性脱钩或断链情况。一定程度上说,当地村落传统的延续性降低了,村民对传统的关注虽在延续,但较之以往的村落或传统延续型村落则大打折扣。此时的村落社会发展变化也反映了区域内乡村社会建设和发展的历史阶段。

二、传统向现代转型村落的建设管理

滇桂边界传统向现代转型村落,在人口流动性上仍以村民流动为主要特点,但较之传统型村落人员流动性,无论是规模还是年龄层次均有所不同。在从传统到现代转型过程中,一些具有转型基础条件和转变能力的村落,通常位于靠近县城或集镇的地区。这些村落无论从周边的交通便利条件来说,还是从村民对农业技术的掌握程度分析,都能充分彰显优势条件。在这个层面上说,滇桂边界一带的村落,从在村村民的年龄结构和人员流动性上分析,不仅不少年轻村民回乡创业,而且年长村民在沿海城市打拼多年后,返乡承包土地发展现代养殖业。同时,一些配套基础设施好的村落还出现了发展较好的村集体经济或企业入驻等情况。相对于传统型村落来说,这些新情况的出现,促使滇桂边界一带村落的人员构成比例出现了新的组合变化。

从滇桂边界地区村落管理的人员组成来说,较之传统延续型村落村两委人员组成结构,呈现年轻化、技术型的组成特征。村两委干部逐步年轻化,有的外出务工人员返回乡村老家,为村落建设注入了新鲜血液。以滇桂交界的德保县都安乡村落为例,这些壮族村落的不少村委干部已由 80 后、90 后担任,他们很多是外出务工或经商多年,在乡村振兴的大好政策吸引下,毅然返乡为家乡奉献在外积累的经验。一部分村支部委员是当地的致富能手,他们的致富经验赢得了群众的认可,被大家推选进入村委,带领村落集体一起打造村集体产业,大家共同致富。笔者在德保县都安乡调查期间,一位陆姓村支书就谈道:"过去从事脐橙种植赚了钱,回村以后村民都希望我当村干部,带领大家一起种脐橙,现在的收入远远没有过去自己种赚钱。全村在后山搞实验大棚,先把去年的虫害消除了再考虑挂果,我用以前的经验带领大家一起致富。"[1] 从传统向现代转型村落管理人员构成来说,组成了以年轻化、技能化人员为主体的村两委队伍,年轻队伍的出现带来了新的村落发展思路和方法。

在传统向现代转型村落管理人员构成变化的基础上,地理位置相对偏僻的滇桂边界地区,主要呈现出在乡村治理方式、土地承包经营方式、集体产业发展方式等方面的转变。在距离县城近的村落以及各壮族集镇,土地承包经营流转也较为普遍,土地的经营方式发生了转变,促进了地方农业、工业、商业发展方式的转变;同时,通过现代农业生产供给转型,反过来促进了地方人员流动。从社会学分析,流动的社会本身就是一种注入活力的过程。所以说,在传统型向现代转型的村落中,出现了乡土社会中以土地为根基、以农业为本的乡村社会运行状况,而依附于土地之上的村民流动,也呈现由外出到回流的现象。不得不说,传统向现代转型也是由人员流动产生的转型过程,同时促使村落管理的人员组成结构发生变化。

在乡村社会管理体制上,人员组成和管理制度等方面均随着乡村社会变迁发生了改变。特别是村落管理人员、土地承包经营流转等制度层面,均会产生不同程度的现代转型情况。以该类型村落的村干部组成为例,随着村两委管理人员结构发生变化,这一类型村落乡村治理以村干部全职化为主。如前所述,面对土地问题、乡村治理制度问题,乡村干部以致富经验为侧重,以能干肯干会干为主,主要特点是村干部的职业化、管理方式的规范化。从该类型村落土地使用特征来说,滇桂边界村落的生产模式从传统农业向现代种植养殖业转型。这与土地制度的特征密切关联,地理位置偏远的传统型村落不仅土地承包经营流转相对滞后,在村两委组成人员的构成上也相对单一。如前所

---

① 访谈对象:陆建福。访谈地点:广西德保县都安乡。访谈时间:2020 年 8 月 15 日。

述,从农业生产水平升级、土地承包经营、农民增收致富等方面,笔者分析了传统型向现代转型的村落状况,发现与之相对应的是管理制度的不断完善,农业生产、土地经营、收入分配等层面的制度随着村落转型升级均已悄然发生变化。无论是当地村民意识到还是未意识到,在乡村振兴大背景下,乡村治理体系产生了较大变化。

第三节　传统与现代整合型村落实践模式

一、传统与现代整合型村落实践基本概况

乡村社会的传统特点与现代社会发展相整合,实现村落建设中的传统特色与现代发展要求相互促进,这是滇桂边界村落发展中有利和有序的状态。在多元文化传统特色汇聚的滇桂边界地区,促进和释放传统的内在价值动能,在激发村民参与共同建设村落的过程中,可以释放潜力、激发活力、增进动力,实现乡村治理的多层次主体参与和积极实践;在传承文化传统与现代元素的基础上,促成了传统与现代的有效连接、调适和创新发展。从治理模式和实践道路的角度来说,传统与现代整合型村落有效地传承和融合了文化传统所蕴含的深层底蕴,同时又诠释了现代化的创造活力和创新特色,为区域内村寨的实践发展增添了全新动力和发展动能。滇桂边界传统与现代整合型村落实践模式已初具雏形,但在规模成效、建设理念、发展模式等方面还处于探索和准备阶段。该类实践模式作为传统与现代、理想与现实、理论与实践等要素相结合的整合体,不仅要求推动村落成长的多重元素融合、多重文化汇聚,也融合了传统智慧与现代发展的共同特征。所以,该类村落的实践探索、建设和发展模式,是滇桂边界有特色且有效的深度融合模式,在进一步发挥文化传统内在价值层面,还需创造性地将其内涵价值转化为村落发展的特色优势,实现传统与现代社会相互促进。

滇桂边界多为民族聚居村寨,区域内具有传统文化丰富、传统特色多元、传统优势明显等特征。各类传统文化汇聚此地,为当地群众提供了较好的文化传统滋养。从乡村治理中村民关注的获得感和幸福感上分析,区域内该类型村落的任务不是为传统民俗展演而展演,而是为了将文化传统内在价值创

造性地转化为村民的获得感,进而将村民的幸福感受嵌入乡村治理的共建和共治实践,实现区域内乡村治理现代化的积极探索和有益实践。从区域内乡村治理的传统文化优势来说,仅云南文山州就有千余项非物质文化遗产,当地非遗文化得到了抢救性的挖掘和保护,不少非遗项目还打造成为精品项目加以宣传和保护。滇桂边界区域内村寨活态传统文化如何创造性转化成为焦点,也是区域内乡村治理现代化实践的重点。广西非物质文化遗产独具特色,百色市"末伦""抢花炮"等均为国家级非物质文化遗产,蕴含着壮族传统文化的特色。目前,这些特色大多有效地进行了宣传、展示和传承,在乡村治理的实践过程中,如能进一步加以转化发展则会取得更好的效果。

相较于传统延续型村落、传统向现代转型村落的实践模式,传统与现代整合型村落有效地整合了传统与现代文化要素。在此基础上,文化融合问题更能突显此类实践模式的特殊性。区域内传统与现代社会的文化融合,将村民期盼和需要的利益需求进行了链接和结合。文化传统的转化价值若能持续释放至乡村社会建设和治理之中,则将有出乎意料的收获和成效。以云南多地村寨的民俗传统的传承、宣传和展示为例,这些村落的建设发展已初见成效。值得注意的是,传统文化优势不再是摆在民间的演出活动,而是实实在在为村民收益提供了帮助,为群众生活改善助力。此类村落的建设发展也是传统与现代整合的积极探索。笔者在云南西畴县村寨调研期间发现,当地村落不仅保护和传承了壮族传统的习俗,还保留了传统的祭祀等民俗文化,并且融合现代文化旅游元素,将其打造为每年农历二月初一的文化节,既扩大了影响,又传承了传统文化,形成了很好的传统与现代文化的整合效应。笔者在田野调查过程中,发现云南文山村寨将优秀文化传统融入村寨建设中,广场、超市等冠以文化传统的标识,甚至打造出网红"村寨食堂""供销社超市"等,使之成为当地观光、旅游、食宿等一条龙文化产业链。从传统延续型到传统向现代转型,再到目前传统与现代整合型发展模式,从乡村社会的土地依赖,到乡愁社会的情感寄托,再到文化融合的创造转化,笔者注意到了多元的发展模式和实践结构。这给文化传统的传承赋予了更加多元的内涵和特征,也为区域发展模式增添了多元动力和动能,更为村民参与现代社会发展、实现更多更好的收益提供了积极支撑和帮助。

滇桂边界传统与现代整合型村落探索将传统文化与现代元素融合,以实现最大化释放传统文化效能,与此同时,与现代元素相结合进而实现创造性转化。此类村落的实践,不是在单一的层面进行探索,而是要将历史传统的纵向传承与现代社会的横向发展相结合,为乡村治理现代化提供纵向和横向的比较,在村落不可多得的文化传统价值规约、民俗传统传承发展、传统文化传承转化等方面,发挥具有村落地方特色的传统优势。当地不能仅仅局限于传统展演和传承层面,更要在乡村治理现代化进程中落实好政府的惠民政策,将村落传统的优势加以转化和发展,创造性地实现乡村治理的有效性,将乡村治理现代化重点放在村民的获得感上,放在村落社会建设发展的提升之中,让更多的村民愿意参与村落建设发展,为广大群众谋福利、加幸福、提动力,注入地方传统特色的现代活力。笔者在滇桂边界多地调研发现,云南文山州砚山县、广南县,广西百色市西林县、靖西市等地,纷纷探索以国家级、省(区)级非物质文化遗产为依托,以文化旅游、休闲康养、民俗体验等传统文化活动为主体,以民俗文化展示、交流共鉴等为内容,通过网络直播、旅游节庆、开放式体验等方式,为当地传统文化提供传承和创新空间,为传统文化的创造性转化厚植发展土壤,在为当地经济收益带来动能的同时,丰富了传统文化的保护、传承及转化路径。百色市靖西壮族端午药市是区级非物质文化遗产,每年五月初五举办的端午药市活动将传统药材文化与民俗文化结合,打造出具有地方传统特色的精彩活动,形成了启动仪式和文化会演、经贸合作和文化旅游、地方民俗和传统文化等融合的大舞台。百色市德保县等地均积极探索传统与现代整合的实践发展模式,以地方传统、民俗特色、文化内涵等为依托的项目、活动层出不穷,为当地乡村振兴注入了现代动能和发展活力。

二、传统与现代整合型村落建设管理

滇桂边界在传统与现代整合型村落的建设中,要实现纵向历史的传统传承和横向现代社会的发展转化的结合。村落传统与现代社会的整合突显出了历史与现代发展结合的生动实践:以传统文化和地方民俗为载体,促进传统内涵与现代特色相融合,实现村落的过去与现代相结合,推动形成区域内村落发展的新型运营和管理模式。无论是以传统文化为特色的物质载体还是文化传统的精神内核,均需要展现出具有时代印记的深刻烙印,才能突显现代特色的独特文化魅力和效益。为有文化的村落增添故事性、内核性和生动性,在这"三性合一"的传统延续之中,笔者在滇桂边界村寨体验到现代与传统的结合之魅力,该魅力诠释出创造性、创新性、时代性的生动内涵。所以说,亦传统亦现代的新型村落实践模式,是将独特的文化记忆根植于时代脉络之中,从而深入探寻过去和现代的交融点,找寻以现代宣传平台、整合方式为主的实践平台。此类模式为村落管理模式、实践路径等的探索实践,从管理人员、管理模式、文化体系、实践经验、宣传范式等方面提出了新挑战和新任务。

从传统与现代整合型村落的实践路径分析,此种类型村落实践模式既具有传统特征,也具有现代特色,属于综合性较强的整合实践类型。滇桂边界村落大多地处山区且具有丰富的民俗文化。这些条件也为当地乡村治理提供了不可多得的先天资源优势。如何挖掘区域村落文化潜能,为村落现代发展赋予新动能,这对管理人员的综合素养提出了更高的要求。笔者通过走访云南西畴县、广南县、砚山县等地多个传统与现代结合的特色村落,发现这些村落通常是由村落管理人员结合外地人员进行指导的组合模式,从产业发展、村落面貌、展示展览等方面均体现出现代加传统的特色优势。这些村落将传统优势融入乡村社会治理的实践中,嵌入乡村社会的实际发展过程,充分考虑村民多层次的发展需求,通过激发村民参与村落共同建设的积极性,以当地群众熟悉和认可的方式开展乡村治理工作,一方面促进当地传统农业生产、产业建设,另一方面尝试和探索发挥村落传统文化优势,将其转化为地方社会产业发展、文化旅游的重要力量和支撑。

本部分从管理人才、管理体系、发展模式、乡村土地等层面解析,以传统与现代整合的村落实践为依据,拓展村落建设管理的内涵。从管理人才来说,管理人才与之前两类模式明显的区别是具备了一定文化水平,在带领村民致富过程中不仅能埋头苦干,而且能运用和发扬好文化传统的内涵精神,结合当前乡村振兴背景下的产业兴旺发展要求,积极推动乡村旅游、现代产业的发展。从发展模式上讲,发挥优秀传统文化"故事性、内核性和生动性"的优势,兼顾创建"创造性、创新性、时代性"特色,势必成为此类村落发展的关键要素,以便既突出传统文化的传承优势,又符合现代的市场化需求。从管理体系来看,以发扬传统文化优势、发展村落文化旅游、引进村外企业合作、盘活村落土地资源等为主要特征的综合管理体系,势必成为区域内村落借助传统文化优势、发挥现代市场效益所需重点关注的内容,某种程度上也将成为滇桂边界地区此类村落进一步发展的突破性要件。从乡村土地层面分析,传统与现代整合型村落与传统延续型、传统向现代转型村落相比,管理模式上出现了难度大幅度提升的问题。在土地资源分配和利用层面,村民土地承包较为普遍,多元的产业引入和发展模式,促成了土地承包经营的多重类型。如砚山县城附近不少村落将集体土地对外承包经营,发展起餐饮、民宿、种植业、养殖业等;德保县城周边有的村落则以土地承包的形式大力发展柑橘种植业等。值得注意的是,砚山县不少村落在探索发展文化旅游的同时,延续和传承了地方传统文化的独特优势。笔者在文山州西畴县、砚山县、广南县参观访问了不少村落展览馆、非遗传承工坊等,看到了具有地方民俗文化特色的丰富内容。不少村落入选了国家 3A 级旅游景区,如砚山县田心民族团结乡村旅游区、砚山县大克底森林康养民俗旅游村。从管理人才、管理内容、管理体系等方面不难看出传统与现代整合型村落以具有特色的地方传统为优势,将村落传统特色创造性地转化为村落发展的现代特点,充分体现了滇桂边界具有特点的传统优势与现代发展相融合的特征,也为传统文化的创造转化嵌入新动力。该类型乡村建设过程形式不同、内容多元,其乡村治理的实践过程也各具特色,而单一村落的管理形态既要考虑村落整体建设,还要考虑村落传统特色,适合内涵和外延相结合的发展模式。

第四节　传统与现代糅合型村落实践模式

一、传统与现代糅合型村落实践基本概况

滇桂边界地区传统与现代糅合型村落实践,通常介于如前所述的传统与现代整合实践模式、传统向现代转型实践模式之间,具体而言可从“扩容”“包容”“兼容”三个层面进行阐释。滇桂边界传统与现代的整合促成了村落历史与现在、传统与现代、过去与未来的融合。西畴县、靖西市等地村落的探索实践中已初具整合式的实践模式,滇桂边界村寨传统文化的传承和发展,大多属于在传统中传承、在传承中发展、在发展中运用的实践模型。从理论上看,较具特色的实践模式应是通过传统与现代的对话,实现整合型的村落管理实践,以达到和谐或相对优质的整合效应。然而,在实践过程中,区域内大部分

村落并没有处理好传统文化传承保护与现代元素的嫁接渲染之间的关系,不少村落出现了要么对传统文化避而不谈、要么现代元素难以融入等现象。在探索区域内村落实践模式的过程中,笔者尝试对此类形态的实践模式进行梳理,力求对乡村治理中的多样实践形态进行解析,以解读更为有效的乡村治理现代化多维实践模型。滇桂边界传统与现代糅合型村落,主体是建设和发展传统的村落,在实现现代化建设过程中突显转型特征。村落发展基础相对薄弱,其自身发展条件相对缺失,对乡村社会农业、产业等发展提出了新的要求。简而言之,在传统潜力尚未挖掘、现代产业还未崛起之时,当地村落传统与现代的糅合出现在村落建设的新阶段之中。此类村落建设模式并不以传统为基本载体,而乡村治理更为重要的是满足村落发展的实际需要和村民的利益需求。

乡村治理现代化要打造出产业兴旺和文化兴盛并行的发展空间,使其成为区域内诸多村落追求和探索的发展模式。如何在传统特色文化村落中注入现代化发展活力,形成以扩容为抓手的村落发展模式,成为研究的焦点。滇桂边界的不少村落拥有丰富的民俗传统文化,在节庆文化、民俗活动、信仰习俗等方面均有较具特色的传统优势,如文山州砚山县、广南县等地的部分村落,在村落耕作、织锦、山歌、祭祀等方面均独具特色。笔者在砚山县调研期间发现,村落中建设有民俗文化展览馆、文化展示墙等展览平台,有的村落仅各类民俗展演活动一年就要操办十多场次。然而,村落习俗传统文化如何嵌入村落现代化建设之中,已成为制约乡村建设特别是传统文化村落建设的瓶颈。一方面,区域内壮族村落民俗文化以食物、衣物、劳作、手工等为主,普通村落难以进行更大层面的宣介和展示,在没有上级部门资助扶持的情况下,难以将其塑造为村落对外宣传的特色亮点,这是制约村落传统文化"走出去"的因素之一。另一方面,部分民族地区村落习俗文化通常是以信仰习俗等传统为载体,虽然祭祀等习俗具有地方文化特色,但不少村民对村落信仰习俗存在保守的认知和看法。

滇桂边界乡村治理现代化更需要促成多元文化的嫁接和融合,这样才能使其在扩容的基础上更具包容性,进而促成传统与现代文化的结合和重构。包容性过弱势必减少村落文化的传承、宣传和应用,也会因此减小传统和现代的契合度。要达到多元兼容的目的才能实现传统与现代的融合发展。然而,当前区域内不少村落存在的问题是扩容性的理念已具备,但包容性较差,不少村落的文化展示墙、民俗文化展览等仅以孤立的形态存在,简单化的操作方式严重制约了多元文化的融合。如何推动村落多元文化的兼容并蓄,进而持续有效地改进村落传统与现代的整合、宣传等,已成为当前区域内不少村落转型发展过程中要思考的主要问题。

村落自身建设发展条件相对滞后,大部分村落地处山区,资源相对缺失。在基础设施等条件尚不完善的情况下,大多村落以扩容的形式探索性开展村落建设,从村落管理、农业建设等方面进行有益探索。在扩容和包容的基础上,村落发展对新旧文化的兼容性问题将会持续受到关注。区域内不少村落通过举办文化活动、体育比赛等形式,强力注入村落自身传统文化以展示其历史传统,但不免造成张冠李戴的后果。如滇桂边界部分村落在举办节庆活动后,出现了宣传效应持续下降的情况,举办一场算一场已成为现实。村落在试图扩大宣介的同时,以各类活动为载体推动地方发展是一项很好的举措,但活动前后的巨大反差不仅影响了村落自身建设,还使得传统与现代出现杂糅嫌疑。所谓的传统与现代糅合型村落,在探索将传统文化和现代元素融合过程中,试图实现村落最大化释放传统文化效能,与此同时与现代元素相结合,从而实现创造性转化。但问题常常出现在文化扩容和包容上,影响了村落传统与现代的整体性兼容发展。

二、传统与现代糅合型村落建设管理

滇桂边界地区不少村落力图实现传统民俗与现代产业融合,然而在实践过程中却出现了不同程度的偏差或混杂现象。本部分通过对该类村落模式的实践类型进行分析,探索其建设管理过程中的主要问题、表现特征和归因要素等。之所以将其划分为一种单独的形态进行分析,是由于在乡村振兴的背景下,村落在探寻适合自身发展的实践模式中积极主动传承、建设、整合各类发展要素,虽然为自身的治理和发展提供了更好的平台,但对建设管理中的人才要求、发展模式、管理体系等方面提出了更高的要求。应该说,这不是村落自身发展的个案问题,而是怎样更好地推动村落传承和发展相适应的普遍问题。调研期间,笔者注意到区域内多地均不同程度地呈现出此类村落实践模式。如何将传统与现代充分结合已成为区域内多地需共同面对的问题,特别是具有传统文化、民俗文化的村落,不仅要积极探索传统文化的创造性发展,而且要有效地推进传统文化的创造性转化。

区域内传统与现代糅合型村落所包含的"糅合",通常是指多样文化的杂糅、多要素的拼接。不同要素组合的杂糅,出现了村落发展过程中不适应性的混杂现象。通常情况下,滇桂边界地区村落传统民俗与现代产业的整合,推动形成了具有传统内涵和现代特色的村落发展模式,这是区域内村落发展有效的实践形态。然而,在实践过程中滇桂边界不少村落在提升治理能力时,表现出了不同层次的不适应现象。要实现多元融合的村落治理,区域内村落的管理队伍、发展模式、管理方式等均要因地制宜,才能以更加适应当地社会发展的形态实现传承运用和转型发展。该类村落的建设实践不同于延续型、整合型和转型等类型村落,其本质是村落资源和基础条件相对滞后,与现代社会建设尚未形成良好的链接和互动,但并不代表此类村落的发展特色不明显。总体而言,区域内无论何种类型的村落,当地乡村治理现代化的实践重点都是要能够满足群众多层次发展需求和村落多元化发展需要。

人才是影响或推动村落发展的关键因素。区域内村落管理人员通常由本地知识青年、外地扶贫人员、上级部门驻村人员组成,明显的共性是人员的多层次性,导致了本地传统的地方保护性、外地人才的外部介入局限性、管理模式的功利性。不少地方村落存在仅求短效益、弱组合、快上马等情况,外单位扶贫人员、上级部门驻村人员通常能够带来有效的资金扶持、有力的销售和宣传渠道、有用的项目理念,然而如何与村落本地传统相融合却成为难题,甚至出现了制约本地文化传承发展的难题。外地人才在项目的引进、管理、运营、宣传等层面均具有较大推动作用,但在传统文化的创造性发展方面和本地管理者存在不同程度的衔接问题。

以创造性、创新性、时代性为特色的发展模式,普遍存在于区域内当前村落中。无论是传统文化的创造、创新,还是现代产业、文化旅游等的创新发展,均出现在村落的探索发展路径之中,体现出了鲜明的时代特色。然而,在实践过程中如何在传统与现代之间创造发展,不仅对区域内村落管理人员提出新要求,也对新事物嵌入、传统文化融入、现代产业导入提出了新挑战和新要求。总体来说,在发展模式上明显的特征是,既要体现普通村民对富裕发展的期盼,又要呈递传统特色的传承、创造魅力,还要适应社会发展的规律。

在管理体系运用方面,如前所述,以发扬传统文化优势、发展村落文化旅游、引进村外企业合作、盘活村落土地资源等为主要特征的综合管理体系,已成为区域内整合型村落有效的管理体系模式。在实践过程中,一方面,外部资本引入需要追求利益最大化,短期内的文化旅游、节庆活动等更有吸引力,即便是以文创为主体的村落活动也需效益为支撑。另一方面,村落传统作为地方文化的一种类型,虽传承时间较长、守护村民较多,但一部分以民俗为主题的文化难以短期内包装为成品。同时,存在于村落中"圣、俗"之间的传统文化,通常以信仰习俗的形式展演,难以有效地传播、宣传和利用,这些造成了村落文化、产业引入、创新发展之间耦合的困境。

区域内传统与现代糅合型村落虽然发展问题各异、特征不同,但在普遍的挑战和村民诉求等问题上却有相同之处。笔者对该类村落发展的特点进行梳理,对村落管理模式怎样更进一步适应乡村治理实践进行有益探索,期望能够为后续研究提供具有条理的模型梳理和策略,更有针对性地提出对策建议,助推区域内村落传统与现代的有效衔接。

第三章 >>
基于多维实践的区域乡村治理主题

笔者以滇桂边界为地域范畴,通过区域划分,结合在云南、广西一带实际开展的田野调查,阐释乡村治理现代化问题。如前所述,传统延续型村落和传统向现代转型村落,均出现了不同程度的现实变化。这是以时代发展变化为基础的村落社会变迁。传统与现代整合型和传统与现代糅合型村落,作为村落整合和未充分整合的一组研究对象,在区域内构成具有现实意义的典型。本部分重点讨论在乡村社会变迁过程中,传统延续型、传统向现代转型、传统与现代整合型、传统与现代糅合型村落的现实状况,以及在区域内乡村社会变迁中存在的基本问题。

第一节　传统延续型村落研究的基本主题

在传统延续型村落人地关系逐步变化的同时,以土地为本的乡村生计方式逐步转变为以农业生产、向外就业和集体经济为主的方式。这一转变使得村落由乡土传统性逐步过渡到乡村故土的属性。在广西德保、云南富宁等地壮族村落,不少有条件的壮族群众、部分经商的村民以及在企业工作的村民,纷纷选择到县城购房抚养下一代或养老。由乡土到故土的转变,逐渐导致了同村农民之间的分化,以及乡村治理关系的转变。究其原因,这与区域内传统延续型村落没有固定特色,缺乏跟进时代发展的乡村变迁步伐,没有吸引村民回村创业的产业、农业优势等有关,或者说地方产业还没有持续可行的发展道路。

通过对传统延续型村落基本概况的分析,不难看出其本质的乡村社会治理基础没有改变,而村民的分层发展却为乡村社会共建共治共享带来了明显的发展变化。笔者通过对云南西畴县、富宁县,广西德保县、靖西市等地的田野调查,探索整理传统延续型村落社会普遍的现象。这些是发展过程中的一般性话题。此部分仅以对此类主题的梳理展现区域内传统延续型村落概貌,特别是该类村落的整体特征,为下一步具体分析乡村治理措施提供依据。

一、乡村社会发展状况差异较大

贺雪峰对乡村治理研究的三大主题进行了分析,认为未来我国一部分是快速发展的城市,另一部分是小农经济的农村,无法建立起现代乡村治理制度体系。[①] 我国基层各具特色。从乡村治理现代化的长远发展来看,在宏观的社会背景下,需要从根本的问题出发分析村民的生产和生活方式,也即回归乡村社会发展的基本问题。从客观地理环境、资源条件来说,笔者讨论的滇桂边界地区,大多受土地、资源等客观因素的制约,因而不能照搬普遍性的治理模式。就滇桂边界地区传统延续型村落发展的基本状况而言,社会发展状况的差异,不仅体现为村落与村落之间的差异,还体现为传统延续型村落与城镇化发展较快村落之间的差异。

从客观条件、资源要素等方面来说,传统延续型村落具有资源制约性、地域特色性,归纳起来可以从两个基本层面进行讨论。一是本书所指的传统延续型村落,大多位于滇桂边界的山区,该地区的地理、资源、农业等情况相对单一,同现代化发展有一定距离,客观情况导致了生产生活方式的单一化。近年来,村民的生活已有较大改善,但村民们的生产生活延续了传统的模式,村民收入来源以传统种植、养殖为主,尚未形成成体系的产业模式。该类乡村社会发展的差异性特征,笔者称其为在生产方式方面的差异。二是该类型乡村治理制度虽有所完善,但其制度内容单一。外出人员的流动性大,在村村民的组成固定。以滇桂边界一带山区为例,村落中大多数青年外出务工,在村的中老年人、青年妇女、儿童组成村落主体人员,村两委的基本构成以在村村民为

---

① 贺雪峰. 乡村治理研究的三大主题 [J]. 社会科学战线,2005(1):220.

主,村落组成人员构成类型单一。加之受到地理、资源等制约因素影响,在村落产业结构较为传统的背景下,村落的治理模式以制度上的简约治理为主,村干部在处理群众纠纷、村民补助发放、集体经济发展等问题上,以常规型延续治理模式为主。虽然村落自身建设的资源禀赋、发展状况单一,从管理模式上分析也难言现代化特色,但就区域内众多村落中此类型的乡村发展模式来说,存在特定的数量和规模,同时村落传统文化的传承和延续,对当地社会发展发挥了特定的作用。

传统延续型村落的差异性分析考察的是区域内传统的村落类型,该类村落特征是文化特色明显且差异性大。笔者对该类型村落的分析,建立在实地考察的基础上。传统延续型村落虽然以传统文化为主要特征,但仍存在传统特征之间的差异,整体是以"大区域小特色"为特点。简而言之,此类差异性特征以同一区域为整体同类特色,以跨区域为不同特点,但在同类区域内仍存在不同类型的小特色差异。乡村治理的概况可以阐释为传统延续型村落与城镇化发展相对较快村落间的差异。如前所述,受客观条件的制约,村落发展有相对滞后的现象,特别是在外出务工人员流动性大的情况下,此类村落治理不能采用普适性的粗暴借鉴,不能以抽象的市场化、标准的指标化方式进行考核,而是要充分发挥共建共治共享的社会治理制度优势。此类差异可基本概述为传统型村落与城镇化村落的差异,多元共治的机制是乡村治理有效的方式。

二、地方传统文化具有一定形塑力

以滇桂交界地区为例,该区域属壮族、瑶族、苗族等民族聚居的区域,具有多元文化、多民族特色的交叉属性。从民族文化的特征来分析,可以发现滇桂边界区域在地处山区、背靠云贵高原、面向东部沿海的过渡段,独特区位属性决定了民族文化的多元互动格局、文化形塑的多类别形态、文化复合的多层局面,该区域具有多元文化的聚集属性。从区域文化的要素看,该区域不是单一的民族文化类型,应该说是多元民族文化的聚集区域,是壮族、瑶族、苗族等民族文化的融合区。该区域是南岭走廊最西段的文化区,地处环大明山文化带、云贵高原东端,是中原文化向西延伸的过渡区,自古以来是我国东西部文化的交界区,当然也是壮族文化保留较完整的核心区。

　　笔者在传统延续型村落基本主题研究中，重点从地方文化方面进行阐释，辅以部分区域内各民族文化分析，主要出于几方面考虑。一是从比较的角度出发，将大区域内的东西两种形态进行比较，以该区域内靠西的滇桂边界地方文化为主，以区域内相关地区的民族文化为辅加以阐释。二是如果通过单一地区的地方文化进行分析，难以说明地区乡村治理的共性问题，所以在主要以区域乡村治理为阐释视角的基础上，加上不同地区村落进行比较，以便较好地说明传统文化在乡村治理方面的共性和特性。三是在滇桂边界地区的传统延续型村落，地方传统文化在乡村治理中发挥着塑造基层群众的观念、行动的作用。在自治、法治、德治融合的基层治理体系中，在法治顶层设计框架下，地方传统文化在塑造群众品性修养的过程中，不仅发挥着形塑规约的桥梁作用，也呈现出较具德治效能的特性。笔者注意到，地方传统文化在塑造村民行为习惯、思想观念等方面，延续了几代人，不仅反映着群众日常习俗，也诠释了较具特色的地域文化传统。例如，该区域壮族敬老文化就表现出明显的地域文化特色，壮族群众有给老人祝寿的习俗，不仅是表达对老人的祝福，也是家族孝心优良品质代代相传的象征。

　　传统延续型村落中传统文化的基本要素，塑造着村民的日常生活习俗，对乡村社会秩序发展起到辅助作用。本书通过对滇桂边界壮族、汉族文化习俗等的分析，讨论如何以地方传统文化为形塑力，在延续优秀传统文化价值的同时，发挥具有现代化价值功能的文化的优势作用。这不仅体现在传统文化的形塑力作用上，也反映出具有现代价值意涵的德治在形塑村民行为习惯中的作用，反映了塑造村民思想、品行的作用。在乡村治理的层面，传统文化以具有乡村治理现代化意涵的自治、德治为依托，形塑着具有价值效能的村民行动规范。所以，滇桂边界地区地方传统文化具有一定的形塑力，这种力量不是对旧习俗的延续，而是呈递具有现代价值意涵的传统文化在乡村社会治理中的正能量。

三、村寨建设是乡村治理的基础单元

　　传统延续型村落的基本属性在于资源的制约性、地域的特殊性和产业的单一性。相较于城镇化色彩较浓的村落，笔者在阐述传统延续型村落的过程中，通常是将其治理制度概述为简约治理模式。此处所指的简约是相对于城镇化发展较快的村落而言的,传统延续型村落的基本属性决定了其治理模式的单一、治理体系的单调。乡村治理的基础单元,通常是从行政村再到自然村寨的延伸。也就是说,传统延续型村落可以通过行政村再划分到自然村进行分析,在自然村的分析基础上,将其村寨固有特色纳入乡村治理基础单元。这是不同于城镇化发展较快的村落之处。传统延续型村落产业的单一性无法实现先进的制度框架模式。在田野调查基础上,笔者以村寨作为治理基础,更能说明其特色性。

从微观上理解乡村治理,分析传统延续型村落的治理概况,在产业发展相对单一的情况下,从村民的立场出发理解乡村治理的有效性,了解村民生活的幸福感及收获感,这对理解乡村治理成效特别是理解发展相对落后的村落概况具有直观的作用。首先,乡村治理体系现代化在此类村落中还有一定的发展过程。传统延续型村落的公共服务体系、集体产业发展、个体商业模式等,基本维持在一个较为传统的发展阶段。以区域内山区村落为例,部分村落因受到地理位置等的影响,农业发展、产业建设等均受到资源条件的制约,不能应用所谓普适性的治理模式。比如在村落管理模式上,传统延续型村落由于人口向外流动性较大,再加上资源条件的制约因素,乡村发展存在不均衡、不协调的情况。在此类村落中较为明显的是物质资源、人力资源等进一步开发利用的问题,可以说无论是人力资源的可开发程度,还是地方物质资源有效利用性,都会存在不同程度的制约。所以,在传统延续型村落中,通常延续了传统的生产生活方式,但受资源因素等的制约,也使得传统延续型村落表现出资源匮乏。讨论乡村治理问题,在此种类型的发展模式中应重点以村寨为研究对象,才能达到精准定位的效果。

其次,传统延续型村落中的地方传统文化,具有较好的延续性,特别是在日常生产生活过程中,传统文化的延续和形塑力,使其传统效应与现代化价值融合。如前所述,地方传统常具有一定的形塑作用,而突显效应的是地方传统与群众生产生活结合得紧密,使得传统要素在生产生活中反映出中华优秀传统文化的创造性发展特征。以滇桂交界地区壮族传统文化为例,壮族传统文化作为中华优秀传统文化的重要组成部分,在发扬优秀传统文化的塑造作用、提升壮族传统文化的现代性转化效能方面,发挥着地域特征形塑作用与民族文化的独特效能作用。笔者通过在壮族聚居区德保、富宁、那坡等地的田野调查,发现从"大区域小特色"的角度来说,壮族传统文化不仅是在壮族地区具有地域特色的文化内容,在以村落个体为单位的乡村治理中,还有以传统文化为特征、以治理要素进行耦合的特性。特别要说明的是,该区域内壮族传统文化的特征是基本一致的。笔者在讨论传统延续型村落基本主题时,以村寨为单元对其文化特色属性进行研究,从微观层面理解作为乡村治理基础单元的村寨传统,细微地挖掘出乡村治理中传统文化要素的作用。

最后,乡村治理现代化应以村民的实际感受为标准依据,将村民的实际体验和获得作为重要依据,进而作为衡量乡村治理的一项重要指标。从村民微观感受进行分析,从微观层面理解村民具体的获得感、收获感等感受,能反映出村民对乡村治理成效的体验,能体现出乡村治理的目标。所以,从宏观和中观层面理解乡村治理,再到微观层面分析乡村治理的具体实施和体验过程,是将宏观的社会治理体系、治理制度、发展模式等,落地到实际的感受体验之中进行阐释,无疑会通过个体感受更直接地体现乡村治理的成效。可以说,乡村治理现代化的成效明显不明显,归根到底是要以当地老百姓的满意度为标准,要以群众的获得感和幸福感为重要依据。应该说,乡村治理需要群众参与,依靠群众共同推进,成效要由群众共享,这是衡量乡村治理现代化的重要依据,否则乡村治理仅仅是停留在规章制度层面的机械治理。特别是在传统延续型村落中,村寨建设的实际情况错综复杂。虽然村寨传统文化的概况具有地域普适性,但滇桂边界区域内村寨格局大不相同。以村民的实际体验感受为依据,决定了研究主题应以微观层面的村民为主,在乡村治理管理机制的作用下,通过展现村民的具体体验感受,说明治理理念、方式的有效性和满意度。

第二节　传统向现代转型村落研究的基本主题

滇桂边界地区传统向现代转型村落实践模式,通常展现了村落产业发展、城镇化建设、治理机制优化等方面的属性。从传统向现代转型的角度来讲,该阶段实践模式尚处于乡村社会发展的转型期。区域内的乡村治理现代化,首先可从乡村治理体制和乡村自身建设发展方面进行考察。在对传统向现代转型村落的讨论中,此类村落的基本状况常以地理位置为优势,大多位于乡镇中心、县城附近。这些区域的人员往来、交通条件有优势,有的是附近村落道路的小型汇集点,有的位于县域间交通要道上。在此基础上,由于人员往来、交通交汇等便利条件,形成了以基础设施为基本优势、以村民信息为带动的产业发展模式。如贺雪峰所言,对乡村治理现代化有重要影响的两个变量,一是乡村社会自身,二是乡村管理体制。[1] 乡村社会自身发展正是传统向现代转型村落的一项特定要素,村落自身演变转型,进而实现由传统型向现代型的转变。此类型村落的自身特色即乡村社会自身发展的独特优势。

其次,笔者从乡村社会治理的另一个要素进行分析,重点关注乡村治理制度问题,即由村落的自身建设发展推动形成相对完善的管理制度。该类型村落具有较多发展优势,在农业发展、产业建设、商业模式等层面,均具有便利的优势条件,进而演化出相关领域的不同类型管理制度,形成传统向现代转型乡村治理制度体系。笔者通过对地方产业发展初显规模、乡村治理制度相对多元、村落发展特色构成乡村整合优势三个层面的阐述,对该类型村落的三个主题进行分析研究。

一、地方产业发展初显规模

"农业农村现代化既是全面实施乡村振兴战略的最终落脚点,也是检验我国乡村振兴战略实施效果的关键衡量标准。"[2] 农业现代化对乡村社会的发展来说具有举足轻重的作用。在传统向现代转型的村落中,农业现代化是村落自身建设发展的一项重要指标,不仅体现在村落自身的多元发展优势上,也可表现在返乡人员所带回的新理念之中,通常能为占据地理优势或资源优势的村落创造更好的机遇和平台。以广西那坡县为例,县城附近的农业种植以水果为主,从福建、海南等地务工返乡人员带回了先进的农业种植技术和管理理念,在承包土地基础上开始种植脐橙等果树,为村落的农业发展注入了新活力。笔者在云南广南县调研期间,也注意到当地优势特色农业的发展,大多以外出务工人员带回的技术为基础,他们发展了有特色的农业,如茯苓、油茶等的种植。区域内由传统向现代转型的村落,大多以农业转型推动为契机,在原有经济作物种植的基础上,引进新型农业种植技术,使其农业种植品种、挂果

---

① 贺雪峰. 乡村治理现代化:村庄与体制 [J]. 求索,2017(10):4.
② 周娜. 乡村振兴视角下实现农业现代化的路径探析 [J]. 理论探讨,2022(2):159.

数量、收成周期等均有较大变化。当地壮族村民对果树种植新技术的引进,发展壮大了当地农业,在基础设施建设优势的基础上,形成较具优势特色的农业发展态势。

滇桂边界一带广南县、那坡县等地的乡村社会的转型发展,大多建立在农业现代化发展的基础上。广西那坡县的沃柑、火龙果、脐橙等种植业已初具规模。该区域内农业现代化的发展较具地方特色,大多以先进技术、经济支持、先进理念三要素为支撑。不少新一代返乡大学生创业,带回沿海城市的先进管理理念,在村落传统农业的基础上,发展出较具地方特色优势的农业产业,形成了初具规模的小型种植、养殖业。近年来,在政府好政策的扶持帮助下,不少返乡创业者获得了不同数额的创业贷款,解决了大学生创业初期的资金问题。笔者看到在技术、理念、经济的共同支撑下,形成一个很好的利益互动链条,使得广南县、那坡县等地壮族聚集区乡村农业得到了很好的发展,如县域内的生态山庄、生态养殖等产业获得了很好的发展支持和条件,广南县的生态休闲山庄等已形成地方特色。可以看出,地方产业发展初显成效是转型期村落发展的基本主题之一。区域内的村落建设依靠资金引入、技术注入、理念导入等,返乡务工人员、返乡大学生等群体共同构成了地方农业现代化的生力军。

二、乡村治理制度相对多元

在产业发展初具规模和成效的基础上,当地乡村社会产业发展相配套的乡村治理制度,也展现出多元化的发展趋势。从农业现代化、新兴产业、小城镇商业等多类型发展态势来看,与传统向现代转型村落相对应的乡村治理制度,在农业、商业等领域逐步建立和完善起来,形成了村落单一的治理模式。滇桂边界的不少村落处于相对偏远的山区,尚未充分完成传统向现代的转型。笔者所讨论的正是这些村落的发展趋势和状态。对此类型实践模式的解读,不是将其模式固定化,也不是将此类村落乡村治理制度多元属性夸大,而是以一种动态的方式诠释乡村治理制度的多元形态和特征。

滇桂边界一带由传统向现代转型村落,大致可以从农业、产业、商业三者的变化发展趋势方面进行解读,进而分析其形成乡村治理多元制度的基本状态。如前所示,针对农业现代化发展基本情况,笔者以滇桂边界一带壮族聚居区的农业生产转型为例,说明区域内乡村治理中的土地管理情况。以广西那坡县为例,县城附近村民集体所有土地由部分务工返乡村民承包之后,农户所具有的承包权和对土地的利用收益转变为当地村民较为可观的经济收入。那坡县城外大多种植脐橙、火龙果、龙眼等水果,当地村落打造了以水果种植为示范的致富渠道。承包土地的村民由一些有经验的务工返乡人员组成。在农业种植发展变化的同时,当地壮族村落治理制度也相应发生了配套性变化,不仅是为了适应现代化农业发展对土地制度变化的需要,更重要的是在国家出台的相关法律框架下,面对新需要和新变化,区域内村落逐步完善自身建设的制度保障,以实现三治融合。

2019年1月1日开始实施的《中华人民共和国农村土地承包法》确定"三权"分置,界定了"三权"的权能,以及在"三权"分置下农地流转方式、原则等,通过法律顶层设计对农地"三权"分置给予了具有可操作性的规定。对经济相对欠发达地区来说,更是使村落发展得到了很好的法治保障。如前所述的例子中,壮族聚居区的乡村社会有着较大的发展机遇和空间,以土地制度改革为重点的乡村治理制度体系建设,呈现出了有效和具有特色的发展实践模式。尤为重要的是,新兴农业技术的引进,调动了村民盘活土地的积极性。当地在突破原有治理屏障的同时,以村两委的名义相继对土地承包、经营的规范进行了实践性探索,并在充分考虑农民集体利益的基础上,对村民承包权、土地经营权进行了有益探索。当地村落以合约条款的形式进行分析研究,逐步探索适合当地乡村治理土地制度的规范。在符合土地承包法的原则下,在村民集体和承包方自愿的基础上,当地对土地流转的探索尝试实现了一定的经济效益。这为实现乡村治理制度多元化,逐步推进以土地制度改革为基础的管理制度改革,提供了有益的制度探索和实践经验。如前所述,在三治融合的治理体系中,以治理制度为引领的多元实践模式,逐渐形成了由传统向现代转型模式的乡村社会治理制度的特色。

传统向现代转型村落的治理制度,从文字理解显然是具有传统性、现代性以及转型探索性等诸多属性。然而,如果从经济社会发展的角度分析,更具特殊性的是,以产业引领的发展方式势必带动地方乡村治理模式的加速转变,同时以土地制度为基础、以现代产业治理体制为推动、以商业发展治理模式为驱动的乡村社会治理制度,也会助推地方经济社会协调运转。这是一个相互推动的发展过程,也是在传统向现代转型村落发展中所呈现的基本主题。可以说,传统向现代转型村落构成了滇桂边界地区较具特色的发展和实践模式,通过多元化的实践探索形成乡村社会治理制度的多元属性,同时形成了这一类型村落研究中有特色的研究主题。

三、村落发展特色构成乡村整合优势

滇桂边界村落中由传统向现代转型的实践模式,大多存在着同一区域内近似的发展状态,无论是从产业建设、农业发展还是从商业转型等层面分析,均会出现区域内发展的近似特征。可以说,此类型村落在区域内发展的基本状况,一定程度上表现出村落发展较具区域发展特色的同质化特征。区域内无论村落在农业生产、产业发展、商业模式等方面所处的位置如何,均可不同程度地诠释乡村社会发展的地域性特征。"村寨治理研究的目的,就是要在市场化和现代性不断渗入农村和农民生活之中的背景下,为农民和他们在村庄的生活找到依据和理由。"① 在现代性语境下探索传统向现代转型村落的乡村治理基本主题,笔者期望以更质朴的方式诠释乡村治理的发展模式,以此归纳村落治理的基本属性,并将其落实到具体的农民个体发展、村落建设之中,也就是说治理的目的整体要以现实的村民获得、实际的村落发展为基本主题和要求,以此为基础讨论乡村治理现代化的发展才会更有意义。

在乡村治理现代化语境下,传统向现代转型村落显现出以现代为特征的村落建设属性。以滇桂交界地区的广西德保县为例,笔者将其划分为农业示范区、非遗文化区、新兴产业区等多重区域,以不同方位的区域性特色优势分别代表区域内部的文化属性和经济发展特性。首先,从县城东部来看,以壮族传统织布技艺为特色的村落,打造出了以非遗文化为重点的壮族村落发展模式;其次,从县城西部来说,相对便利的交通条件、具有一定技能水平的务工返乡人员,共同组合形成了以现代种植为特色的农业示范区;最后,在县城北部山区,则以新兴农业产业的发展为重点,探索出地区发展的新模式。笔者不难发现,在以区域特色为优势的地区发展实践模式中,正在逐渐突显出不同的发展特色和特点。这为笔者提供了有地方特色的阐述视角,也为区域内村落的

---

① 贺雪峰. 乡村治理研究的三大主题 [J]. 社会学研究,2005(2):221.

整合发展提供了有代表性的分析素材。

在当今社会快速发展的时期,乡村社会的不同特色发展优势,突显出不仅仅以单一模式发展为基本特征的变化。通过对从传统向现代转型村落发展的分析,可以看出村落整合性发展已采用以区域整合为特征的模式,不同于过去村民单打独斗时期一家独大的村落发展模式。在现代化推动下的乡村快速发展过程中,村落整合性的发展趋势,逐渐替代了农户单一型的发展模式,构成了具有地域特色的发展模式。乡村社会进入由分化到整合的过程,现实的情况是村落发展更需要村民之间的合作,强化村民的组织性和治理自治性,以个体利益为基础的合作发展因此兴起。[①] 通过对滇桂交界地区村落实践模式的阐释,可以看出县域的区域发展特色及格局,大多呈现出从整合到统分的特性,体现了地域发展中不同特色内容的基本属性。通过田野调查,笔者初步将滇桂边界一带区域整合型村落划分为以现代种植业为特色的农业示范区和以非遗文化为特色的示范村,其模式分别为以现代产业为引领的发展模式和以现代商业为推动的地方特色模式等。在以上分析中存在的共同点不仅是发展模式的差别,更是区域村落整合特性的彰显,表明区域内统合的发展特色,由过去单一型村落建设模式,逐步转变为以区域为特色的乡村社会发展模式。与此同时,笔者注意到,在市场化机制的运作下,具有区域特征的乡村农业、商业等均表现出较具特色的市场化发展优势。以个体利益为驱动的发展机制,形成了区域内村落整合发展的动力,呈现出以区域性村落整体建设为特征的区域整合模式。笔者将其概述为以村落发展特色构成的乡村整合优势。

第三节　传统与现代整合型村落研究的基本主题

滇桂边界传统与现代整合型村落,通常建立在由传统向现代转型的实践模式基础之上,从村寨自身建设、乡村管理体制两方面建设成为传统和现代相结合的特色村落实践模式。区域内此类模式村寨发展过程中传统文化各有特色,但在村落发展的基本线路上均突显出以传统文化特色为底蕴、以现代管理体系为支撑、以产业发展为支柱的发展特点,其中具有特色的文化传统往往占

---

① 徐勇. 县政、乡派、村治:乡村治理的结构性转换 [J]. 江苏社会科学,2002(2):27.

据了村落发展的核心位置,促使产业和管理体系的现代化更具发展优势。

本部分阐释的主要内容,一是将传统文化精准有效地对接到现代化的产业和管理体系之中,结合传统文化的塑造效应对接具有地方特色的现代化管理体系和产业发展模式。此类型村落在发展过程中,通常以传统文化为根基,助推形成村落发展的内在价值,文化传统的内涵作用发挥了优势。二是释放村落文化传统特色优势,改变了传统的习俗传承和节庆展演模式,并结合现代社会发展需要和群众实际需求,挖掘和传承具有时代性的文化传统血脉精神,使之成为活态的传统文化传承、保护和发展载体。活态的传承运用,通常是地方传统有效的运行方式,也对村落自身发展和对外宣介起到意想不到的作用。三是在传统文化的活态传承和宣传保护基础上,建构特色化的村落传统品牌,产生具有村落代表性的传统与现代结合的对外宣传品牌效应。可以说,区域内此类村落模式主打的是在挖掘活态村落文化精髓的同时,充分展示文化传统与现代社会的融合特色,使之成为符合现代社会需求的村落社会对外宣传品牌。

一、传统与现代特色精准聚焦

随着后扶贫时代的到来,以传统文化为依托的滇桂边界少数民族地区,要想在以传统文化为特色的现代化发展中闯出一条路子,需要在诸多传统和现代要素中调整思路、找准定位。笔者在调研过程中,总能发现当地打造的优质品牌村背后的闪光之处,为地方乡村振兴亮出闪亮的名牌。在云南西畴县,以"西畴精神"为主打的地方品牌为人们所熟知。人们熟知的奋斗精神,激励着男女老少向困难挑战、向幸福出发;在广西靖西等地,以非遗文化为主打的品牌活动为大家带来欢声笑语,形成了以节庆文化、民俗特色等为主题的多元文化氛围。笔者看到在有效的村落发展模式中,不论是地方扶持还是上级扶助,以精准特色为主要抓手成为有效推动村落发展的办法和砝码。

通常情况下,滇桂边界地区发展较好的村落,可以通过聚焦特色、精准发力、突出主题几个方面进行归纳和解读。这些村落不仅突出了传统特色优势,还发展出现代化的发展模式,为探索传统与现代精准结合提供了实践路子。如云南西畴县打造的红色主题文化传统村落,以聚焦红色文化为基调、以突出红色情怀为重点、以弘扬红色文化精神为主线,从食堂、超市、客栈、食品等方面,全方位聚焦到红色文化传承和发扬,让地处滇桂边界的边远村落突显出格外耀眼的红色文化氛围。将文化传统嵌入现代化发展之中,精准有效地塑造出村落的整体形象,为地方优质文化创造出了可敬可爱的品牌形象。无论是在城边还是在山头,笔者看到了当地打造村落文化品牌的用心、用力和用情。在广西靖西等地打造的是以民间习俗为载体、以非物质文化遗产为依托的民间文化艺术,如末伦唱诵、壮锦、剪纸、提线木偶戏。通过走进村落、校园、社区、景区等形式,村落非物质文化遗产传承和展示集习俗文化、内在品质于一体,以突出地方习俗特色为重点,既起到传承文化和娱乐大众的功效,又发挥了寓教于乐、宣传引导的功能,为乡村治理开辟了以文化传统内涵为带动的实践之路。笔者在靖西市新靖镇调查期间,正值壮族传统节日"三月三"到来。村落节庆文化展演以非物质文化遗产为主要内容,集中展示了具有特色的提线木偶戏、壮族山歌、壮族八音、壮族田间矮人舞等。展演除了在形式和场面上的热闹展示外,通常以富有生动内涵的主旨内容,弘扬时代精神、宣传正能量、传播优秀文化,将地方传统文化运用到了节庆等场合,形成了丰富有效的乡村社会发展特色化实践路径。特色化的传统文化展示平台,提升了区域内村落发展的有效性和针对性,并以非遗文化为主打品牌,形成了云南广南县、广西靖西市等地村落的名牌,其中不乏国家级非物质文化遗产,以此为推动突显出村落传统文化的精准聚焦和特色聚合优势。

在偏僻的滇桂边界少数民族村落,常常蕴含着让人意想不到的传统文化精髓特质,这为村落发展提供了坚实的文化底蕴和基础条件。然而无论是文化传统的内涵宣介,还是文化传统的精神延续,都提出了具有现代意义的考验。笔者在对村干部的访谈中了解到,传承好、发展好传统文化的内在精髓,将传统文化转化为村民发展的实际利益、转化为村落发展的有效资源,成为区域内广大基层村干部共同的期盼和心声。在当前乡村振兴发展的初期阶段,滇桂边界少数民族村落的传统特色是优势也是劣势。要想在诸多村落建设发展中突显亮点,精准聚焦传统特色特别是聚焦主要特色是村落为外界认知的关键一环。笔者在广西西林、田林、德保等地均参与了节庆活动,在云南西畴、广南、富宁了解到当地特色村落的民俗等传统。当前有效且合理的村落发展模式,往往是那些深度挖掘一技之长的村落,即所谓精准聚焦特色优势的村落获得了外界认可和关注。所以,区域内现阶段的村落发展,通过传统特色的聚焦,结合现代化的展示、宣介和整合,初步形成了以传统与现代整合为特点的村落实践主题。

二、文化传统的活态运用和影响

滇桂边界传统与现代整合型村落的突出特征之一,即传统与现代融合。在充分发扬传统文化特色的基础上,村落建设需要与现代化社会发展相适应,才能实现创造性转化。要实现以上实践内容,首要条件是村落传统文化的深层内涵需要得到宣介和传承。无论是本体层面的传统文化本质属性,还是内在层面的文化传统的内涵精神,都需要以具有特色的精准聚焦方式进行呈现。从村落中传统文化的内涵要义来看,需要从中挖掘更具地方文化特色的文化精髓,在此基础上加以传承保护、形塑影响和转化发展。笔者将其称为区域内村落传统文化的内在影响力,也即展现出文化传统的内在塑造力和感染力。通常情况下,传统文化的活态运用能够释放其本质属性,特别是传递文化传统的深层内涵和内在价值。区域内的大多数新旧整合型村落,均营造出活态的传统文化运用场域,村民在文化习俗的实践运用中受到天然熏陶和影响。

区域内少数民族村落的文化传统不同于地方传统文化,当地文化传统更倾向于表达内在精神层面的实质内容和内涵。一是在对外宣介方面,如前所述以特色化的精准发力为依托,将村落特色明显的内容加大包装、宣介、展示和打造力度,这在滇桂边界这样的村落中更为实际和有效。由于区域内居住的壮族群众多,在习俗节庆、衣食住行等方面雷同度高,加之不少村落位于山区,在交通、产业、资源等方面相对滞后,如何将其村落传统特色精准放大并加以宣介,需要对村落发展定位进行方向性判断,这也是村落传统对外宣介的重点内容。如云南西畴县上谷村就将村落祭太阳传统民俗打造为以节庆活动为载体的文化旅游传统,重点宣传村落中该活动的民俗文化、节庆特色、育人价值等内容。通过每年农历二月初一推出村落节庆旅游项目,该村重点宣介村落祭祀节庆的流程等内容。地方村落传统文化的价值内涵,在激励人们奋斗的同时,传承和延续着当地人民勇敢和勤奋的品质。二是在内部塑造方面,以村落文化传统内涵为依托,形塑村民的价值观念和价值认知,同时以民俗文化的育人功能为载体形塑村民的内在动能。如前所述,在具有地方特色的内在价值塑造方面,云南西畴县上谷村的祭祀节庆活动就有感恩、报恩等寓意。通过在民俗节庆活动中的传承和传播,地方文化传统更具塑造力和影响力。对外宣介的影响力和塑造力,为地方文化传统赋予了具有内在价值塑造效能的育人功能。之所以称其为活态传统文化,就是文化传统内涵层面的育人效能,为地方文化传统的内在价值提供了活态传承的平台,同时为当地村民内在价值的塑造创造了活态的生存和发展空间,可以说这是不可多得的文化传统传承状态,也是滇桂边界不少村落地方传统的传承运用具有特色和优势之处。

如前所述,云南西畴祭祀节庆活动、广西靖西非遗文化展演,大多在村民生活习俗中演变,而又不脱离村民日常生活,在习俗传统的传承中打造节庆展示活动,在展演过程中宣介传统文化特色。可以说,以上模式均以强调活态运用为要点,反映出区域内文化传统的活态运用生命力和有效性特征。在传承中运用、在运用中宣介、在宣介中推广,滇桂边界地区传统文化的影响力在于活态的传承和运用。在实践中探索文化传统的内涵和时代精神,这才是优秀传统文化创造性发展的有效体现。无论是云南文山州一带村落传统的节庆民俗、生活习俗、信仰习俗等,还是广西百色市一带以文化展演形式呈现的节庆活动,都展示于社会大众面前,使文化传统得到活态的运用和宣传。这对村落而言不仅促进了相关商业的发展,同时产生了文化传统活态运用的价值效应,对村落的外在和内在发展产生了经济层面和价值层面的影响。

三、特色化发展成为对外宣介名牌

滇桂边界地方传统与现代整合型村落的实践路径,呈现多样性、多元化、多维度等特征,但从对外宣介、主题展示、品牌打造等方面解析却又有相同之处。笔者通过走访区域内八县近五十个村落,探寻区域内有效的村落品牌打造、品牌运营、品牌维护和宣介模式,逐步梳理出区域内村落发展的打造模式、运营方式和管理办法,从村落自身发展和村落管理模式两个维度进行了解析。在诸多传统与现代整合型村落的实践探索中,特色化的品牌打造、宣介和运营可从多层面进行归因分析。

之所以以特色化为基调解读区域内传统与现代整合型村落的实践模式,主要是基于笔者对区域内多地村落实地调研情况的集中归纳。需要指出的是,虽然各地村落发展状况不一、村落特色各异,结合实地打造的文化品牌、产业类型等不同,但在实际运行过程中,多样性中具有同一性,多元化中具有特色性,多维度中具有聚合性。笔者以不同村落的传统特色为依托,寻找村落发展的路径模式,梳理和归纳出其中具有亮点的共同特征。笔者以特色化为基调归纳村落对外宣传的品牌,主要基于以下原因。一是滇桂边界村落大多位于位置较偏僻的山区,在交通等基础设施相对落后的情况下,如何抓住村落主要特色内容加以展示,这是对区域内村落整合资源专一性发展的考验。二是区域内大多数村落普遍具有丰富的传统文化内容,从民俗节庆、生产生活习俗再到非物质文化遗产,可以说是传统文化的集中展示地、活态运用地。如何在相互交叉、纷繁复杂的民俗传统中找好定位,进行合理的宣介和展示,这给区域内村落特色化发展提出了新要求。三是位于滇桂边界的少数民族村落,在管理人员、资源整合、宣传包装、对外合作等方面均处于起步阶段,在快速发展的现代社会如何以精、专、特为主要特征打造宣介品牌,成为村落特色发展的重要内容。区域内多样性较强的村落探索出了以特色化为亮点的运营和宣介模式,这可以从村落自身发展和管理模式两个方面进行解释说明。

从区域内村落自身发展的层面解析,可谓发展模式、类型、特征均千差万别,但村落自身发展差别中有共性。除地理位置、资源特色、产业特征不同外,内在的村落发展传统也各具特色。在区域内诸多传统文化资源的整合中,甄选和识别出特色的文化标识并加以包装宣介,往往成为村落发展中有效的路径。一项好的村落传统项目或产业项目并没有过于复杂的内容。通过对区域内村落的走访,可以看到自身发展好的村落并没有以复杂的形态进行展示,而是以特色化的传统标识作为村落自身的品牌。如西畴县以文化传统精神为主基调,宣传村落奋斗历程、变化面貌和精神内涵。富宁县以红色旅游、红色文化、非遗传统等为重点,将剥隘镇坡芽歌书文化、壮族稻作文化、红色旅游资源进行聚集,其中坡芽歌书文化生态村就是有特色的习俗礼仪、古老歌书等的传统文化与现代结合的实践模式。所以说,村落自身发展的特色化标识,就是区域内村落发展的靓丽品牌。这是最为容易让人记住并能激发村民创业激情的产品,特色化发展村落比起多元化发展的村落更具竞争优势。综合来看,村落传统文化创造性发展的空间更聚焦,与现代化链接实现创新性转化的路径更有效,这是区域内村落特殊的地理、资源、文化等所致,也是资源整合、文化传统衔接下区域内村落内自身发展必须遵循的路线。

从村落的管理模式层面分析,区域内有效的村落管理模式应是追求自身管理的协调合理、对外联系的协同有效、村落发展的效益良好。但从实际情况来看,区域内不少追求转型的村落,传统的管理模式单一且不符工作实际,这给进一步推动自身发展和外部衔接提出了新挑战。很多村落存在"上面千条线,下面一根针"的工作情况,为应付上级检查出现了报告多、表格多、材料多等情况,而从村民的角度来看,实际落实到的惠民政策或利益相对较少。村干部为应付多头检查,有时将本质的工作业绩展现在了材料之中、堆砌在了报告之上。笔者注意到区域内发展好的村落,采取的是简约式的管理模式。总体而言,在村落管理模式中应以流程式的常规工作、规范式的检查机制、样板式的项目建设、效益化的惠民工程、有效化的民生工作等为主,将村落自身管理与对外资源整合相协调,合理提升内外之间的管理关系。最重要的目的还是促进村民获得感、幸福感的提升,推动村落可持续、更和谐地发展。

笔者对传统与现代整合型村落研究的基本主题进行解析,通过聚焦特色、活态运用、特色发展等主题,探索了传统与现代整合型村落的主题特征和主题内容。在实践过程中,由于区域内地理环境、村落自身发展、可利用资源、管理模式等原因,出现了重点打造或平淡无奇的村落,但在有效打造村落特色化发展问题上,笔者看到有效的模式或主题,即以特色化的村落传统文化为根据,结合现代社会发展要求形成活态运用的传统与现代整合模式,推动村落以特色化发展模式为主题对外宣介和展示。具体而言,区域内不同村落虽有文化、资源、产业等方面的相同之处,但在实际运行和管理过程中情况千差万别。笔者选取有代表性的村落为研究对象,在实践篇章中加以个案分析和说明,并将此基本主题运用于实践之中,以个案研究的形式呈现出来。

第四节 传统与现代糅合型村落研究的基本主题

传统与现代糅合型村落实践模式,大多出现在转型过程中的路径偏差或历史过渡时期。对这一类实践模式的主题研究集中反映了此类村落的基本状况,且较具针对性和代表性。之所以将其归纳为一类实践模式,并进行基本主题的内涵解析,是由于从区域内村落发展的实际情况看,不少村落的转型升级和建设发展处于阵痛期、过渡期。笔者在滇桂边界的调研中注意到,有传统与现代整合较好的村落,也存在大量传统与现代糅合或脱节的村落。这无疑是乡村振兴过程中真实的村落发展现象,也是合理和普遍的发展状况。本节重点从传统与现代衔接的角度,探索当前有的村落呈现出的真实发展面貌,解读村落传统或现代社会在村落发展中的位置并加以概述和归纳。笔者从客观的角度分析当前区域内村落发展中面临的传统文化与现代产业衔接困境,以及传统与现代对接的瓶颈。一是从地方传统文化的传承、现代社会发展的需求出发,探索两者在此类村落模型中的位置。二是以地方传统文化为特色,说明此类村落中文化传统在现代社会运行中的现状和困难。三是以现代产业发展为导向,阐述村落发展中面临的诸多困境。笔者通过以上三类实践特征的分析,有效地诠释传统与现代糅合型村落的基本特点和实践特征。

一、传统与现代平行运转

滇桂边界地区村落实践运行模式整体以传统与现代整合为主要亮点,但也有相当数量的传统与现代糅合型村落存在。之所以称其为糅合型村落,是由于传统与现代难以融合并进,进而出现了在村落转型过程中的过渡或不适应现象。区域内的糅合型村落实践模式占据了不少数量。从该类村落实践模式的数量上来讲,可以说是当前区域内村落的主要发展类型之一。

首先,从村落自身发展的基本面分析此类模式的运行规律,可从以下几个层面进行解读。一是村落中的传统文化虽内涵和数量丰富,且以民俗传统为主的地方文化内容丰富,但尚未挖掘出村落传统文化的有效内涵和价值,尚未找到特色化的整合方式及宣传渠道。二是村落现代化产业发展与传统文化传承发展相脱节,并没有形成有效的整合模式或并无相对应发展轨道的对接模式,致使现代社会发展与传统文化创造转化相互脱节。三是暂没有形成特色化的村落宣传模式。村民固守传统的习俗观念,区域内村落大多以信仰习俗为主体的传统文化,传统文化保守地留存于村民日常生活之中,仅在村民生老病死的各类仪式中出现。由于地理位置、资源环境等种种因素制约影响,尚未形成以非遗、节庆等形式展演的宣传渠道。四是受村落自身发展的阶段性因素影响,出现了空心化、老年化等诸多问题,难以保障传统文化在村落发展中的积极位置,使地方传统文化以纯活态的形式存在于村落之中,运行于村民人生礼仪、节庆习俗的各个阶段。

其次,从村落运行的主导因素分析,乡村社会的发展需要外因和内因协调配合、协同推进。各方资源的有效衔接特别是获得上级的有力支持,对村落发展将会起到至关重要的推动作用。一方面,从村落发展的内因分析,村落传统文化的特色亮点、现代产业的发展基础、对外宣传的难度价值、地方资源的运用效率以及地理环境等诸多要素,均会使当地村落成为地方推介对象的重要评价依据,而在实际运行过程中,村落的新旧衔接、产业整合、发展效能等要素又会成为扶持的重要因素。另一方面,从村落发展的外因分析,从地方政府重点扶持打造的村落来看,在乡村振兴大背景下,基本上可以看到村落的发展优势需要与地方发展相一致,上级在考察村落自身发展的基础上,重点考察村落的自身发展能力和对接主流的能力。所以,传统与现代糅合型村落并非乡村社会发展的简单类型,而是社会发展过程中多方面因素造成的。

再次,从村落发展过程中释放的潜能分析,通常滇桂边界一带村落的发展大多建立在传统之上,以传统为根基是村落自身发展及向前推进的基础和根脉。笔者在云南广南县、富宁县、西畴县等地调研时发现,当地的非遗文化、红色文化、民俗传统、奋斗精神等,均成了村落自身发展的无价资源。无一例外,在云南和广西多地村落发展的样板工程中,均突出了某种时代品质或内在精神,这是社会发展特别是乡村社会进步发展所崇尚的高贵品质。虽然在民俗中常见的展演也有娱乐成分,但从深层次分析地方优秀传统蕴藏着中华传统文化的精髓。在传统基础之上,村落产业发展的对接程度,对于地理位置偏远的山区村落来说尤为重要。笔者在云南富宁、西畴等地看到,在产业发展尚未兴起之时,文化传统的内在要素作为重点,对推动和宣传乡村社会发挥了积极作用。西畴县村落国家级非物质文化遗产就是很好的案例,为村落带来了多方支持,形成以传统为基础带动的产业发展业态。

二、以地方民俗为主线的场合式运作

传统与现代糅合型村落区别于整合型的融合特征,出现了以传统为主线或以现代为主线的单一发展模式。如前所述,滇桂边界村落常受地理、环境、资源等局限,在发展过程中如未得到外来资源有效资助,常将传统与现代区分开来对待。这不仅造成村落自身传统资源的浪费,也对进一步推动乡村可持续发展造成影响。笔者对区域内村落的调研发现,不少村落壮族民俗文化丰富,但能够助推乡村社会发展的活动少之又少。有村干部认为是因为外部资金资助较少,有的则认为是村落条件较差或是招商引资力度不够等因素造成的。

滇桂边界区域内很多村落在春节前后举办各类活动扩大宣传、吸引关注,但仅以地方民俗传统为主线举办活动,并未形成地方传统特色优势,更谈不上与现代产业的紧密对接。应该说,在滇桂边界各类村落中民俗活动丰富,如部分集镇除了传统的春节、中秋节、重阳节等节庆,壮族群众的"三月三"也是较为热闹的,在集镇内会看到群众赶集、唱山歌等。有些冷清的集镇也开始大力筹备各类体育赛事、歌舞比赛等,"村 BA"篮球赛、村落足球赛等开展得不亦乐乎,在形成村落节庆氛围的同时,确实起到一定的吸引游客、集镇商业造势的作用。但笔者也看到不少村落在活动之后却无可持续发展的应对之策。如何破解这样的真实难题,使村落传统与现代整合得更好,成为区域内乡村社会发展关注的焦点。

除此之外,滇桂边界传统的村落仍保持了集体祈福祭祀的习俗,提供了不可多得的传统文化财富。这些村落的集体祭祀被认为是极为神圣的集体活动。如在云南广南、西畴等县域内村落就有"祭竜""祭太阳"等习俗,在西畴县不少壮族村落集体祭竜,祈福来年风调雨顺、平安健康、吉祥如意,形成区域内不成文的集体祭祀仪式。人们会换上新衣、准备酒菜,在村寨带头人的召集和带领下,前往神山祭拜。这也成为最为神圣和隐私的集体活动。出于对集体祭祀神秘和神圣性的护持,这些村落难以对外宣传和展示其传统文化优势特色。外界仅是通过口头或外部了解等形式认识村落的祭祀活动内容,无从对此类村落特有的民俗传统进行宣传包装、改进塑造和创新。

近年来,笔者看到滇桂边界地区文化旅游的发展总体处于影响力不大、宣传度不够的状态。这与区域内丰富的村落传统文化特色形成鲜明反差。如何吸引和留住游客,让外界充分了解和认识区域内发展的优质特色、传统优势等,从地方政府到乡村社会均提出了自己的解决方案。笔者看到了部分较为成熟的运作模式,也注意到仅仅热闹一阵的短暂做法。当地以主打节庆活动带动商业的做法似乎早已过时,不少地方追捧的集镇或县域内场面活动,不仅难以有效宣传地方特色和传统文化,还成了既耗财又费力的买卖。而且,这些活动以地方民俗传统为主线加以宣传,却对地方群众民生改善没有起到应有的效果。特别是在新冠肺炎疫情之后,产业结构、社会发展、文化传承均发生了改变。随着乡村振兴的不断推进,滇桂边界乡村社会的建设发展,若仅以单一式或场面式的传统宣介模式运作,难以将地方传统和当地特色有效地展示和呈现出来。

三、以现代农业为重点的效益式运行

区别于上述以场面式为主的民俗传统节庆活动,滇桂边界地区不少村落将自身的优秀传统文化抛开,通过发展农业产业获取短期经济效益。这种抛弃地方传统文化优势,转而主打特色农业、特色产业的做法,出现在了相对偏远的山区村落。与聚焦传统文化优势的村落相比,产业发展的优势自然成为村落发展的重要指标,但与文化传统优势的内涵相比,虽然短期的经济利益较为可观,但对传统文化的摒弃或置之不理也是不可取的。笔者谈到的以发展现代农业为重点、摒弃了地方传统文化优势的做法,主要出现在有传统而无视传统、有文化而无视其价值的村落。这一问题大体上可以分成几个部分阐述。一是过于注重产业引入的经济效益。滇桂边界地区不少村落地处山区峡谷,村落发展不仅条件艰苦且资源受限。随着乡村振兴的持续推进,很多村落条件有所改变,面貌焕然一新,但在长期的持续发展问题上仍需要努力。此处所说的过于注重产业引入,主要是针对有文化而无重视的村落而言。对于条件艰苦的村落,以发展产业增收致富是一条非常好的路子,也是值得宣传赞扬的做法。笔者看到不少村落发展柑橘、桑蚕等产业取得了不少收获,为地方老百姓增收致富增添了希望。但不乏部分村落在传承民俗传统方面做法单一、效果不明显,造成了青年无认知、老年无精力的局面,在短期经济效益面前将传统文化的保护抛之脑后,甚至造成民间传统断代或失传的情况。二是过于忽略传统文化的正能量作用。以各级非遗为平台的民俗传统作为村落发展的金钥匙,一定程度上发挥着重要的宣传和展示作用。由于对传统文化知识的匮乏,对合理运用传统、打造传统、传承传统并未有很好的认知,有的村落在获得非遗项目后,仍不知如何大力宣介打造,造成民间习俗传统中蕴含的正能量精髓难以有效展示其独特魅力。流传于民间的诸多传统,之所以有其传承和发展的道理,大多蕴含着正能量的育人价值,抛弃其本质而宣扬其表面,不免有本末倒置之嫌。三是过于重视短期的面上成效。有的村干部重视短期的面上材料申报、年度的增收指标等内容,却对如何打造持续性产业、如何发挥好地方经济与传统的作用一知半解。此类现象大多出现在知识匮乏、技术缺乏的村干部中。有的村落出现产业发展半途而废、传统文化一窍不通的情况,造成一届村干部上马一项产业,并无长期的规划和对传统文化的内涵挖掘,传统与现代的整合问题更无从谈起。

　　总体来说,滇桂边界区域内多元文化融合、多样发展模式汇聚、多重村落特色汇合,以传统文化为底蕴的发展模式,虽然得到了较好的探索和实践,但在区域内还存在不少村落持续性的后续发展能力亟待强化。本节以传统和现代糅合型村落为主题,力图探索区域内较具解释力的几类问题特征,并通过分析和探究的形式加以说明和阐述,目的是对区域内整体情况加以掌握,同时进行全面的梳理和分析,进而还原区域内地方村落发展的实际情况,以及传统文化与现代社会发展的实际状态。

第四章 >>

区域文化传统及其现代价值

第一节　传统文化与文化传统

　　传统文化与文化传统既有明显区别，又相互联系。传统文化落脚点为文化，而文化传统落脚点为传统，二者实则是一体双翼、一母同体的关系。有学者从对外传播的角度解读中华传统文化，指出中华传统文化由各民族集体创造，贯穿于人民群众的日常生活之中，其内容涵盖文学艺术、哲学宗教、风俗习惯等，对外传播要坚守人民立场、讲好中国故事。[①] 滇桂边界地区传统文化存在和发展于人民群众生产生活之中，在人民群众对美好生活的向往和追求中创造和发展起来，通常以与人民群众生产生活联系紧密的文化实体、生活习俗等形式存在。较之于文化传统，滇桂边界传统文化更具有实体和外在属性，突出了实体的文化形态、生活风俗等外在形态和特征。

　　文化传统根植和发展于传统文化的沃土之中，从人民群众日常生活中来，塑造和影响着大众的思想观念等。滇桂边界文化传统孕育于传统文化之中，由传统文化塑造和发展而来，形成与人民群众日常生活紧密联系的精神品质和内在价值。有学者强调文化传统的重要性，认为中华文明源远流长，延续五千年的中华文明博大精深，在历史传承中形成了优秀文化传统，只有根植于

---

① 张辉刚，杜婷婷. 中华优秀传统文化对外传播的创新模式——学习习近平文化思想[J]. 西北民族大学学报：哲学社会科学版，2024（1）：11.

中华优秀传统文化的沃土才能反映时代要求,创造创新空间。[1] 本书以滇桂边界区域文化传统为研究对象,阐释文化传统的现实价值意义。从区域来看,文化传统有其地域性、特定性因素。有学者对区域内文化传统进行了定义,对陕甘宁边区农民文化传统进行研究,指出陕甘宁边区农民文化传统是在历史发展过程中形成,在传统文化影响中建构的价值观念、思维方式、行为规范和社会心理。[2] 文化传统的重要内涵和本质意义,是在传统文化中传承和形成的,更需要在传统与现实中传承和创造。以区域为地域空间,对文化传统进行的解读就更具有针对性。就滇桂边界文化传统来说,笔者结合陕甘宁边区文化传统的定义,认为滇桂边界区域内的传统文化传承发展社会进步进程中形成和演变的精神品质、价值观念和道德品行等。

从字面上理解传统文化与文化传统,传统文化通常展现于外部形态、外在内容中,大多呈现物质形态的外在表现形式;而文化传统则是蕴含在深层的内在核心、内部要义,蕴含内在精神层面的价值品质中;若从传统文化与文化传统的关联上分析,通常情况下传统文化为物质存在的外部载体,文化传统为内在蕴藏的精神。外部的文化实体、生产生活习俗等传统文化,传递和传承着以内在品质、内涵等为深层内容的文化传统精神品质和道德品行。总体而言,传统文化通常以有形的物质实体、文化习俗为主要存在形态,是人们在不同历史时期随着社会发展而形成或创造的文化实体、生活习俗等,是具有时代特征、地域特色的。文化传统则是无形的精神意识,是人们生产生活实践中逐步形成的。具有渐变性质的有意识或无意识的精神品质或人文内涵,是人们摸不到但又存在于内心的精神和品质。

具体而言,传统文化与文化传统可从属性和特征上进行解释。传统文化从属性上分析,具有某一时期或社会发展历史阶段所形成的外在物质或生活习俗特性,如民族服饰、传统建筑、饮食习俗、节庆习俗、生活习俗。文化传统从特征上解读,具有集体有意识和集体无意识属性,通常具有主观和非主观的认知属性,如社会风尚、集体精神、伦理道德。应该说,传统文化与文化传统二者是一个大事物的一体两面,或者是相互有联系的两个不同事物。一个以有

① 郭辰,王明月. 新时代弘扬中华优秀传统文化的使命、定位与价值 [J]. 中国矿业大学学报:社会科学版,2023(6):164.
② 薛金慧. 陕甘宁边区农民文化传统的改造与提升 [J]. 广西社会科学,2023(3):146.

形性、物质性为主要特征,另一个则以意识性、精神性为主要特征。

中华优秀传统文化蕴含着社会发展的文化基因,承载着民族发展的精神血脉,是中华民族的根和魂。从历史定位上看,中华传统文化从五千多年的历史长河中演变、发展而来,在历史发展进程孕育的文化沃土中,蕴藏着社会进步发展的深厚文化软实力和精神动脉。从时代发展来看,我们要在传承和弘扬中华优秀传统文化的精神品质、内涵过程中,将历史文化与现实价值相结合、将传统文化与社会发展相结合,充分挖掘和传承传统文化的精神品质和价值动能,在时代发展中弘扬中华优秀传统文化的价值,为新时代现代化建设贡献智慧和力量。从社会进步发展来看,社会发展离不开过去、现代和未来一脉相承的联系,继承和发扬好中华优秀传统文化的内在品质和精神内涵,对于推动中华优秀传统文化创造性转化和创新性发展具有重大意义。

季羡林先生提出"大国学"概念,将中华传统文化统称为国学,认为国学应该是"大国学"的范畴,国内各地域的文化和 56 个民族的文化都应包括在国学的范围之内。[①] 中华传统文化是全国各族人民共同创造的,56 个民族的优秀传统文化都属于中华优秀传统文化的一部分。以滇桂边界地区为例,壮族优秀传统文化作为中华传统文化的重要组成部分,发挥着传统文化在民族地区的价值塑造、行为引导、教育规约等多层功能,展现了中华优秀传统文化家族家风、价值塑造和精神内涵等方面的作用,体现着具有象征寓意的孝顺敬老、互助诚信、情感交流等内在价值意涵。[②] 壮族优秀传统文化在传递优良品质的同时,也形塑着个体行动和道德伦理的价值内涵。梁庭望指出:"壮族是一个很讲究道德、礼节、伦理的民族,有悠久的伦理道德传统。"[③] 滇桂边界地区传统文化具有丰富多彩的内容和形式,区域内传统文化内涵丰富、形式多样,且与人民群众日常生活联系紧密,而传统文化中蕴含着的丰富育人价值,通常具有深刻的育人内涵、通俗易懂的表现形式,展现了时代价值和内涵。

① 季羡林. 国学应该是"大国学"[J]. 紫光阁,2007(8):80.
② 唐俊,徐祖祥. 空间表征与象征秩序:桂西南壮族乡村治理中传统文化的现代价值重塑[J]. 云南民族大学学报:哲学社会科学版,2022(2):111.
③ 梁庭望. 壮族文化概论[M]. 南宁:广西教育出版社,2000:391.

第二节 传统内涵与现代价值：
区域民俗传统的现代价值

滇桂边界地区是多元文化聚集之地，该区域内传统文化历史悠久、内涵丰富。本部分以壮族山歌民俗传统为例，通过个案剖析的方式解析传统内涵与现代价值。滇桂边界自古是壮族聚居区、多元文化交汇区，从壮族分布的区域分析，大致东至广东连山县，西至云南文山州，北达贵州从江县，整体构成背靠云贵高原、东接华南、南接中南半岛的地理环形区域；从文化多样性阐释，该区域位于南岭走廊的最西段，融合形成多元文化汇合的聚集区。壮族群众自古有善歌、爱歌之习俗，壮族山歌民俗传统常有抒发情感、教育后代等深刻内涵。区域内壮族山歌习俗代代相传。富有历史底蕴和内涵的壮族山歌文化，演绎着一代代勤劳善良的壮族人民追求美好、热爱生活的动人故事。

壮族山歌是贴近群众生产生活的民俗传统，以壮族山歌传统为题材解读滇桂边界民俗传统的内在价值，可展现出区域内广大群众所熟知的文化形态和内在价值。壮族山歌具有历史悠久、题材丰富、曲调优美等特点，深受广大壮族群众喜爱。由于壮语南北方言的差异，壮族山歌也有"欢""西""伦"等多种称呼。以流行于云南文山及广西红水河一带称作"欢"的壮族山歌为例，有学者提出壮族山歌"欢"的历史可追溯至春秋时期，通过对当时的民歌与现代山歌进行比较，发现了壮族山歌"欢"与春秋时期的民歌具有千丝万缕的关系。西汉人刘向收录了一首《越人歌》，现代人将其与壮族山歌"欢"作对比发现，从歌词结构、曲调旋律、押韵节奏等方面分析，《越人歌》都与现代壮族山歌"欢"极其近似。[①] 壮族山歌"欢"与春秋时期的民歌文化，似乎有着一脉相承的密切联系，进一步说明了壮族山歌文化在中华民族悠久的传统历史文化中的传承和影响力。

以滇桂边界地区的壮族山歌歌词文本为载体，笔者探索壮族山歌文化传递出的传统文化精神品质，通过团结奋进主旋律、道德教育正能量、勤劳致富好品质等维度，进一步诠释了壮族山歌的社会文化功能及其文化价值内涵。

---

① 钟文典. 广西通史（第一卷）[M]. 南宁：广西人民出版社，1999：103-104.

在壮族山歌的概念界定上,范西姆在《壮族民歌 100 首》中将壮族山歌划为民歌的一类体裁,认为壮族民歌有山歌、小调、风俗歌等。①而从广义上理解,《中国俗文学辞典》对山歌的解释如下:"山歌主要为我国南方对民间歌谣的统称。"②本书所指的壮族山歌,采取广义的概念界定。通过对文献资料的梳理,笔者从主旋律的呈现、正能量的传递、好品质的崇尚等方面,以团结奋进、道德规范、勤劳致富三个维度为切入点,探索具有象征意义的壮族山歌文本意涵,力图呈现出具有现代价值特点的壮族山歌价值特性。

一、唱响以团结奋进为主题的主旋律

壮族地区山歌民俗传统充满了团结奋进的正能量,充分展现出壮族群众的内在情怀、真挚情感和对美好生活的追求。《中国民间歌曲集成(广西卷)》收集、整理和编辑了较早时期的壮族民间音乐文本,真实和翔实地反映出 20 世纪 90 年代及以前的壮族优秀民间音乐文化,其中收录的山歌文本内涵具有很强的写实性和延伸性。而《壮族民歌 100 首》属于"壮学丛书"系列,收录的民歌以原创文本为主,为研究壮族民间音乐提供了很好的基础素材。一定程度上说,无论从不同时期的文本比较,还是从反映地方特色传统的内涵层面分析,该书均具有一定的代表性、真实性和艺术性。

笔者通过结合现代社会价值内涵进行分析发现,壮族山歌不仅表现出广大群众对美好生活的追求,而且为壮族社会发展提供了很好的文化动力。从龙胜县的《日子过得甜》歌词意涵分析,可以发现它采用的是老百姓喜闻乐见的山歌形式。这首山歌的歌词说:"人们笑开颜,苗瑶侗壮汉,得翻身掌权,现今有依靠,建设新家园。"③这是一首五言山歌,流传于龙胜、和平等壮族聚集区。歌词内容体现出壮族群众对美好生活的向往、歌颂和热爱之情。更难能可贵的是,以通俗易懂的壮族山歌为载体,壮族群众将发自内心的团结互助、齐心协力、共同建设美好家园的信心和勇气,以及对美好生活的热爱表现得淋漓尽致。可以说,壮族群众以通俗易懂的山歌传统文化,展现出了团结、

① 范西姆. 壮族民歌 100 首 [M]. 南宁:广西民族出版社,2009:2.
② 王文宝,盛广智,李英健. 中国俗文学辞典 [M]. 长春:吉林教育出版社,1990:291.
③ 《中国民间歌曲集成》全国编辑委员会. 中国民间歌曲集成(广西卷)[M]. 北京:中国 ISBN 中心,1995:116.

凝聚、奋进的社会主旋律、正能量,以及集精神、情感、艺术等于一体的民俗文化。

以团结、凝聚为主题的壮族山歌,以在壮族民间广为流传的传说故事为载体,在表现壮族群众内心情感和感受的同时,使壮族山歌的意境内涵更具隐喻效果。从传说中流淌出来的中华优秀文化品质,影响着壮族群众的价值观念,进而以优秀传统文化为动能,唱响了具有团结、奋进效能的主旋律。在东兰县一带广为流传的《盘古子孙好相爱》,将盘古开天地的传说,以神话的隐喻方式融进了壮族山歌,成功地将传说叙事与情感纽带进行了对接,进而转化为团结、奋进的正能量,成为联系人们内心情感的动能。《盘古子孙好相爱》歌词大意是"同是壮家好子孙,好像芭蕉一条心,盘古子孙好相爱,远近团结一家亲,盘古子孙好相爱,远近团结一家亲"。[①] 盘古开天辟地的故事在壮族地区广为流传,传递出壮族群众团结一心的价值能量,形成了情感的再塑造和延展,促进了文化正能量的传播。

云南文山州是云贵高原壮族主要聚居区,也是壮族历史文化研究的富矿区。壮族山歌在文山州的流传、创作和发展,演奏出当地壮族群众团结友好、美丽善良的动人旋律。以团结友好为题材的壮族山歌作品在壮族乡间家喻户晓,文山州壮乡群众将团结友好、热情好客的意涵,以壮族山歌为载体进行传递和表现。在文山州广南县流传的《心与心相连》将团结友善、热情友好充分展现出来,歌词大意是"喜迎远方客,到桃园坝美,老乡伸出手,山村张开臂,大家手牵手,互相肩并肩,情与情相融,心与心相连"。[②] 从歌词内涵分析可知,壮族群众在热忱欢迎远方客人的歌唱中,将内心情感进行了生动表达,通过真实、感人的歌词描述,将云贵高原一带壮族的激情、热情,以"手牵手、肩并肩"等活泼的形式呈现出来。这样的生动故事在壮族地区还有很多,它们以山歌传统文化的形式,直观呈现群众内心感受。可以说,壮族山歌成了一种优美的民间艺术和情感流露载体。

壮族地区各民族一家亲的理念早已融进了群众内心,壮族山歌对民族团结进步、地方社会和谐稳定起到了积极的助推作用。在罗城县流传的壮族山

---

① 范西姆. 壮族民歌 100 首 [M]. 南宁:广西民族出版社,2009:271-275.

② 范西姆. 壮族民歌 100 首 [M]. 南宁:广西民族出版社,2009:253-255.

歌《同唱团结歌》就以通俗的表达方式、亲切的语言,充分表现出壮族地区各民族一家亲,壮族热爱和维护民族团结的行动。歌词大意为"前村地相近,后村水共饮,壮瑶心相向,同唱胜利歌"。① 从这首山歌的歌词可以看出壮族和瑶族之间和谐的互动关系,以及共同生产劳作的场景。壮族山歌起到了维系当地群众团结友爱的作用。这样具有民族团结意义的壮族山歌,在壮族聚居区受到了群众的喜爱。流传于巴马县一带的山歌《同心同德奔前方》,就有壮瑶一家亲、登台唱山歌的歌词内涵,展示出壮族和瑶族团结、奋进的内容。歌词大意为"我们今天到这里唱歌,瑶家登台放声歌唱,放声歌唱,幸福日子,来自祖国富强,来自祖国富强,唱到这里表衷肠"。② 此首山歌的歌词内容以赞美为主,演唱形式为男女二声部,展现了极具亲切感的效果,具有歌颂美好生活的现实意义。

二、传递以道德规范为主题的正能量

壮族《传扬歌》以歌颂优秀伦理道德、阐释道德规范为主旨,传递出深刻的道德教化、规范引导的意涵。《传扬歌》也称作壮族的伦理道德长诗,是壮族弘扬伦理道德的歌。歌词文本从个人修养、家庭伦理、社会公德等方面进行了分类叙述,可称作传播和弘扬壮族文化的艺术精品,有丰富的研究价值。《传扬歌》将行为规范、道德修养、情感教育等育人要素,通过歌唱的形式生动地诠释出来。壮族群众将内在的价值规范、行为引导放到了民俗文化之中,通过以赞扬为主题的歌词文本,诠释出以伦理道德为遵循的价值观念。歌词内容为"迷途想不通,无心再返回,耕种和读书,两条路最美"。③ 可以看出,壮族群众将读书放到修养的层面进行理解,有效诠释出壮族群众对读书和勤奋的重视程度,而以此作为劝导、规约的教育途径,将当地群众热爱读书、修炼身心的观念表达出来。同时,壮族山歌将崇尚勤奋、规劝行为的内涵展示出来,歌词

---

① 《中国民间歌曲集成》全国编辑委员会. 中国民间歌曲集成(广西卷)[M]. 北京:中国ISBN中心,1995:87-88.
② 《中国民间歌曲集成》全国编辑委员会. 中国民间歌曲集成(广西卷)[M]. 北京:中国ISBN中心,1995:734-735.
③ 梁庭望,罗宾译注. 壮族伦理道德长诗传扬歌[M]. 南宁:广西民族出版社,2005:119.

大意有"劝诫年轻人,行为要端正,勤劳无价宝,做贼人憎恨"。[①] 可以看出,以劝导和教化为目的的歌词,具有更加生动、深刻的行为塑造效果,展现出壮族山歌对行为的塑造作用。

壮族山歌文化通常以不屈不挠、积极上进等内容为主题。壮族山歌将读书和修养融入品德教育之中,对下一代起到了良好的品行塑造作用。在云南文山州流传的《一心想读书》描写了一位勤奋上进的女学生求知的情景。歌词大意为"一个小阿妹,无法把书读,自己找出路,上山去干活,山高路又陡,不怕命运苦,勤快意志坚,一心想读书"。[②] 此首山歌讲述了壮族小女孩不畏艰难、奋发图强的动人故事,歌词表述出的不仅是小女孩对知识的追求,更将勤奋勇敢等美德展现得淋漓尽致。所以说,壮族山歌文化具有德育价值。

在《传扬歌》中关于道德的内容有"男儿做好人,力气不乱用,欺压忠厚者,天地不会容"。[③] 值得一提的是,此首歌词融入了"忠厚""天地"等内涵,有效传递了做人忠厚的重要性。《传扬歌》劝诫青年人要培养良好品行,大意是"青年听教诲,莫要行不义,恐闪失一处,肉就会粘席"。[④] 歌词一定程度上体现了长辈爱护青年人、帮助其树立良好道德规范的意涵。

壮族山歌除突出行为规范的教育外,通常还有以孝顺、敬老为主题的家庭伦理的道德引导,将孝敬双亲、报答父母养育之恩的中华孝文化呈现得生动感人。《中国歌谣集成》以抢救、整理云南民间文学为目标,自 1983 年开始历经 12 年,在全省 26 个民族中收集整理了丰富珍贵的歌谣资料,是一部有代表性的云南歌谣研究的文献。在《中国歌谣集成·云南卷》中收录了一首云南文山州砚山壮族歌谣,歌词叙述了母亲怀胎十月不易、孝子要报答母亲恩情的故事,歌词大意是"十月怀胎在母身,你在腹中长成人,呕心沥血昏沉沉"。[⑤] 这

---

① 梁庭望,罗宾译注. 壮族伦理道德长诗传扬歌 [M]. 南宁:广西民族出版社,2005:122.

② 范西姆. 壮族民歌 100 首 [M]. 南宁:广西民族出版社,2009:250-251.

③ 梁庭望,罗宾译注. 壮族伦理道德长诗传扬歌 [M]. 南宁:广西民族出版社,2005:123.

④ 梁庭望,罗宾译注. 壮族伦理道德长诗传扬歌 [M]. 南宁:广西民族出版社,2005:186.

⑤ 中国民间文学集成全国编辑委员会. 中国歌谣集成 [M]. 北京:中国 ISBN 中心,2003:1713.

句歌词传递了母亲的恩情重如山、孝子报答养育之恩的伦理道德正能量,在壮族《传扬歌》中也有很多类似描述。可以看出,壮族山歌传递出了集家庭教育、社会风气、行为规范于一体的价值能量。

三、崇尚以勤劳致富为主旨的好品质

以勤劳致富为题材的壮族山歌,影响和塑造着壮族群众在奔小康道路上的积极作为。壮族群众具有崇尚勤劳奋斗、积极向上的良好品质。在勤劳致富奔小康的道路上,壮族山歌文化体现出壮乡人民的勤劳、善良、包容等良好品质,以及热爱家乡、建设家乡的美好情怀,生动演绎出壮族人民勤劳智慧奔小康、努力奋斗展新姿的生动故事。在陇安县被称作"欢"的壮族山歌《大家心情愿》,就是表述过去、现在的生产生活状况的歌谣,将壮族群众的奋斗故事进行了诠释。该山歌以勤劳奋斗、致富奔小康为主题,歌词大意是"人人干劲添,为把四化建,大家苦也愿" [1]:运用了壮语北部方言,以四句式的歌词为主体,通过独唱或合唱的方式,在展现壮乡人民勤劳致富品质的同时,诠释了壮族人民勤劳致富过程中的人生态度和奋斗故事。在《中国歌谣集成·云南卷》中,收录了一首云南师宗县的壮族山歌《"李贵杨"与报春歌》。此歌以拟人的手法描绘了壮族群众春耕时的场景,大意是"催人勤快努力,催人莫误时节……唱得禾苗点头笑,唱得田地青油油。" [2] 此歌传递出加紧耕作的意涵,也描绘了壮乡勤劳播种、生机勃勃的场景。

壮乡人民在脱贫致富的积极追求和奋斗实践中,谱写出一篇篇动人故事,以壮族山歌为载体,更好地诠释了勤劳勤俭、热爱生活、共同富裕等良好品质。《脱贫致富戴红花》就是一首以脱贫致富为主题的山歌。此山歌以对生产生活的描述,塑造出活泼生动的致富求上进的劳动奋斗形象,可以说,真正起到了寓教于乐的作用,产生了引导人们追求美好、奋斗致富的社会影响。此山歌通过合唱的形式,不仅将脱贫主题表现得较有特色,还完美呈现出壮乡人民积极奋斗、勤劳上进的心态,歌词大意是"阿哥不比阿妹差,今年收入有增

---

① 《中国民间歌曲集成》全国编辑委员会. 中国民间歌曲集成(广西卷)[M]. 北京:中国 ISBN 中心,1995:143.

② 中国民间文学集成全国编辑委员会. 中国歌谣集成 [M]. 北京:中国 ISBN 中心,2003:1716-1717.

加,有增加,科学种养当先进,当先进,脱贫致富戴红花,戴红花"。① 这首流传于南宁的壮族山歌,以通俗易懂的七言句式,以歌词尾部重复押韵的形式,以合理和突出的方式,呈现出壮族山歌文化既通俗又重点突出的特点,将脱贫致富中的正能量,以歌词文本的形式呈现给广大群众,起到了引导和激励广大壮族群众积极奋斗、勤劳致富的作用,也表现出壮族群众积极奋斗的人生态度和良好品质。

壮乡人民以勤劳致富为题材的山歌,通常还体现在建设家乡、热爱家乡的层面,以劳动美、家乡美、时代美为主题,把对家乡的热爱,对美好生活的追求,对勤奋劳动的崇尚,以通俗、优美、激情的方式呈现出来。不得不说,壮族山歌在抒发情感之外,展现了壮乡群众积极向上的内在品质和奋斗激情。收录在《中国民间歌曲集成》中,在田东县、平果县一带流传的壮族山歌《我的家乡好》就是这样一首以集中呈现家乡美、劳动美为题材的山歌,不仅是对壮乡美好风貌的描写,更是对激发群众干劲、鼓舞建设热情、赞扬劳动光荣的有效诠释。《我的家乡好》的歌词大意是"右江长又远,辗转南海流,浪涛朝西卷,还留恋家乡……千村万寨人,建设新家乡,心比火还红,幸福度岁月"。② 可以看出,在歌颂家乡美好的壮族山歌文化中,展现出群众建设家乡的热情、积极奋斗的激情、热爱家乡的感情。

壮族山歌文化可谓博大精深,相关壮族民间歌谣的研究成果已很丰硕,壮族山歌整体呈现出创作手法多样、情景意涵多元等特点。壮族地区的节庆、婚嫁、造屋、丰收等场合都有唱山歌的习俗,按内容划分,有生产歌、礼俗歌、情歌、祝寿歌、婚姻歌等;按形式区分,有五言、七言,也有排歌等形式。除了以上三个维度的阐释路径外,还有广泛的山歌创作题材和呈现方式,比如以抒情悲歌为特征的壮族山歌,表达和抒发主人公内心的故事。有学者对壮族长篇悲歌按类别进行比较,从"媳妇悲歌""寡妇悲歌""苦工悲歌"等方面辨析其文化价值。③ 该类型的山歌在文学、社会等方面均有较强的研究价值。笔者从奋进团结、道德规范、勤劳致富等方面阐释,主要呈现以传递正能量为主题的

---

① 范西姆. 壮族民歌 100 首 [M]. 南宁:广西民族出版社,2009:280-283.

② 《中国民间歌曲集成》全国编辑委员会. 中国民间歌曲集成(广西卷)[M]. 北京:中国 ISBN 中心,1995:132-133.

③ 覃德清. 壮族文化的传统特征与现代建构 [M]. 南宁:广西人民出版社,2006:87-90.

文本内涵,期望通过以点带面的方式,传递具有壮族山歌文化精神能量的社会价值内涵。

(此节部分内容原载于《文山学院学报》2022 年第 1 期,收入本书时在原文基础上结合实际作了修改和完善。)

第三节　文化融入与协同育人:
地区民俗传统的社会价值

本节在解析滇桂边界地区民俗传统的现代价值基础上,以地区民俗传统为重点,探索民俗传统在社会治理中的育人功能及社会价值。本部分以人们熟知的壮族山歌民俗为例,解读社会治理现代化的新内涵。

一、民俗传统的实践价值与时代意蕴

本节以具有代表性的壮族山歌民俗传统为例,诠释其内在的时代意蕴和实践价值。壮族山歌传统作为中华优秀传统文化的重要组成部分,蕴含着人格品质、道德规范、礼仪文明等多重教育实践价值。一方面,壮族山歌传统文化对道德品质、社会风尚等具有独特而深远的塑形功能,通过广泛的传唱,发挥着润物细无声的现代育人价值;另一方面,通俗而深刻的展演形态,将地方文化、民族精神等价值内涵充分展现于人民群众日常生活中,形成既通俗又具有深刻内涵的传统文化形态。

壮族分为南北两大方言区,壮族山歌传统文化的形成和演变与壮族南北方言有着极其密切的联系,形成了壮族各地各有特色、形式多样的演唱类型,但蕴含的价值内涵却具有共同特征,传递着壮族群众对美好生活的向往和奋斗品质。从曲调和歌词结构分析,在壮族地区流行的山歌,在韵律曲调上有着多样性的区别;壮族山歌的歌词结构,通常有七言、五言等句式,在壮族山歌曲调句式多元化的基础上,承载了深刻、完整的传统山歌文化育人价值。壮族山歌文化在促进形成知礼明礼的社会风尚、团结友爱的社会风气、积极上进的个人品行方面发挥着积极作用。

壮族山歌具有形态多样、曲调多元、类型多变等特点,蕴含着深层的社会美德、家庭道德、个体品德等价值塑造效应。壮乡素有"歌海"之称,壮族山歌民俗传统源远流长,壮族群众爱好歌唱的习俗代代相传。壮族山歌在日常生活、歌圩对歌、生产劳作等现实场景中演绎,并蕴含着内心情感、生活态度、精神面貌等方面的深刻价值。很多壮族群众自幼学习唱歌,在婚庆、节日、歌圩等场合,常以唱山歌的方式抒发内心情感。在生产劳作、歌圩活动等场景中,壮族人民以山歌对唱、盘歌问答等方式为日常生产生活增添乐趣,也为塑造个体行动、家庭传统、社会文化发挥了独特作用。以桂西一带壮族山歌传统为例,当地流行的有德保县"南路山歌"和"北路山歌",靖西市"上甲山歌"和"下甲山歌",上林县"三里山歌",田东县"嘹歌"等多种类型。从山歌类型分析,有生产生活歌、仪式歌、情歌、时事歌等。亲朋好友在对歌或盘歌问答过程中传递着深刻的育人价值。

二、壮族山歌传统文化承载的社会价值

(一)彰显民族团结进步的凝聚力

灿烂的中华文化是历史上各族人民共同创造的,壮族人民在日常生活中以山歌记录着平凡生活,以质朴真实的语言演绎着民族团结进步的生动故事。普通群众平凡的生产生活情景中,彰显着民族团结进步的教育主题。表面上单一的壮族山歌传统文化,却蕴含着深刻的中华民族共同体意识的文化价值。壮族山歌极富民族团结进步教育内涵,通过人们对团结友爱场景的描述,诠释着团结奋进的时代精神和育人价值。收录在《中国民间歌曲集成》中的马山县壮族山歌《兄弟得同心》,展现出团结同心、兄弟齐心的奋斗场景,传递了崇尚社会团结的美德教育。歌词这么表述:"兄弟能同心,比金还顶用,人人讲文明,一定得欢荣,得欢荣。"[①] 这首壮族山歌流传于马山县加芳一带,歌词属五言四句,唱诵起来朗朗上口,是传统的山歌编排形式。句式结构展现了简约的风格,但其深层内涵却展现了壮族群众相亲相爱、团结友爱的美德,传递出尊重和包容差异的民族团结教育意义。

壮族山歌中反映的兄弟团结友爱情景,通过呈现良好的家庭气氛、和谐

---

① 《中国民间歌曲集成》全国编辑委员会. 中国民间歌曲集成(广西卷)[M]. 北京:中国 ISBN 中心,1995:173.

的社会氛围,传达既具尊重性又有包容性的民族团结教育理念。广西河池一带流传的壮族山歌《兄弟相爱歌》反映了兄弟间纯真、质朴的情谊,歌词大意是"嫩不过六岁,亲不比兄弟,只有兄弟最亲密,耕地牛共使,心里话能相见,任言语轻重,早晚能想通"[①]。此段山歌五言、七言糅合,句式简单但表达生动,真实地反映了壮族群众对家族和睦、社会团结的重视,塑造了团结进步的社会风气。这样的传统美德在壮族地区代代相传,成为大众推崇的理念。

通过传承和弘扬中华优秀传统文化,可以促进广大群众对传统文化伦理价值的学习和践行,强化中华民族的认同感。壮族《传扬歌》通过反映壮族人民思想观念和日常生活场景,表达了积极的爱国热情及对社会发展的关切。正如梁庭望所说,《传扬歌》全长2 000多行,有20章,全面阐释了民族伦理道德观,是劳动人民自我教育价值的百科全书,反映了壮族人民对祖国命运关切的爱国之情。[②]《传扬歌》从兄弟邻里间的礼仪往来、谦逊姿态等多个层面进行描述,内容有"众邻里兄弟,莫用话相伤,春过冬日到,不歇照样忙"[③]。《传扬歌》还对父母、夫妻、兄长、亲戚等人的行为规范进行阐释,全面地诠释处世规范,反映了在行为规范、为人处世等方面的教育意义。作为一部具有全面教育价值的壮族山歌,《传扬歌》描绘了壮族群众日常生活的场景,从生活实际出发进行了细致深刻的育人阐释。

（二）展现社会伦理道德的塑造力

从社会伦理道德教育维度分析,壮族山歌传递了深刻的伦理道德教育价值。壮族伦理道德长诗《传扬歌》描述了善良、诚实、勤俭等做人道理,从伦理道德视角描述了不同群体的道德修养、人生价值、为人处世、成家立业等多层面问题,通过淳朴、生动的描写,表现富有象征寓意的歌词意境。此类壮族山歌歌词中描述的人群有官、商、民等多个类型,以壮族《传扬歌》描述做人准则

---

① 《中国民间歌曲集成》全国编辑委员会. 中国民间歌曲集成(广西卷)[M]. 北京:中国ISBN中心,1995:51.

② 梁庭望. 壮族风俗志 [M]. 北京:中央民族学院出版社,1987:155.

③ 梁庭望,罗宾译注. 壮族伦理道德长诗传扬歌 [M]. 南宁:广西民族出版社,2005:224.

为例,"好心人相让,恶少者蛮横,人人如咱善,凡事可通融"。[①]壮族山歌诠释德育价值功能,描述做人做事的歌词有"越大越明理,半家归他管。读书声朗朗,管家胜同伴"[②]。同时,痛斥坑害百姓的丑恶行为的山歌有"爱吃背手钱,多少亏心事,瞒不住双眼"[③]。这种对为官不为、坑害百姓的官员的痛斥,起到了警示教育作用。

《传扬歌》中有关伦理道德哲理的《百岁歌》,描述了母亲生儿养女的艰辛,具有深刻地感谢母亲生养之恩的教育意义。汉译歌词让人感受到深刻的内心洗礼:"怀九月身孕,娘驮背伤身,十月居家坐,胎儿壮惊人。"[④]这是一部从母亲怀孕到小孩出生、从幼儿到一百岁成长经历的描写,以十年为一个阶段,以高度精练的语言对人生轨迹、父母扶持、成家创业、养儿育女等人生各个阶段的经历进行叙述,描绘父母如山的养育之恩,富有教育后代、感恩做人的育人价值。全文呈五言体,结构工整、句式精炼、寓意深刻、表达震撼,是一首从题材到文本均具德育价值的山歌。可以说,这是对人生各阶段为人处世的深刻反省教育,具有现实意义的教育功能。

《传扬歌》体现了全面的做人规范、伦理道德、行为规范等多层价值意境,体现歌词文本蕴含的善良守信规约,通过在壮族民间的传唱形成影响众多壮族青年的流行歌本。通过对文本内容的分析,可以看出壮族山歌蕴含的为人、处世、说话、行为等多层面的教育内容。山歌体现壮乡人民对个人修养的重视,特别是说话、做事等方面的规约要求,起到很好的示范效应。

从壮族山歌对后代行为规范的塑造作用分析,《传扬歌》集中体现了对壮乡人民伦理道德、行为规范等方面的塑造力。从内部规约层面分析,《传扬歌》以适于壮乡年轻人接受、青年乐于采纳的歌唱方式,以极富教育意义的形式起着维系壮乡社会稳定的作用,正如歌词所唱"劝诫年轻人,行为要端正,勤劳

① 梁庭望,罗宾译注. 壮族伦理道德长诗传扬歌 [M]. 南宁:广西民族出版社,2005:184-185.

② 梁庭望. 壮族风俗志 [M]. 北京:中央民族学院出版社,1987:253.

③ 欧阳子豪. 学科核心素养的融通培养:现实诉求和基本策略 [J]. 中国教育学刊,2022(2):36.

④ 梁庭望,罗宾译注. 壮族伦理道德长诗传扬歌 [M]. 南宁:广西民族出版社,2005:253.

无价宝""同是受苦人,出门莫贪财,牵得大牛走,引出阎王来"①。这是对年轻人行为规范的规约,体现了壮族人民推崇诚实守信的品德。壮族山歌传统文化传唱化作感化内心的劝导行为,使愉悦人心的歌唱化作易于接受的教育形式。所以说,壮族山歌在塑造青年伦理道德、行为规范等方面,具有独特的作用。

(三)呈现青年奋发进取的拼搏力

壮族山歌民俗传统蕴含的塑造青年品格、价值观念等方面的内容具有独特意义。从青年价值素养的层面分析,壮族山歌传统文化的育人资源别具一格。桂西左右江一带的壮族歌圩,通常在农历的三、四月举办,男女会以山歌的形式抒发内心情感。有些青年在歌圩中相识、相爱,传出一段段浪漫的爱情故事。壮族歌圩中表演的山歌,不仅展演男女间的情歌对唱,通常还有更深层的意境,有的山歌唱到"春秋易过似水流,人生十八有几何,老树落叶变枯树"②。这段山歌含义是劝导对方珍惜时光、把握青春。壮族山歌歌颂美好青春年华,以通俗的形式表现壮族群众勤劳奋进的品格,反映壮族人民的勤劳智慧和价值观念。

广西西北部的壮族山歌《劝哥莫去赌》,流传于田林县的利周、平山等地,也称为田林利周调。该曲调山歌使用北壮方言,运用比喻的手法劝说丈夫戒赌,具有非常巧妙的家庭教育功能,歌词大意是"阿哥呀阿哥,若能赌回两个妻,一个去砍柴,一个把客待,做不到莫赌,免得家遭灾,劝哥莫去赌"。③可以看出,田林壮族山歌运用了隐喻手法,以具有象征性的方式表达对赌博行为的痛斥,通过山歌传唱传递崇尚勤劳致富的美德,但歌词表述的含义是极其委婉和生动的,充分展现壮族人民的生活态度和聪明智慧,让人听后倍感舒心且具有深刻的教育意义。所以,壮族山歌蕴含着极其丰富的价值内涵,不仅表现在山歌的形式上,也体现在山歌的教育价值中,在社会或家庭中形成充满教育意义的民间文化。

---

① 梁庭望等编. 壮族传统古歌集 [M]. 南宁:广西民族出版社,2011:29.
② 广西壮族自治区编辑组. 广西壮族社会历史调查(第四册)[M]. 南宁:广西民族出版社,1987:98.
③ 范西姆. 壮族民歌 100 首 [M]. 南宁:广西民族出版社,2009:48-49.

桂西南那坡县流传的壮族山歌，有的以农业生产为主题，塑造农业生产中勤奋上进、勤劳致富的形象。具有宣传教育价值的生产类山歌，对激发壮乡人民勤劳致富起到积极作用。歌词"农业实现现代化，人人心里都爱她，立下雄心和壮志，你追我赶干劲大"[①]，体现了壮族群众热爱劳动、勤劳致富的品质，也在壮族地区农业生产中起到宣传引导和教育作用。那坡一带位于滇桂交界地区，保留了完整的壮族传统文化，具有古朴的民风、悠久的传统。那坡壮族山歌对勤劳致富的歌唱，显示出壮族人民勤奋上进的品质。

（四）厚植群众家国情怀的向心力

从家国情怀的维度阐释，壮族山歌传统文化通过对家乡美好的热爱和赞扬，表达了对祖国繁荣富强的祝福、对美好生活的热爱。通俗易懂的壮族山歌体现了民族传统文化独特的德育价值。流传于贵港市龙山奇石一带的壮族山歌《山区当平原》，歌颂壮族人民对美好生活的幸福感受，使人真切地感受到家乡美好，歌词唱道："高山修公路，险径变坦途，车载幸福来，山区变平原。"[②]这是壮族群众对家乡变化的描述，表达了祝福祖国繁荣富强、热爱壮美家乡的情怀。

桂西南那坡一带的山歌《过山腔》，以壮乡美丽的风光为题材，演唱壮乡三月花开、山清水秀、风景宜人的景色，歌词唱道："三月山歌声声甜，花开缤纷朵朵鲜，阿妹欢喜心里甜，歌圩场上喜相见。"[③]山歌以壮乡三月秀丽风光为题材，表达了对美好家乡的热爱；通过真挚的情感流露，展示了壮乡人民的丰富情感；通过对家乡美好风景的描绘，展现了壮乡风光宜人、欣欣向荣的景象，抒发了歌颂祖国、赞美家乡、热爱生活的壮族人民家国情怀。

流行于防城十万山区一带的壮族山歌，歌颂了家乡风景秀丽、牛群肥壮的景象；歌词不仅展现美丽的十万山区风景，也体现祝福祖国、热爱家乡的情怀。歌词大意是"过山遇蜜蜂，过坳见凤凰，花斑锦尾长，鹧鸪唱达达，十万山

---

① 《中国民间歌曲集成》全国编辑委员会. 中国民间歌曲集成（广西卷）[M]. 北京：中国 ISBN 中心，1995：195-196.

② 《中国民间歌曲集成》全国编辑委员会. 中国民间歌曲集成（广西卷）[M]. 北京：中国 ISBN 中心，1995：184.

③ 范西姆. 壮族民歌 100 首 [M]. 南宁：广西民族出版社，2009：5-6.

真美,山沟水喷流"。① 这是一段五言壮族山歌,有平整、规范、大气的特点,描写了美好的十万山区景色。这首山歌在十万山区代代相传,在壮族聚居区具有美好的育人价值,以地方民族传统文化为载体的演绎,也为思政教育提供了具有德育价值的中华优秀传统文化实践育人素材。

中华优秀传统文化是涵养社会主义核心价值观的重要源泉。以曲调优美、历史悠久、题材丰富等为特征的壮族山歌民俗传统文化,呈现出多维度视域下的壮族山歌传统的社会价值和现代内涵,在表现民俗传统的实践价值与时代意蕴的同时,诠释了以团结奋进为主题、以道德教育为特征、以勤劳致富为追求的壮族山歌的现代社会价值。其中,壮族山歌以团结为主题,呈现出壮族聚居区民族团结一家亲的场景,发挥了积极有效的团结奋进宣传作用;以道德教育为特征,通俗地展现出对群众意志品质、德育等方面的引导,塑造出壮族地区推崇的优秀伦理道德;以勤劳致富为追求,展现了壮族群众推崇勤劳、崇尚奋斗的好品质。壮族山歌民俗传统文化,通过和现代融合,诠释了现代社会的价值功能;通过文化融入和协同育人,演绎了乡村社会中传统文化的现代价值。

(此节部分内容原载于《文山学院学报》2023 年第 6 期,收入本书时在原文基础上结合实际作了修改完善。)

---

① 《中国民间歌曲集成》全国编辑委员会. 中国民间歌曲集成(广西卷)[M]. 北京:中国 ISBN 中心,1995:240.

第二篇

实地研究篇

第五章 ››

西畴民生村乡村治理实证研究
——文化传统的精准塑造与现代引领

在以文化传统为重要依托,持续推进滇桂边界乡村全面振兴,建设人人有责、人人尽责、人人享有的乡村治理共同体过程中,滇桂边界乡土社会文化传统发挥着释放发展潜能的作用。位于多元文化聚集区的诸多村落,在地域范围内传承和延续着地方民俗传统,更突显着多维耦合的文化传承塑造效能;以更契合乡村社会发展的地方文化传统价值为载体,通过助推传统与现代社会的耦合实践,将传统与现代发展的互动演绎在乡村治理现代化的实践之中。区域内不少汉、壮等民族融合的村落,在多元文化聚合之中探寻着更为有效和契合地方发展实际的整合方式,从而实现文化传统的价值和品质塑造功能,以更具地方传统特色和现代社会影响的耦合方式,在乡土社会现代化建设中突显实践和引领作用。

社会变化中的传统与现代治理体系,需重视国家、社会互动产生的第三领域中的道德价值,构建传统与现代组合的道德价值观念。[1]乡村传统文化释放的内涵价值通常在多代传承和演进发展的基础上,对不少村落集体的道德品质塑造产生着深远影响。作为非制度的实践方式,地方传统文化蕴含的内在价值往往塑造规约着村落家教家风,发挥着乡村传统的道德内涵浸润作用,在滇桂边界较具传统特色的村落中彰显现代社会价值推动作用。

---

① 黄宗智. 重新思考"第三领域":中国古今国家与社会的二元合一 [J]. 开放时代,2019(3):31.

位于滇桂边界的民生村通过文化传统内在价值的塑造与现代引领相结合,在地方传统与现代社会的耦合实践过程中,将更具特色的地方文化诠释在乡村社会建设发展之中。①民生村位于文山壮族苗族自治州西畴县,村落距县城 26 千米,村委会所在地距镇政府 3 千米,村落面积 19.68 平方千米,耕地面积 3 566 亩,人均耕地面积约 0.7 亩。笔者通过对民生村的深入了解,对其文化塑造下的村落变化产生了极大兴趣。民生村创造了具有地方特色的文化、农业、生态、集体经济等发展模式,形成以红色文化基因为引领,以生态宜居为重要抓手,以产业发展为主要带动,以新媒体为推广平台的发展路子,将村落的治理结构整合进传统与现代、文化与经济、历史与未来的结合中。笔者在民生村的街道上驻足,看到昔日落后的山村如今已焕然一新,闯出了一条乡村振兴的生态发展致富路。村落现已建成国家 4A 级景区、省级美丽村庄、文山州州级民族团结示范村,成为 2023 年"全国关心下一代党史国史教育基地"。如今,民生村不仅成为当地乡村振兴的网红村落打卡地,更成为带头致富的示范小康村,发展了生活加景区、产业辅景区、生态助宜居的多圈层探索实践空间,成为以聚力红色文化、借力传统优势、助力网络潮流、发力文化资源等为特色的典型村落,也成为一座传统与现代结合的滇桂边界地区典型村落,成了奋力打造现代农业、全域旅游、文旅融合、文化兴村的乡村振兴共同富裕的样板工程。

民生村在乡村治理现代化的实践探索中,将文化传统的内在精神融入现代化发展的实践之中,打造出具有独特发展优势的传统与现代整合型村落建设实践模式。从村落实践的基本路径来看,在多元文化汇聚区域内,民生村通过找准以红色文化基因为引领、以生态宜居为抓手、以产业发展为动力、以新媒体为平台的"四以"发展模式,重点打造以红色文化基因为引领和带动的发展路径,将村落优良的文化传统精神与现代社会产业相结合。笔者以如前所述的传统与现代整合型村落实践模式为理论基础,诠释民生村文化传统的价值效应在现代化治理实践中的运用。民生村不仅在村落的外在建设形态上传承文化品质,在塑造村民内在追求中也诠释了红色文化的精神内涵,将其内在价值规约整合于共建共治共享的三治融合实践之中。从乡村治理多元主

---

① 为尊重当地村民习俗,本部分所涉及的村名、人名均作了匿名化处理。

体的实践逻辑分析,民生村以传统型、能人型、法治型"三型"结合,运用传统的"五老"协同治理模式,即老党员、老干部、老教师、老模范、老年协会,充分发挥传统型"五老"人员在乡村治理中的地位影响、传统价值引导塑造等优势作用;在打造生态宜居、产业发展方面,村落引入非制度主体优势资源。一方面,通过土地承包、产业引进等方式,打造现代生态种植养殖业,同时借助生态产业优势和村落地理优势,打造生态园林式休闲空间;另一方面,与外来驻村扶持单位合作,引进多方包装、宣传的新思路和新资源。同时,在法治建设宣传引导方面,村落发挥了法治能人、网络达人的作用,将地方传统美德、社会公德、家庭道德等融塑于乡村法治建设之中,以地方文化传统内在优势,将村约民规、家风家教融入法治建设的链条之内,广泛宣传好榜样、好经验和好做法,将村民本来很难理解和听懂的法治教育,以网络直播、网络问答的形式进行传播。

红色文化是民生村最宝贵的精神财富,也是民生村最具特色的文化传统传承标识,形成乡村治理现代化过程中"红色+绿色"的显著特征,使民生村成为云南壮族地区经典文化传承具有典型特色的村落。民生村辖21个村小组,1 105户,共有村民5 120人,居住着壮、汉两族。2022年人均纯收入20 672.29元,主要收入来源是经商、种植养殖、外出务工。民生村在乡村振兴的道路上着力加强乡村治理现代化建设,20世纪90年代,就喊出勤劳奋斗的口号"小康是干出来的,不是等靠要来的",着力拼搏奋进、干出成绩,在乡村振兴的新征程上,谱写着奋力发展的新篇章。村落内的口号标语不仅是宣传指引的标识符号,更是弘扬红色文化、传承奋斗精神的有力实践。村落将红色文化传统蕴含的内在艰苦奋斗、攻坚克难的拼搏精神,运用到村落社会发展的实践之中。目前,民生村全村的农民合作社共7个,培养致富带头人10人;以项目为带动、以一线工作为推动、以典型经验为促进,发展黄皮果300亩、柑橘3 000亩、加工业20户、商品经营点26个。同时,民生村强调绿美乡村建设,把生态农业、环境优美融入乡村振兴的过程中,着力打造乡村振兴的生态宜居工程。

第一节 以红色文化为引领，
文化兴村打造致富发展之路

　　红色文化是民生村的底色和建设基调。民生村以红色文化精神为引领推动乡村建设发展，发挥红色文化在村落发展中的基础、塑造和示范引领作用，使之成为村落建设、治理和发展的重要动能。民生村的金字招牌是以内涵式的红色文化为基调，助推形成共同致富的文化兴村、产业发展之路。民生村对村民价值的规范，从精神引领、道德价值等层面进行体现；充分发挥了当地红色经典传统的文化价值优势，发扬积极奋斗的精神，为村民集体德治建设提供了引领式的规范；在价值品质、文化引领、德育促进等方面，将内在价值与外在秩序运行结合、文化传统与自治实践结合、村落规约与奋斗价值结合，共同促成以红色文化为底色，以积极奋斗为实践路径，以价值规范为内在动力的村落集体的乡村德治标准。同时，民生村在传承文化传统价值过程中积极创新发展，在发展实践中探索善治实践的耦合路径，积极实践多元主体参与下的文化整合、价值规约、秩序规范等内容，以推动村民致富、乡村发展为出发点，将文化传统内在价值融入基层治理实践之中。

　　在善治实践的探索过程中，从文化传统的传承和发扬到创新和转化发展，村落以经典文化形象包装，形成具有经典文化景观标识的外部环境。笔者在民生村调研期间，观察到文化嵌套式村落建设的特色化发展模式，将文化兴村的概念融入特色建筑物之中，从村落的文化传承、体验感受、内在塑造等方面均表征出不同层次的文化动能释放效应。民生村以村落建筑、商品设计包装等外在形态展示，唤醒了人们对文化内涵价值的认知和感受，从而激发和引导村民以文化传统中的深层内涵为动力，奋发有为、积极向上、干事创业。在传承文化传统内在价值过程中，民生村实现了价值内涵的转化和文化价值品质的内生发展，从而实现从文化传统中汲取精神动能，推动内在德治价值规约的传承和实践。民生村的经典传承与现实实践即在规范价值观念的基础上，体现着内在价值动能和外在道德示范，通过对德治的内在规约和外在实践，实现村落社会的有序发展、村民利益的多元追求，以德治的内在价值为规范，助推乡村社会自治秩序得到有效保障。

民生村在经典传承中汲取文化传统的动力能量,通过外在的品牌记忆和感受勾连起内在的价值动能,突显经典文化传承记忆的价值品质效应和价值塑造效力。一是在经典传承方面,村落重点打造了经典文化的外在村落风貌标识,以红色文化为引领的乡村旅游标准化建设让人印象深刻。从村容村貌中可以看到经典文化传承的印记,村落主干道沿线的民生供销社、民生公社宿舍、民生公社大食堂、民生主题公园、侬慧莲故居、侬慧莲故居花园、创客中心、民生研学社、民生陈列馆、达噶村小组文化活动室、民生非遗集市、人民旅社等展现着历史沉淀的深刻印记,叙说着生动而又催人奋进的动人篇章。村容村貌唤醒的文化记忆,不仅是村落外部的形状构造,更为有效的是激活了具有文化传统经典传承的历史记忆、独特意境和价值品质,将独具特色的精神内涵嵌套进内在的道德示范和引领效应之中,将更具代表性的地方文化传统优势内化于村民道德品行之中。二是以外在形态的传统元素为参照,塑造内在品行的价值规约,通过外部形态塑造构建更为有效的内部效能。民生村以红色文化为主导的品质价值,在其中彰显着引领示范作用。村落的门面和标识等整体设计包装,集中展示了具有年份感的经典文化嵌套型体验模式。以民生供销社为例,在民生村集体经济发展背景下,设置了民生供销合作社农资门市部和供销印象馆两个阵地,就地租用民房打造乡村集市,采用总体管控、集体调度的形式,将15个村落社区进行联结,形成民生集体经济的重要组成部分。[①] 民生村从设计理念、展陈方式上将多元的经典文化元素嵌套于建筑外观、名称内涵、货物陈设之中,将供销合作社历史文化展现得淋漓尽致。走进民生供销合作社,可以看到展台里摆放的缝纫机、小画书、土布鞋、花口缸、军水壶、木算盘、铝饭盒……让人回忆起童年。供销社的展陈整体结构主要分为供销楼和农资服务中心,供销楼用于研学体验和产品销售,农资服务中心主要是农产品销售。如上所述的外在展示,不仅是对文化传统内涵的外部形态的表现,而且有效地传承和记忆着文化传统的内在价值,将富有村落故事文化的经典内容,穿越式地移入村落发展中进行整体展示,再从中整合其内在价值,实现村落集体的规约规范。三是在文化传统的内在价值塑造效应基础上,通

---

① 根据 2023 年 12 月 22 日西畴县民生村村委会提供的材料整理。

过与商业品牌的联合助推地方经济发展,实现文化链、产业链、商业链等多链条宣传协同推进。民生村的商业文化品牌设计,突显了供销元素和民生标识的文化特色;通过"土特产""农特产"赋予特色明显的供销元素,以土特产为依托打造出的"民生牌""畴阳牌""公社牌"等标识商品,从设计理念、文化元素、运营方式等方面得到了各级供销社的大力支持。民生村着力打造经典文化赋能的品牌门店,从而实现外在包装、文化传承、宣传展示的有效衔接,初步形成了具有乡村优势特色的外在形象、内在品质。民生村以外在品牌形象效应为推动,反向将民生村的集体价值精神呈递出来,以集体价值规约的形式传递着村落的价值形象,对村落集体的道德观、价值观等进行了进一步塑造和宣传。

第二节 以生态宜居为重要抓手,
绿美工程打造生态发展之路

滇桂边界乡村治理通过以德治为先导的治理路径探索,对村落集体价值观、道德观起到了积极塑造作用。然而,乡村治理在充分促进多层级治理实践协同配合和参与过程中,不仅需从参与主体的德育价值、行动规约等层面推进实施协同治理,还需考虑治理实践过程中的多层次需求,以实现乡村善治中的多元主体共同参与。以落实多层治理需求为导向,民生村的文化引领、价值潜能进一步得到释放,并作用于村落生态建设、产业发展、利益协调等多个层面。生态宜居工程即在多层次治理需求基础上,对村民关心和期盼的切身利益进行实践探索。村民们对生态宜居的追求,内化为以文化价值为引领的价值感悟,外化为具有村民真实感受的治理实践。村民主体参与的多层次治理实践对环境整治、美化绿化、人居环境等进行了全新的探索。民生村的生态发展之路,与乡村治理的多层次需求密不可分。在满足和探索村落治理主体多元需求过程中,村落逐步形成了适应村落发展、满足村民需求、契合村落建设的实践之路和生态宜居之路。

生态宜居工程是推动民生村乡村治理现代化的重要抓手,也是民生村"红色+绿色"显著特色的重要内容。民生村以红色文化为引领、以薪火相传

的奋斗精神为重点,全面提升绿美建设、人居环境、村落面貌。道路两旁村民房屋上的闪闪红星、广场上"等不是办法,干才有希望""幸福都是奋斗出来的"巨幅标语、村委会旁的政策宣传栏等,组成了村落集体的精神特质,赋予了村民精神财富。民生村村民对环境优美、生态宜居的追求,直接地体现在村民群众参与乡村治理的实践行动之中。笔者走进民生村的直观感受是美丽整洁的村容村貌以及良好的生态环境。民生村的村容村貌给人的第一感觉,是整洁的柏油路、整齐美观的村民住房、别致的花园小景、特色明显的宣传标语、民族特色的太阳能路灯、具有家庭标识象征的门前展示牌,可以看出以文化传统为引领的村落外部建设,突显了具有地方文化气息和内涵的精气神。在传统价值规约内化作用下,群众对生态优美环境的建设实践,推动形成了村落环境的实际变化。在村落生态环境的建设过程中,乡村治理的多层次需求表现在治理过程的具体行动上,民生村美丽乡村的建设变化给村民生活带来了实际改善。

在打造乡村治理共建共治共享的治理格局方面,民生村以文化传统精神为引领的实践动能,赋予了村民共同建设美好家园的信心和勇气,激发了村落集体朝着共同的目标奋进,在改善村容村貌、村落美化绿化等方面实现了新突破,为当地乡村旅游等带来了新发展空间。文化精神品质的示范引领,展现了民生村村民的新气象,文化传统对村民内在价值品质和外在行为习惯的塑造,激发了奋斗干事的激情和热情。村落在创造美好生态环境、打造绿水青山的人居生活环境方面,展示出独具地方特色的精神面貌。民生村党支部书记介绍说:"从上世纪 90 年代开始,我们就非常重视生态保护,探索出了山顶戴帽子、山腰系带子、山脚搭台子、平地铺毯子、入户建池子的石漠化治理模式,民生村绿化率也从 40.3% 提高到 70%,真正实现了绿水青山的转变。民生村先后获得了省级森林乡村、省级生态文明村和省级美丽乡村的荣誉。"[1] 民生村将人居环境纳入村规民约,变废为宝、因地制宜,积极宣传争当"绿美建设者""美丽守护者",不断推进人居环境整治工作。村民积极参与乡村治理的过程,也是发挥群众主观能动性、满足群众治理需求的过程。共同建设美化家园的生动实践,成为民生村整体形象提升、群众幸福感提高的重要抓手。

---

① 根据笔者 2023 年 12 月 24 日对西畴县民生村党支部书记的访谈笔记整理。

在打造绿美工程的生态发展之路上,民生村村民以共同奋斗目标为先导,通过共同建设美好家园的奋斗实践,为村落发展添砖加瓦。一户户小家的实际建设行动,汇聚为村落整体的共同成果和群众的幸福感受。民生村抓住创建国家卫生乡镇的机遇,确保环境整治改一户成一户,确保农村污水收集、治理双达标;开展公厕整治行动,卫生公厕普及率达82%,特别是在村落面貌改造方面,给人留下勤劳奋斗展新颜的小康村形象,走出了以群众为主体、以共同治理为抓手的绿美工程工作路子。在美化亮化过程中,村落率先开展拆围还绿,将"两污"治理纳入美化建设工程,实现垃圾集中清运。笔者在村落中观察到具有醒目标识的墙体标语"团结奋斗是创造历史伟业的必由之路"。全村以主题建筑、统一风格、文化标识等为特征,在建筑风格、门前标识、文化标志、路灯文化、花园公厕等方面均是标准化的标识设计,其建设标准诠释了生态宜人、环境优美的内涵。在生态发展与产业融合方面,民生村将生态建设与文化旅游相结合,打造集村落文化、农业体验、休闲度假等于一体的文旅模式,并结合村落的线下超市、露营基地、公社食堂等,形成集餐饮、娱乐、文创、观光等于一体的文化旅游体验,让更多城市朋友能够感受到民生生态建设所带来的变化。

如今,对村落环境的共同治理实践,为村落发展带来了动力,村落生活环境得到明显改善,村民们的收入持续增加,村民共同建设的实际成效转变为共同享有的实际收获。对生态环境的综合治理,诠释了村落环境建设从局部到整体、从单一到集中、从观念到实践的转变,为当地乡村的共同建设提供了以生态环境为主题的生动案例。

第三节 以产业发展为主要带动,
突出传统与现代结合的发展之路

滇桂边界乡村治理中村民主体的多层次治理需求,需与村民参与的共同治理实践相结合。在村民共同参与治理的实践过程中,广大群众对产业建设和生产发展的追求,是区域内群众的关注点和推动社会发展的重要内容。民生村村民以地方文化传统为引领,塑造着群众优秀的价值品质。当地村民的内在激情、奋斗精神得以有效激发,群众共同参与乡村治理、共同实践个体追求的内生动力更为强大和有效,从而不断推动着村落产业的发展,促进村落建设从内在价值动能到村落生态环境治理的生动实践,进一步提升了村落产业发展能力,形成了民生村传统与现代的有机结合。推动民生村经济发展的主体是产业加文化的发展道路,民生村以奋斗实干增效益、以精神内涵促发展、以文化传统强根基,形成了产业引进、项目带动、群众参与的合作发展之路。滇桂边界村落文化传统的内在示范效应,不仅塑造着村落内在的精神品质,也为地方产业和文化融塑关系创造了不可多得的机遇。民生村集经典文化、生态农业、产业发展、休闲娱乐于一体,突出红色文化传承、生态农业产业,线上线下购销相结合,综合发展果树种植、水产养殖、蔬菜种植,形成传统与现代结合的红色文化旅游村落。民生村大力发展百香果、柑橘等产业,采取农户＋村集体＋公司的运营模式,构建农户进入村集体合作社、合作社纳入合作联社、公司运营参与合作经营的管理模式。文化传统的内在优势不仅激发村落的奋斗激情,还将地方特色与现代产业融合发展,为原本普通的村落创造了独具地方发展优势的属性。

　　具有地方特色和影响力的品牌成为民生村对外宣介的名片,激发了治理主体的积极性和能动性,调动了广大村民积极参与村落产业发展,为村落发展增添了活力。优质的文化品牌效应,为村落带来了丰厚的集体经济收入。村落的收入分配以"1234"为主要模式,"1"即公司提纯利润10％,"2"即村集体提20％,"3"即集体经济组织占30％,"4"即村小组、社区平均分配占40％。[①]通过这样的运营模式,村集体每年赢利至少15万元,营业额两个月即到40余万元。村落2004年起种植柑橘,下设3个合作社。目前,柑橘种植约3 300亩。家庭农场约300亩。柑橘年收入6 000～7 000元／亩,每亩纯收入约5 000元。种植柑橘的大户约50户。2021年起种植黄皮果,约种300亩,产量每亩2～3吨,产值每亩约2 000元。通常在2月份种,到每年的5、6月份即可收成。黄皮果种植形成了村落新的致富产业。村集体积极探索开拓黄皮果种植,为村集体产业收入提供了新的增长点。[②]病虫害是农业种植的威

① 根据2023年12月22日西畴县民生村村委会提供的材料整理。
② 根据笔者2023年12月24日对西畴县民生村党支部书记的访谈笔记整理。

胁之一,柑橘种植的病虫害传播明显。为克服柑橘病虫害困扰,村集体引进犯病较少的黄皮果树作为替代品,在原有柑橘种植面积基础上,逐步扩张替代品种植面积。除农户参与的集体产业外,"订单式农业"也是村落致富的模式。笔者在调研期间恰遇村党委书记与辣椒公司签订订单合作合同。辣椒产业以订单的模式试行开展。第一期约种植500亩,由农户低价买入后进行标准化种植,企业在采摘季节集中收购后,再进一步深加工出售,组合形成从出售秧苗、标准化种植到集中收购、深加工、销售的产业链条。村落在传承和弘扬文化精神品质的同时,将文化传统内在的奋斗、创新等精神融于现代产业之中,建设具有村落地方文化特色的产业实践和发展路子。

在旅游文化品牌建设方面,民生村基于地方特色和村落发展优势,将村落传统文化嵌入地方品牌塑造之中。以村落传统为载体的村落农家食堂成为网红打卡地,彰显了地方文化传统特色。村集体结合文化旅游和农家食堂的创新经营模式,成立了以民生大食堂命名的网红食堂。村落工作人员介绍说:"民生大食堂开始由村集体公司来运营管理,后期交付企业运营管理;自2022年5月运营至2023年12月,实现经营性收入147万元,利润60万元,带动本地农产品销售50余万元,业务范围是为干部教育培训、团建活动以及夏令营团队、私人团队等提供订餐等配套服务。"[1] 民生村通过打造具有文化标识的网红食堂,使乡村食堂更具文化魅力,一顿"初心饭",回忆"初心事"。与民生大食堂对应的线上线下体验店,展示具有乡村文化效应的年谱、玩偶等文创产品,将食和用、线上和线下结合起来,形成集文化、旅游、休闲、娱乐于一体的文化旅游嵌套经营模式。

民生村乡村治理文化品牌建设,基于对村落特色文化的潜能挖掘,打造具有村落特色的公共产品品牌,在村民多元需求的基础上满足村民对村落综合治理的利益需求,满足村民需求与村落发展需求。笔者在调研期间,听说不少村民开始引进和养殖稻田虾,突破了原本常规的种植业思维模式。不少村落尝试新的产业发展模式,探索通过养殖业助推产业发展、增收致富,以红色文化精神为引领,秉承"等不是办法、干才有希望"的精神闯出了一条致富奔小康的可持续创新发展之路。在引进和创新产业发展方面,民生村将稻田虾养

---

① 根据笔者2023年12月25日对西畴县民生村工作人员访谈笔记整理。

殖作为增收致富的新内容,探索出了保护、利用村落原生态的新方法。据村落工作人员小刘介绍,目前全村约 80 亩的稻田虾养殖规模,每亩保底收益 2 000 元,除去 1 200 元地租,村集体保底纯收益每亩 800 元。[①] 这是一笔可观的保底收入,对于村民来说是致富创收的新方法。民生村的产业发展可以看到一片繁忙热闹的景象,该村落已成为西畴县乃至文山州的乡村振兴示范点,以精神引领、实干为主的致富经验在这里得到了很好的实践和运用。村民发挥主体能动性,共同参与乡村治理,在推动产业兴旺发展的实践过程中,将地方文化传统之奋斗精神嵌入产业发展实践,将内在的价值能动效应塑造为具有乡村社会文化价值特色的实际行动,为村落发展注入了积极向上、实干为主的正能量,从而实现了村民们从共同参与到共同富裕的变化。

第四节　以新媒体为推广平台,
拓宽线上线下宣介传播渠道

滇桂边界地区乡村治理集中表现了激发村民主体能动性的共建实践,还需考虑多层次利益主体的需求和发展实际。民生村乡村治理的多层次村落利益主体需求,一定程度表现了当地乡村社会建设发展的不同层次需求。对乡村社会发展及产业、环境等的治理过程,表现为以新业态、新领域、新媒介为渠道,实现多层次利益需求的过程。这为村民积极实践村落自治提供了导向。滇桂边界地区多民族聚居村落的现代化治理和发展,通常情况下与文化传统的价值塑造联系紧密,在此基础上需与产业建设、文化赋能、现代宣传相结合,以体现社会建设的发展趋势和现代赋能。在文化引领、环境整治、产业兴起的基础上,在通过线上宣传渠道强化村落影响力方面,新媒体发挥了重要作用。"村落之变"要从新媒体的宣传引进说起。通过引进网络运营公司,以线上宣传好西畴精神、红色文化为主题,以大力宣传具有地方标识的经典文化为主打,打造民生 IP 的账号,让更多网友认识民生、了解民生文化,为线下品牌奠定了良好的营销基础。村落将线下的公社食堂、公社供销社等联合展示,通过品牌形象、文创产品、乡村旅游等联合消费宣传运营模式,通过网络宣传

---

① 根据笔者 2023 年 12 月 24 日对西畴县民生村村委会小刘的访谈笔记整理。

和网络孵化的线上推送、流量经济和实体经济结合运营,实现了乡村旅游、文化展示、产品推送等的新媒体宣传效应,拍摄的《民生壮族哥哥》等具有地方文化特色的视频广为流传。社会发展对新媒体的需求,在民生村乡土社会中体现在网络宣介、形象宣传、产品包装等方面,对当地乡村社会的特色宣介和形象宣传起到了积极作用。

当地村民主体的多元需求与社会发展的多层次需要,共同促成民生村从传统到现代新发展理念的转变,可以说是典型的从传统引领到现代塑造的发展过程,为满足村落发展的多层次需要提供了实践探索。在此基础上,民生村线上推送品牌信息的同时,如何扩大线下文化旅游的参与度和影响力,成为需进一步考虑的发展问题。通过规划建设产学研示范基地,使线下的农业种植、研学、互动融为一体,将乡村文化旅游扩大至文化体验的研学范畴,为在校学生提供劳动活动的实践基地,将工分制、互动组结合起来,将种植示范、研学体验结合到学生乡村劳动实践之中,创造产学研一体化、文思学全链接的研学活动,对乡村振兴的线下体验起到了宣传示范作用。村落自身发展的多层次需要推动着村民实现多元化实践需求,为村落建设发展提供了多层次的产品输出办法。民生村丰富线下商品品种,拓宽商品销售的渠道,将周边有特色的农产品纳入销售范围。线下销售以不为我所有但为我所用为模式。村落在农产品品种相对较少的情况下,以引入周边特色农产品的方式,扩充线下供销社销售品种,为游客集中采购地方特色农产品提供更多便利。笔者在民生村线下供销社调研期间,发现农副产品就有近 50 个品种。较具地方特色的线下销售产品,一是石头片区的猕猴桃。当地 5 000 多亩猕猴桃,年产量约 1 000 吨,在石漠化环境下按照有机种植的要求,采用纯生态的种植方式。笔者在石头片区看到了成片的种植基地,体现了地方致富特色。二是谷雨村的汤检情红酒,由帮扶西畴谷雨村的上级单位打造成一款具有地方特色和帮扶情感的酒,卖出一瓶村集体经济可获 3 元收入。三是西畴人工面。传统的西畴面条在当地早已家喻户晓,有口感好、纯手工、价格低等特点。四是新马街香米。西畴新马街乡的香米,晶莹剔透、色泽明亮、口感较好、营养丰富,响水村曾获 2019 年农业农村部水稻"一村一品"的示范村镇荣誉。可以看到,多层次村落建设发展的实际需求,聚焦在村落产业、商品开发和建设之中,成就了地方特色的村落商品供给方式。

发展和治理往往是并肩齐行的,不论是线下的产品销售、文化传播,还是线上的宣介推广,都离不开村集体的合作、村民的互动。在线上互动层面,民生村将普法宣讲、解答互动等放到了直播间,在村委会开设了"线上直播间",为群众普法宣讲,以案例传播法律知识,将文化传统与法律法规结合,用生动的语言与群众交流互动;采取"案例普法""互动普法""创新普法""视频普法"等形式,把社会热点中贴近村民日常生活的案例故事,通过线上宣传的方式传递给广大村民。据村委会工作人员介绍,目前普法视频点击量已达到 40多万次,不仅有效宣传了法律知识,也传播了正能量故事。笔者采访村委会工作人员,即在法律直播间内一对一进行的。随着现代化治理方式嵌入乡村治理过程,线上现代化媒介传播工具已成为有效的宣传载体。

民生村在乡村治理中突显现代化的治理探索,并不是仅仅局限于线上普法、视频推送等模式,还结合新渠道、新平台、新媒体的优势,使传统和现代结合的治理模式在这里有了初步尝试。"线上接诉""线下会诊"的线上、线下治理结合形式,初步出现于乡村治理之中。"线上接诉"即通过网络平台对群众诉求实时接收,"线下会诊"则是民生村创造的"四诊疗法",即坐班"门诊"、进村"出诊"、集体"会诊"、上门"复诊"。据村落工作人员介绍:"四诊疗法是一种多元排查化解机制,这个办法在全县得到推广,案例还被中央农办《乡村治理动态》所采用。"①

在线上线下互动处理、四诊疗法结合的治理机制下,当地还创造出另一种具有地方特色的乡村治理领头雁办法,发挥"五老"的作用,即老干部、老教师、老模范、老党员、老年协会。"全国离退休干部先进个人"刘超仁老师就是"五老"中的重要一员,为乡村和谐、群众友爱发挥了积极作用,不仅带领群众增收致富,还在宣传政策、化解矛盾、维护秩序等方面发挥了示范作用。其中村落的关工小组获评全国"五好"关工小组。这些成绩的取得是乡村治理的新尝试,也是乡村治理中传统与现代结合的新思路。

乡村振兴发展过程中乡村治理现代化包含了更为丰富、广泛的内容,同时也蕴含着具有地方特色的治理模式。乡村治理现代化不是从狭义的角度以治理谈治理、以管控谈分歧,而是从更大的视野,通过文化强村、产业富村、生态

---

① 根据笔者 2023 年 12 月 24 日对西畴县民生村村委会小刘的访谈笔记整理。

兴村、科技助村,探讨乡村治理的多层次结构和内容。

从民生村的综治中心工作职责、内容可以看出其治理结构、治理内容的基本情况,这为进一步分析乡村治理的内涵提供了素材。村委会综治中心工作职责如下:"综治中心是村委会综治工作的总平台,中心前身是民生村委会综治办,组建后以'一站式'综治办、调解中心、保安联防队等多个组织力量形成基层维稳合力,对矛盾纠纷统一受理、统一分流、统一督办、统一归档,实现了矛盾纠纷联调、社会治安联抓、基层平安联创的'联'机制,实现了重点人群管控一体化,对社区矫正人员等 7 类重点人员实行档案管理跟踪关怀机制。"① 村民综治的工作职责,落在了基层社会治安层面。民生村村落治理的主要内容如下:"认真贯彻执行上级有关平安建设、社会治安综合治理、维护社会稳定的政策,建立健全本村社会治安综合治理工作机制,统筹各小组开展系列平安创建活动,做到和谐平安联创。推进自治、法治、德治三治融合,构建共建共治共享基层社会治理格局。"② 显然,当地村落是从平安、信访、预防犯罪等角度来看乡村治理问题的。然而,本部分所讨论的大治理结构已将民生村的治理内容包含到了法律宣讲、文化精神、集体产业等多个层面中,通过自治、法治、德治等多层面的视角理解和把握大治理格局。这样理解和把握乡村治理现代化实践形式,较易充分认识和理解其基本含义。

民生村的乡村治理现代化实践过程,是文化传统价值引领下乡村治理中充分激发群众主体能动性的探索,从文化传统价值品质的精准塑造,到现代社会建设的引领效应,生动诠释了乡村社会传统价值品质的实践效用。村落治理的现代实践,将构建共建共治共享的治理格局,嵌套于地方村落实践和建设的全过程中,在此基础上充分释放文化传统的现代价值效能,不断满足从村落建设到村民利益的多层次实践需求。整体而言,文化传统引领示范为地方社会发展注入强大动能,不仅从外在的村容村貌、村舍、公社食堂、广场、道路设施等方面体现强烈的传统氛围,而且从内在的精神品质和价值观念塑造层面呈现出较具传统优势的内在潜能激发效应。从文化传统作用于村民行为习惯的层面解析,地方村落治理释放着村民主体能动的潜力,为村落生态建设、产

---

① 根据 2023 年 12 月 23 日西畴县民生村村委会提供的材料整理。
② 根据 2023 年 12 月 23 日西畴县民生村村委会提供的材料整理。

业发展注入了以价值品质为引领的内在动力,形成民生村乡村治理从传统到现代的塑造过程。民生村的文化兴村形成了文化传统塑造地方村落发展的独特品牌。

从村落社会发展的层面分析,民生村的生态宜居工程是村民共同参与村落建设,充分发挥共建美丽乡村的实践激情,激发村民共同奋斗建设美好家园的热情,使之成为村落建设发展的主体力量,共同推动乡村治理,促进了村落多层次发展。生态宜居工程既成为村落建设的亮点,也推进了村落美化绿化的整体水平,促进了村民共享家园的建设,为推进地方村落发展提供了共建方案和共享平台。在促进村落发展的同时,村民群众的多元利益需求,通过民生村产业发展得以不断探索实践。民生村以产业发展为带动,将内在传统价值融合于外在产业发展之中,通过集体经济、承包建设等方式,在扩大尝试多层次产业项目发展的同时,也为增加村民收入创造了条件,不断满足着村民的多层次利益需求。

滇桂边界传统与现代整合型村落构建了共建共治共享的乡村治理格局。以文化传统内在价值为带动的价值引领示范,成为民生村从继承传统到创新发展的源泉。以村落发展、村民利益等多层次需求为依托,村落发展的传统效应和内在价值,持续释放和作用于现代社会发展实践之中,满足了乡村治理中村民群众自治实践的多层次需要,为地方乡村社会的发展提供了内在价值和外在行动的实践,进而为地方乡村治理的多层次实践创造了从传统继承、价值动能到现代创造、满足需求的链条式实践探索和整合路径。

第六章 >>

西畴谷雨村民俗传统与
乡村治理关系实证研究

第一节　谷雨村乡村社会发展概况

谷雨村拥有悠久的历史文化,村落周边绿树环绕,村前流淌着的清澈河流,将峡谷中的村落点缀得格外秀丽。[①] 村落位于西畴县城东北部,向西接砚山县蚌蛾乡,向北接鸡街乡,距西畴县城约 10 千米。谷雨村属典型的壮族村落,全村有 75 户 337 人,壮族人口占总人口的 90% 以上。村落传统文化习俗突显出具有地方特色的文化传统。

谷雨村土地肥沃、生态宜居、生产生活便利,素有"鱼米之乡"之称。村前流淌着的清澈河流为村寨的种植、养殖等提供了先天优势,为当地壮族人民创造了有利的生产生活条件。村前田地除水稻种植具有特色外,田园里被称作葩町、葩茜、葩薇等的蔬菜,成为村落增收致富的重要支柱之一,村前水稻田、河流内的小鱼虾等更是常年不绝。谷雨村周边山林密布,村民祖祖辈辈保护生态环境,优美的自然环境为子孙后代创造了优质生活条件。谷雨村寨老陆顺德介绍说:"我们的祖先建村选择了适宜生活的地方,全村民居建在了半山上,既不浪费土地,又能居高临下,村民房屋普遍视野开阔。村落后山有很好的森林,林里有丰富的野生蔬菜,食用菌就有几十种,如汉语称的奶浆菌、花

---

① 为尊重当地村民习俗,本部分所涉及的村名、人名均作了匿名化处理。

菌、碓窝菌等。"①优美的生活环境、丰富的自然资源为村落承载和发展传统文化提供了有利条件。

2014年12月,谷雨村"女子太阳节祭祀"成功入选第四批国家级非物质文化遗产名录。实际上村民的服饰、生活、生产等习俗均与此项非遗文化息息相关。据了解,谷雨村的壮族村民自称"濮侬",而壮族濮侬支系服饰保留着先民图腾崇拜的文化痕迹。太阳节当天,村民们穿着的民俗传统服饰等极具地方文化特色。女性村民穿着被称作"师侬"的传统盛装,寓意为鸟衣。村落妇女要头戴头帕并缠绕成水牛角的形状,身上服饰的银纽扣要制成水牛角形状,最具特点的是衣服两侧的翘角形似鸟翅,衣服臀部要将裙子缠成禽尾的形状。村落中的壮族女性至今保留着传统的服饰文化,衣服上保留着先民对水牛崇拜和鸟崇拜的痕迹。不仅在村落节日等盛大活动中村民要身穿鸟衣出场,在年老寿终后也要穿。

谷雨村周边拥有良好的地理地形、优质的生产生活条件,这些便利条件为村落发展创造了得天独厚的优势,也为带动附近村落共同致富起到积极的助推作用。幸福新村坐落在谷雨村村前河流附近。幸福新村安置点由9个村民小组组成。原村落由于地质灾害等原因,易地搬迁至谷雨村附近建设新家园。

一、谷雨村文创产业发展情况

以地方文化为题材的产业成为村落发展的新兴支柱,为村民解决就业问题的同时,提升了村落传统文化的品牌形象和影响力。据介绍,谷雨村2022年5月30日成立的文化产业公司,注册资本为100万元,经营范围主要是在传统的餐饮、住宿、旅游等业务基础上,开展文艺创作、工艺美术品及礼仪用品制造等。值得一提的是,村落产业公司的工艺美术品、礼仪用品销售以及休闲农业和乡村旅游资源的开发经营等已初具规模,并得到了外地对口帮扶部门的大力支持。村落在文化创意、对外宣传、资源整合等方面进行了积极探索,通过产业发展推动非物质文化遗产保护,推动节庆文化旅游、文化艺术交流等活动的开展,带动了村落的文化创意商品开发、文化旅游发展。

笔者在实地调研中了解到当地文创产业园项目的投产,得到了多方支持

---

① 访谈时间:2024年1月22日,访谈对象:陆顺德,壮族,62岁,谷雨村村民。

和帮助。项目建设、管理模式、创意引进、投产运营、宣传销售等方面,均具有多元主体参与、传统与现代整合的特色。产业园区总占地 14.8 亩,一期项目由对口扶持单位投资 800 万元,建筑面积 2 200 平方米。产业园区文创彩绘车间、电子线圈车间正在加紧运营。① 在有关部门的对口扶持资助下,总投资 800 余万元的文创产业园二期即将开工建设。该产业园二期在前期论证、项目调研基础上,预计在开工建设后半年即可投产。项目投产运营后,将由谷雨村村集体招商引资,引进相关投资经营公司管理运营。根据双方的协议约定,村集体将从产业园营业额中获得一定收入用于村集体建设,预计村集体每年将获得 15 万元左右的收入。②

当地文化产业园引入多元化的运营管理模式,管理理念、车间建设、产品研发等均通过引进多方资源融合打造。一是在运营管理方面,园区引入群众参与的管理运营模式,打造了青少年假期体验区等参与体验项目。寒暑假期间,园区与文山青少年宫合作,为青少年提供文化体验活动,开展以绘画、展示等为主的体验和销售业务。与此同时,在村落节庆活动期间,文创商品与节庆活动展示销售相结合,将住宿、餐饮、文创、节庆融合起来打包销售,以村民自营的方式带动村民自主创业。二是在文创产品研发方面,园区通过引进外来资助方资金、创意、理念等,将独具村落传统文化特色的民俗系列、宫廷系列、太阳鸟母系列等融入创意产品,产品主要有故宫萌狮、笔筒、中国戏剧脸谱、民族摆件、手串、五路财神及其他工艺品等。园区已培养 50 余名乡村彩绘师,这支队伍大多由村落在家的妇女组成。村落妇女们学习传统彩绘技艺,重拾民间传统的彩绘工艺,为村落传统民俗传承发展贡献力量。这些文创彩绘产品的外形模子主要从四川整体引进,在园区工作的村民主要负责绘画上色等工序,颜料使用环保的丙烯颜料。

除了当地文化产业园区的文创彩绘车间外,电子线圈车间也是园区运营管理的主要项目。当地文化产业园区电子线圈车间也称作电子元件幸福工场。该工场于 2021 年 12 月 9 日建成投产,现有员工 24 名,其中外出务工回村人员 15 人。在脱贫攻坚期间,在对口帮扶部门多渠道协调关心支持下,当地建

① 根据 2024 年 1 月 22 日西畴县谷雨村产业园区的实地调研资料整理。
② 根据 2024 年 1 月 22 日西畴县谷雨村产业园区的实地调研资料整理。

设了就近务工、增加收入的扶助项目,政策扶持、收入激励、扩大培训等措施帮助务工村民收入从最初的 1 000 元增长到 3 000～5 000 元,产品质量也实现了提升,真正帮助村民就近务工就业,实现了增收致富的梦想。调研期间,笔者看到电子线圈车间午餐就餐统计表、西畴县地方文化创意产业园幸福工场员工 2023 年度午餐费汇总表、西畴县谷雨村电子线圈车间员工劳务费汇总表、西畴县谷雨村电子线圈车间员工考勤表等。据村委会工作人员介绍,车间主要解决村内妇女就近务工和照顾小孩的问题,最主要的是激励务工村民稳得住、干得好、能致富。[①] 通过园区打造、车间建设运营、产品引进制造等一系列措施,村里为当地老百姓带来了实实在在的好处。

通过园区发展大事记,笔者看到多元主体参与扶持下的谷雨村发展历程。2019 年,村民前往四川学习文创产品生产制造;2019 年 11 月,村落文创产品获云南省文化和旅游厅“2019 年东南亚南亚品牌文化旅游商品国际大赛暨云品 100 创新创意大赛”金牌创意奖;2019 年 12 月,谷雨村获国家民委颁发“中国少数民族特色村寨”称号;2019 年,谷雨村获文山州妇女联合会颁发的“巾帼巧手致富示范基地”称号;2021 年 8 月,村办企业八角车间正式投产;2021 年 11 月,干部群众前往江苏省江阴市学习调研村集体经济发展;2022 年 8 月,干部群众前往深圳市推销村落产品。通过谷雨村集体经济发展的历程,可以看出村落发展过程中得到了社会各界的关心支持和帮助,多元主体扶持参与下的村落现代化整合转型模式逐渐发展成型。

二、谷雨村农业产业发展

谷雨村具有悠久的农业种植历史且已成规模,农业已成为村民增收致富的主要来源之一。村落具有良好的地理条件、肥沃的土地,村落周边水利资源丰富,为农业创造了得天独厚的条件。如今,村里的八角、草果种植已初具规模,仅八角、草果等就有上千亩,形成了种植、烘干、初加工一体的生产流程。独特的地理地形条件、优质的水资源,为村落种植的农作物赋予了极好的口感和营养。近年来,在相关部门大力扶持下,村落种植的八角、草果销往四川、北京等地。2023 年,生八角价格 2～3 元／斤,干八角价格 4～5 元／斤,为全村

---

① 根据笔者 2024 年 1 月 22 日在西畴县谷雨村产业园区的实地访谈笔记整理。

创造收入近 50 万元。除此之外,村落传统的作物还有水稻、花椒、南瓜、玉米、辣椒、西红柿、豌豆、小瓜等。人们在保护好青山绿水生态环境的同时,并未开发过多成片土地用于作物耕种,这为村落旅游等留足了发展后劲。村落除八角、草果之外的其他作物相对种植较少,大多数农作物为自产自销。种植蔬菜较多的农户,一年就有 3～4 万元收入。每到收成的季节,从文山赶来的车辆进村收购蔬菜等作物,也有部分村民选择自己到县城等地销售。

谷雨村拥有传统农业种植资源和条件,在延续当地村民世代守护的劳作方式的同时,通过不断扩大和创新农业生产模式,为村民创造了很好的致富途径。村落 2021 年创办了村集体农业公司,不少村民选择土地承包等形式,在为自身创收的同时也为村集体农业经济贡献力量。据村干部介绍,每户村民都是股民,村集体每年向村民分红一次,在集体农业公司创办次年就实现了村民分红。2021 年,村办企业实现了 350 万元的集体收入。农作物以八角为主,全村赚取利润 38 万元。全村 443 户,人均年纯收入达 19 712 元。[①] 农业种植为当地村民创造了较好收益,村落传统的农业种植方式延续至今。与过去不同的是,当地集小户为大众,将零散的无人种植的土地整合利用,使之成为村落集体农业发展的资源,并以引入村外农业种植能手、农业企业等形式盘活土地,拓宽了村落全体村民增收致富的渠道,也为村落传统农业转型升级开辟了路径。

第二节　谷雨村乡村治理建设

贺雪峰在谈到乡村治理现代化时,将两个重要的变量要素归于其中进行讨论,认为乡村社会自身建设和乡村管理体制是乡村治理现代化的两个重要因素。[②] 笔者以实地研究的方式,在对村落产业、农业发展梳理的基础上,讨论村落管理制度建设的问题,并以此为基础,结合地方实际,将村落传统文化塑造影响力放置于乡村治理现代化的相关过程中进行考察,进而梳理出村落建设发展中传统文化及其蕴含的内在品质与乡村治理现代化的关系问题。从

---

① 根据笔者 2024 年 1 月 24 日在西畴谷雨村对村干部实地访谈的笔记整理。
② 贺雪峰. 乡村治理现代化:村庄与体制 [J]. 求索,2017(10):4.

乡村基层治理制度来看,村落村规民约、议事制度、自治办法等的组合运用,一定程度上反映了村落治理的基本状况。特别是对村落议事制度、管理规范等的整理分析,梳理出村落管理的概貌。从基层治理体系分析,谷雨村的基层治理体系构建了具有村落地方文化特色的自治、法治、德治体系。在村民能够理解、较易学习的情况下,构建出来的村落治理体系反映了谷雨村从传统文化的地方传承到现代治理的探索实践。

谷雨村的村规民约、"一约四会"制度,在乡村振兴相关政策指导下,以实现产业兴旺、生态宜居、乡风文明、治理有效、生活富裕为总目标,激发村民参与村落建设热情,从政治文明、生态文明、社会稳定、移风易俗、平安建设、人居环境、邻里关系、婚姻家庭、扶贫济困等方面促进了村落经济社会发展。以下是村规民约的主要内容。

在生态文明方面:① 坚持"绿水青山就是金山银山""既要绿水青山又要金山银山",发展沼气池、太阳能等清洁能源,走绿色、低碳、循环发展之路,低碳出行、绿色环保。② 加强水源保护,严防水源污染,科学使用农药,合理施肥,不将生活垃圾、废水、废旧塑料、动物尸体扔进河道、水塘,加强耕地保护,严防土壤污染;村内建设要精细化管理,避免施工扬尘造成大气污染。③ 村内建设房屋和猪牛圈舍,必须建化粪池、沼气池或者三级沉淀池,严禁将猪牛粪便直排村内或者其他不该排放的地方。④ 遵守河长制,主动参与河道管理,任何人不得在本村和其他村管理的河道、坝(池)塘内电鱼、毒鱼、炸鱼;未经有关部门批准,不得在河边、水源边搞建设。⑤ 河道两边的绿化树,在责任田范围内,由本户管理,任何人不得随意移除或砍伐。

在维护社会稳定方面:① 坚持学法、知法、守法、护法、用法,自觉维护法治尊严,严禁挑战法治权威。② 自觉维护社会秩序和公共安全,坚决与邪教作斗争。③ 严禁打架斗殴,寻衅滋事,故意毁坏他人财物,盗劫、拐卖、敲诈,哄抢国家、集体、个人财物,严禁赌博,严禁包庇隐匿嫌疑人、替嫌疑人藏匿赃物等违法犯罪行为。④ 爱护公共财产,不得以个人利益为由破坏水利、道路交通、供电、通讯、生产等公共设施,不得为个人私利长期占用或者侵占集体公共设施。⑤ 严禁非法限制他人人身自由或非法侵犯他人住宅,不准隐匿、毁弃、私拆他人邮件。⑥ 严禁乱砍滥伐、毁林开荒、打猪等违法犯罪行为,一旦发现,一律上报有关部门依法处理。严禁顺手牵羊偷摘他人果蔬或者损害他人农作物;严禁放任猪、牛、羊损害他人利益,违者处以所造成损失的 2 倍罚金。

在移风易俗方面:① 本村依法依规成立议事小组或者红白理事会,具体负责管理本村的事务和红白事监督执行。② 破除陈规旧俗,弘扬勤俭节约,反对大操大办。倡导喜事新办,丧事从俭,其他事不办。婚宴不得超过一天,请客每餐不得超过 20 桌,每桌菜品不得超过 12 个,随客礼金不得超过 100 元(近亲除外)。丧宴不得超过两餐,礼金参照婚宴标准,殡前只提供帮忙餐,每餐不超过 8 桌,不得请丧事表演队进行违背社会主义核心价值观的涉暴、涉黄、低俗等不健康表演。不得以退休、升学、入伍、庆寿、周岁、乔迁等为由操办请客,婚庆在操办前 10 天申报,丧事可办理后 10 天申报。丧事办理严格按照殡葬改革政策执行。③ 严格执行《殡葬条例》,逝者一律火化进公墓,禁止大棺木二次土葬,禁止在红白事现场打麻将、打牌等一切赌博活动。若违反规定,一律上报公安机关依法处理。④ 不得搞封建迷信活动,要抵制歪理邪说。⑤ 建立正常的人际交往,不搞宗派活动,反对家族主义。⑥ 服从村庄建设规划,不得与相关法律法规相抵触,未经有关部门批准,严禁占用土地、林地搞违法乱建,不得违反规划或损害四邻利益。违反上述规定的,一律取消本村出示的一切证明手续。

在平安建设方面:① 守住自己的地,管住自己的火,加强野外火源管理,严防外火内引,内火外延,杜绝森林火灾发生。② 严禁在村内堆放易燃易爆物品和危化品,严禁超载量堆放柴草等可燃物,家庭用火做到人离火灭,经常排查各种火灾隐患。③ 加强村寨防火设施建设,定期检查各类消防设施、设备,保证消防正常需要。④ 严禁私拉乱接电线,对村内、户内电线要定期检查,发现隐患及时排除。⑤ 加强消防安全常识宣传教育,提高全体村民消防安全意识。⑥ 自觉遵守《道路交通安全法》,"宁停三分不抢一秒",做到"安全出行,平安回家"。⑦ 强化食品安全,牢记"民以食为天,食以安为先",杜绝伪劣食品、腐烂变质的食品、不认识的野生菌进厨房、上餐桌,严防食品中毒事件发生。⑧ 各户必须重视安全生产,"安全在于防范,事故出于麻痹",时刻绷紧安全的弦,增强安全施工意识,遵守安全操作规程,杜绝安全事故发生。⑨ 各户要加强小孩安全常识教育,严防自然灾害伤人事件,防雷击、防溺水、防走失等意外事件发生。

在人居环境方面:① 实行卫生费、常态保洁制度,每户每年 100 元,每年正月十五前筹集,统筹用于垃圾转运无害化处理;各户房前屋后的道路卫生或庭院卫生,由本户负责,每日一清扫,保持清洁;各户的垃圾必须自带到定点堆放区自行焚烧,不得乱丢乱放;村内公共卫生由卫生保洁员清扫,垃圾定点就地焚烧或者转运,若发现违反公约规定,责令立即清除,并处以 200～500 元罚金。② 家禽必须实行厩养,不得将村内视为鸡、鸭、鹅、狗的放养场;维护村内环境安全,严防狗咬伤人事件。违者组织村民进行消灭清除。③ 爱护公共卫生,加强村容村貌整治。严禁在村庄道路及公共场所随地乱倒、乱堆垃圾和废弃物,修房盖屋余留垃圾碎片应及时清理,违者处以 200～500 元罚金。④ 病死的牲畜、家禽禁止投放到垃圾箱、垃圾桶内和河(沟)内,必须到距离村庄、水源点较远的地方深埋或按有关疫情规定处理。不按规定处理者,处以 500～1 000 元的罚金。⑤ 特殊情况急需堆砖、砂石料的,必须提前一天向村卫生管理领导小组请示,经同意后方可堆放,堆放的物品必须两天内清除干净,否则按堆放面积每天每平方收取占道费 30 元;有损坏公共场所及设施的,责令当事人限期修复。

在邻里关系方面:① 村民之间要互让、互爱、互助、和睦相处、以理服人,不得一言不合就爆粗口大骂或者拳脚武斗。② 在生产生活中,村民应遵循平等、自愿、互惠、互利的原则,弘扬社会主义新风尚。③ 邻里纠纷,应本着团结友好的原则平等协商解决,协商不成的可申请村调解委员会调解,也可依法向人民法院起诉,树立依法维权意识,不得以牙还牙,以暴制暴,否则一律上报公安机关依法处理。④ 诚实守信,友好共处,做下一代的榜样,做无失信人员模范村。

在婚姻家庭方面:① 遵循婚姻自由、男女平等、一夫一妻、尊老爱幼原则,建立团结和睦家庭,反对包办、干涉、买卖婚姻,反对直系近亲婚姻,坚持法定婚龄,男 22 周岁,女 20 周岁。夫妻共同承担家庭责任和义务,坚决反对家庭暴力。② 崇尚中华民族家庭美德,承担敬老赡养义务和子女抚养义务,履行监护责任,保障老人衣食住行,完成子女义务教育。③ 严禁歧视、虐待、遗弃继父母、继子女、病残子女及特殊弱势人群,争做爱心人。

在扶贫济困方面:① 一方有难,八方支援,关爱留守老人、留守儿童、空巢老人、弱势群体,关心帮助贫困户。② 不得嫉妒、仇恨仇视贫困户,心态失衡,造谣诽谤。③ 牢记"打铁要靠自身硬",美好生活是靠勤劳的双手创造的,不是靠争贫比弱抢贫穷帽。④ 时刻高唱"小康是干出来的,不是等靠要来的",消除依赖政策的温床思想。

在监督与惩罚方面:① 村议事小组或红白理事会及村党组织负责监督本村事务,对接上级协助本村村规民约的实施。② 经常不参加本村群众大会,涉及劳资、投工投劳(以劳折资 100 元／天)按期计算。对本村决议事项不支持不配合的农户,只要是村集体的建设涉及农户享受的部分,一票否决。①

在村规民约的执行上,谷雨村的规约规范与当地其他村落相近,以谷雨村为个案可以看到区域内基层三治融合的实践探索。在乡村治理的自治、法治、德治的三治融合体系构建中,滇桂边界大多数传统村落的治理模式,从村规民约及相关会议制度做起。不同村落法治建设的方式方法虽然不同,但其基本内容或抓手却是有相同之处的。在维护社会安全稳定层面,使用了"坚持学法、知法、守法,维护法治尊严,维护社会秩序,严禁打架斗殴、寻衅滋事"等表述。虽然规约表述的内容较为单一,但对基层群众日常生产生活来说却是具有针对性和具体的管理办法。德治层面也有较为明确的规约,区域内乡村社会通常对德治教育极为重视,这是乡村社会发展所需,更是传承几代人的精神品质。谷雨村的德治教育和规约有三个层面。一是勤劳致富层面,强调弘扬"一方有难,八方支援,美好生活是靠勤劳的双手创造的"理念,重点倡导广大村民树立勤劳致富的理念,弘扬奋斗致富、互助支持的传统,坚持"打铁要靠自身硬"的勤奋观。二是在家庭美德层面,倡导"遵循婚姻自由、男女平等、一夫一妻、尊老爱幼原则"。村落农户家庭作为最小的单元,不仅是村落建设的主要参与单元,也是助推村落美德建设的主要参与者。村落家庭中的老幼、夫妻、男女等关系是最基础的关系,也是最重要的村落内部关系之一。家庭美德的教育关系到谷雨村传统文化的传承和弘扬层面,重点强调的是"崇尚中华民族家庭美德,承担敬老赡养义务和孩子抚养义务"。在村落悠久的传统文化中,民俗传统的精神内涵蕴藏在为人处世的家庭教育之中,扩大到乡村治理层面发挥着家教的文化传递作用。三是在社会道德层面,提倡"村民之间要互让、互爱、互助、和睦相处、以理服人",强调"应遵循平等、自愿、互惠、互利的

---

① 根据 2024 年 1 月 22—28 日西畴县谷雨村村委会提供的材料整理。

原则,弘扬社会主义新风尚",重视"诚实守信,友好共处,做下一代的榜样"。可以看出在谷雨村乡土社会圈层关系之中,礼让、互敬、互惠、友爱等关键词在引导村民行为规范中受到重视。

除了村落管理规约中的法治、德治建设外,村民自治的规约要求在管理制度中体现得较为多元。村民自治的规约条款,在谷雨村体现在了生态建设、平安建设、民风民俗、人居环境等层面。作为历史悠久、文化内涵丰富的村落,谷雨村对生态环境的保护成了村民们的共识,仅生态文明、环境保护方面的规约就有十条。谷雨村树立和践行"绿水青山就是金山银山"理念,从水源、房屋、河道、森林等的保护要求,再到家禽、道路、建筑材料等的管理,进行了明确的规定。这是谷雨村村民自治中重要的内容,也是村民传统观念与现代发展的有效实践。

在乡村管理规约实践中,谷雨村村委会在村规民约的基础上,加强了对村落治理层次的管理,称之为"一约四会"。"一约"即村落于 2021 年制定的村规民约加强版,"四会"即村民议事会、道德评议会、红白理事会、禁毒禁赌会。据村委会干部介绍,村规民约加强版是对村寨重要事项或特定事项的规定,如疫情防控期间的防控措施、要求。除此之外,村规民约的加强版对团结友爱、尊老爱幼、教育子女、邻里和睦、团结互助的道德风尚也作了重点规约。同时,村落加强了对生态环保意识的重视,对增强环保意识、保护环境卫生、不乱丢垃圾到河里等作了详细规定,具体内容是:"第六条　增强环保意识,保护环境卫生。农户严禁放养鸡、鸭、狗等,污水不乱排,病死动物不乱丢、要深埋;严禁乱扔乱弃废旧农膜、农药包装等废弃物;严禁焚烧秸秆;保护森林资源,严禁乱砍滥伐、乱捕乱猎野生动物;严禁饮用水灌菜。若发现不按规定处理的处以罚金 100～500 元。第七条　新建房子要审批,不准乱搭乱建。不准往河里、沟里乱丢垃圾、乱倒东西,若发现不按规定清理的处以罚金 100～500 元。"[1] 由此可以看出当地村落对环境保护的重视程度。村委会从村民们的环保意识,到日常生活中的牲畜喂养、房屋建造等都有细致的规定,这不仅是对村规民约加强版的概述,也是在乡村治理实践中将重点关注的事项进行了再规定。

值得一提的是,村落对村规民约的修订,将村落传统文化的保护纳入规约

---

① 根据 2024 年 1 月 22—28 日西畴县谷雨村村委会提供的材料整理。

之中,提到了民俗文化保护和非遗技艺的传承问题。内容如下:"第八条 村民应自觉保护民族文化,做好民族语言的传承和民族技艺的传习,所有传承人都要把自己的特长以及文化遗产传承给下一代,每个传承人必须有一个继承人。"[①] 对于具有悠久历史文化传统的村落来说,对民族和民俗文化的传承保护,将是促进乡村治理深层次发展的底气和底蕴。村干部介绍说:"近年来外出务工青年人增多,青年人在外赚钱比较多,老一辈传承的文化技艺几近失传。村落的太阳鸟等习俗流传了多代,为了让村寨老一辈流传下来的技艺在我们这一代人手上发扬光大,才出的这条规定,目的是让村寨的老传统保留下来,以后我们村搞旅游才会有人来玩。"[②] 对于村落传统民俗文化的保护,不是技艺传承人的个人行为,比如谷雨村这样的传统文化村落发展,离不开非物质文化遗产等传统民俗文化的支撑。村落的内在建设和产业发展,需要从习俗传统中找到外在或内在支撑,从传统文化中找寻灵感。

以村规民约为管理制度基础,区域内地方乡村治理体系的构建和实践常会与村民日常生活紧密联系。谷雨村的道德模范评议、老百姓婚丧嫁娶等倡导文明新风、共建美丽谷雨。笔者常常在其中可以看到乡村三治融合的缩影。谷雨村村民议事会规则共分为八条,其核心内容是保障民主选举、民主决策、民主管理、民主监督,推行村民自治,村民议事会在授权范围内行使决策权、监督权、议事权,在广泛听取群众意见建议基础上,讨论全村重大事项。谷雨村的村民议事会规则主要内容如下。

第一条 为了进一步提高村民小组工作的透明度,规范村民小组议事行为,保障民主选举、民主决策、民主管理、民主监督制度的落实,推进村民自治,特制定本制度。第二条 村民议事会是村级自治事务的常设议事决策机构,根据村民会议委托,在授权范围内行使村级自治事务的决策权、监督权、议事权,讨论决定本村日常业务。第三条 村民议事会成员由村民会议推选产生,一般由 7～11 人组成。议事会设主任 1 人,副主任 2 人。第四条 村民议事会按规定讨论涉及全体村民利益的重大问题。第五条 村民议事会应广泛听取和

---

① 根据 2024 年 1 月 22—28 日西畴县谷雨村村委会提供的材料整理。
② 根据笔者 2024 年 1 月 24 日在西畴县谷雨村对村干部实地访谈的笔记整理。

收集群众意见和建议,及时向村党支部、村委会反映村民的意愿和要求。第六条 村民议事会应大力提倡移风易俗,喜事新办,丧事简办,反对铺张浪费,破除封建迷信,推动农村精神文明建设的健康发展。第七条 村民议事会会议由议事会主任负责主持召开,一般每季度召开一次。如遇特殊情况,可根据实际情况临时召开,会议议题由党支部、村民委员会、村民议事会成员或五分之一以上的村民联名提出,由村党支部书记把关。第八条 召开会议必须有三分之二的议事会员赞成,才能生效。对争议较大的议题,应村民会议表决。议事会召集的所有会议允许村民列席旁听,但旁听人没有发言权和表决权。①

在保障村民村落自治权的同时,谷雨村不断加强法治、德治建设,推动乡村治理体系有效衔接。村落管理制度中的道德评议会、红白理事会、禁毒禁赌会等的议事制度就是推动村落精神文明建设的积极探索。村落倡导以德治村,以思想道德建设促进村落发展,在与村民日常生活联系较多的宴请等方面,反对铺张浪费,提倡不讲排场,不摆阔气,不搞攀比,培养文明行为,扶正祛邪、扬善惩恶,要求理事会成员严以律己、以身作则。道德评议中有关德治的内容如下:"第一条 为充分发挥道德评议的作用,深化以德治村工作,进一步加强和推动农村精神文明建设,特制定本制度。第二条 村民道德评议会是组织和发动村民进行村民道德评议的群众组织,是强化道德教育,引导广大村民积极投身思想道德建设实践的有效途径和载体。"②以上规定对村落道德建设作了规范要求,说明了制定制度对村民德治的意义作用。红白理事会将传统习俗与现代规约进行了整合,倡导婚丧嫁娶不铺张、不浪费的原则,内容有:"第一条 为了充分发挥红白理事会在婚丧嫁娶中的作用,破除婚丧嫁娶中铺张浪费、愚昧落后的陋习,做到婚事新办,丧事简办,提倡文明、健康、科学的生活方式,结合我村实际,制定本制度。……第四条 操办婚事的具体原则提倡彩礼不超过 5 万元。结婚仪式禁止大操大办,不过量燃放烟花爆竹。原则上只

---

① 根据 2024 年 1 月 22—28 日西畴县谷雨村村委会提供的材料整理。

② 根据 2024 年 1 月 22—28 日西畴县谷雨村村委会提供的材料整理。

宴请亲戚,规模不超过 20 桌,标准控制在 50 元 / 人以内。"[①] 村落重视禁毒、禁赌工作,村落禁毒禁赌会由群众民主选举产生,通常由 7～11 人组成,设有会长 1 人、副会长 2 人。成员必须是在群众中有威望、有影响力且具有高度责任心的党员、村民。主要工作任务是:"第三条 禁毒禁赌会成员必须带头执行本制度,严以律己,积极负责,秉公办事,严禁敷衍塞责,损害群众的根本利益。第四条 禁毒禁赌会应加强宣传教育,提高群众对毒品及赌博危害性、严重性的认识,提高全民禁毒禁赌意识,组织发动群众同毒品、赌博犯罪行为做斗争。"[②] 上述规定主要对加强法治建设作了要求,强化了村民法治意识,将规范的治理规约同村民的生活联系起来,发动广大人民群众参与乡村治理实践和监督,这是提升村落自治、法治、德治三治融合体系建设的活力所在。

第三节　谷雨村传统文化的现代价值

一、村落文化旅游名片建设

谷雨村按照"生产发展、生活宽裕、乡风文明、村容整洁、管理民主"的要求,规划发展以村落民俗传统文化为载体的文化旅游名牌,打造独具地方民族特色的文化旅游、休闲娱乐名片,建设集休闲、娱乐、文化、旅游于一体的特色古村落示范点,利用"太阳故乡"文化名片创建了具有民族品牌影响力的文化旅游名片。目前正在实施的重点项目有水利工程项目、生态工程项目、抗震民房建设项目等,在旅游开发和宣传方面重点规划开发谷雨村落文创产业园区等乡村振兴支柱产业。谷雨村以促进乡村产业优化升级、扩大村民就业、提高村民收入、改善村民生活水平为主要目标,充分发挥村落传统民俗文化特色、生态资源优势,利用谷雨文化品牌,打造文化旅游的先行村和具有地方民族文化特色的文化旅游金牌景点。

目前,谷雨村打造的民族生态文化旅游村已完成第一期建设。在多方扶持和村民共同努力下,村落面貌焕然一新,村落文化特色品牌越来越亮丽,生态环境更加优美。2014 年以来,帮扶和相关援建部门筹集资金 940 万元,群

---

① 根据 2024 年 1 月 22—28 日西畴县谷雨村村委会提供的材料整理。
② 根据 2024 年 1 月 22—28 日西畴县谷雨村村委会提供的材料整理。

众自筹资金 1 000 万元,重点建设了以"太阳故乡"为文化品牌的民族生态文化旅游村。项目投资为村落文化旅游建设提供了坚实保障,谷雨村有效地将生态、文化、产业进行了融合。不仅村容村貌焕然一新,村社建设也因此更新。2014 年,村落建筑开始改造升级,全村新建 13 户平房,紧接着又建了 50 户房屋。村落房屋建筑相比之前有了较大改善。早年村落房屋大多是木瓦结构,新建房屋大多是二层楼房的砖瓦结构,墙外立面以土黄和棕色为主色调,少数人家的外墙采用青石砖堆砌,外墙面绘有树木、山水等彩色图案。除了村落建筑改善外,进村山路和村落的主要道路都装上了路灯,灯杆彩绘有颇具民族特色的图案,路灯照亮了谷雨村村民夜晚的归家之路,也为村落装点了靓丽的夜景。

依山傍水的谷雨村为笔者展现了风格统一的村落建筑风貌,与此同时生态文明、传统文化也得到了很好的保护。走进村落看到的是绿树环绕、绿水青山、碧绿田野等美好景色。村落旁流淌的清澈小溪,崭新的村落建筑,干净整洁的村落道路,优美宜人的村落环境,描绘了一幅生态文明、环境宜人而又独具民族传统特色的美丽画卷。

谷雨村打造以"太阳故乡"为品牌的文化名片,在村落中心位置建造了太阳鸟母文化传习馆。谷雨村太阳鸟母文化传习馆,是村落展示壮族历史文化的集中场所。笔者调研期间,正值传习馆重新装修改造,但基本形状和部分展览是已成型的,在建的文化传习馆正上方横梁处写有"文山最美民族村",房屋内的横梁写有"传承优秀中华文化根脉""挖掘传统民族文化精髓"。传习馆外的木质房屋四周墙上,绘有太阳和鸟的图案,另一侧为村规民约。传习馆外陈列有部分作品和展览,收藏了太阳鸟母、女子太阳节祭祀文化相关的文学、摄影和绘画作品,展示了壮族民俗传统文化,包括壮锦、铜鼓、民族服饰、稻作生产生活器具等。可以看出,传习馆展览的内容不仅是村落壮族太阳鸟母文化,还包含有大量壮族传统习俗文化。改造后馆内将设计壮锦纺织、刺绣等体验活动,供前来旅游的游客参与体验。在重要的节庆活动期间,传习馆场馆外将举办壮族传统的抛绣球、射"日"、竹竿舞等娱乐活动,以增加游客的文化体验感。

作为谷雨村主要的文化体验、展示和宣传场所,太阳鸟母传习馆在空间布局上,将民俗体验馆、女子太阳节祭祀馆、非物质文化遗产馆、民俗展示馆等融合展示。传习馆占地面积 380 平方米,建筑面积 800 平方米,房屋是两层砖混结构。传习馆的空间规划布局是一楼左边民俗体验馆、右边非物质文化遗产馆,二楼左边女子太阳节祭祀馆、右边民俗展示馆。传习馆的展示内容一是民俗体验馆,主要展示壮族民俗传统,以饮食文化、服饰文化、生产生活习俗为主,如生活用具、冲粑粑、推磨,游客可以体验壮族饮食文化、生产用具等。二是女子太阳节祭祀馆,主要展览女子太阳节祭祀传统文化源流、传说和活动流程等,以墙面彩绘、图片的形式,介绍远古女子太阳节祭祀的传说,同时以图片、文字的形式展览祭祀活动流程。三是非物质文化遗产馆,集中展示壮族非物质文化遗产传承项目等内容,展览壮族国家级、省级、州级、县级非遗项目,特别是展示谷雨村的"太阳古歌""西畴童谣"活态传承项目。四是民俗展示馆,集中展示壮族稻作文化、饮食文化、服饰文化,以图文并茂的形式展现壮族生活习俗等传统内容。

二、村落传统习俗的价值效用

(一)女子太阳节文化旅游名片

谷雨村深藏于青山峡谷之中,村落四面青山环绕、绿树成荫,承载着悠久的传统文化。峡谷一侧、山脚之下,村落旁流淌着清澈的南利河。村落多少年来与青山、峡谷、河流、绿树、田野相伴,孕育了一代又一代勤劳善良的村民,而古老的传说就在这清澈的河流边演绎流传着。村落每年农历二月初一举办女子太阳节,表达母系社会先民对太阳的崇拜。村落女性有请太阳、送太阳、祭太阳等习俗,通过祭祀祈福表达五谷丰登、风调雨顺等愿望。谷雨村女子太阳节,成为较为少见的活态流传至今的母系社会祭拜太阳的传统,具有悠久的历史和丰富的文化内涵。谷雨太阳山祭祀活动,已演变为全村最重要的节庆展演活动。通常每年开春后村落开始筹办节庆展演,准备祭祀礼服、供品、道具等。此项活动成了当地政府重点打造的文化旅游项目。

继 2009 年谷雨村女子太阳节被列入云南省非物质文化遗产保护名录之后,2014 年 12 月,谷雨村女子太阳节祭祀成功入选第四批国家级非物质文化遗产名录。谷雨村女子太阳节祭祀传统文化的传承、保护受到社会各界广泛关注,从活动内容到形式均蕴含着丰富的传统文化内涵。仅活动展演的形态就包含了多项活态传承的特色内容。女子祭太阳身着的服饰具有鸟崇拜特征。每年农历二月初一,村落女性要身着壮族鸟衣,衣服尾部略翘,形似鸟的翅膀。穿上鸟衣后要到村落中心大榕树下请太阳。身着华丽服饰的女性村民,成群结队将太阳送到太阳山,在太阳山祭台供献祭品,送太阳上天以保护全村。

据传,此项祭太阳活动已有两千多年历史。祭太阳颇具母系社会太阳崇拜特征,祭太阳当天村里的女性村民要到山上找寻太阳,在请太阳之前要到村落旁的小河内沐浴净身更衣。这是女性村民独有的权利,男性仅做一些烧火、做饭等后勤服务工作。村落祭太阳过程也表现出原始崇拜影响,女性村民净身后才能虔诚地将太阳送上太阳山,否则被视为对太阳的不尊重,来年会受到太阳神的怪罪。[①] 谷雨村祭太阳传统现已演变成村落节庆文化,结合国家级、省级非遗项目打造为村落文化旅游的品牌活动。活动先后列为省级、国家级非物质文化遗产之后,谷雨村受到了广大游客和学界关注,每年农历二月初一来到村里参与活动的游客络绎不绝。大家所关注的不仅是此项活动的外在形式,而且是活动本身蕴含着的神秘色彩。流传已久且具有神秘色彩的女子太阳节,只有村落中年满 16 岁的女性才能参加。女子沐浴净身后才能开始请太阳、送太阳,唱诵壮族古歌《祭太阳古歌》将太阳送上天。这项传统的祭祀文化表现了当地村民的原始崇拜,沐浴净身、找太阳、送太阳等习俗更是为这些活动带来文化传承亮点。村落历史悠久、口口相传的壮族古歌,将远古时期找太阳、送太阳的故事演绎出来,为村民们祭拜太阳、找寻太阳的传说赋予了更为神秘的色彩。2014 年 3 月,中国·西畴女子太阳节暨鸟崇拜文化研讨会召开;2015 年,谷雨村被中国民间文艺家协会命名"中国壮族童谣之乡";2015 年,谷雨女子太阳节长篇神话小说《乜汤温》出版,女子太阳节祭祀壮族歌舞剧《太阳鸟母》成功演出;2015 年 3 月,召开中国古越人太阳崇拜及"日出谷雨"学术研讨会。[②]

(二)女子太阳节文化传统内涵

谷雨村女子太阳节蕴含着丰富的文化内涵,女子祭太阳传说在当地广为流传,也反映出地方文化传统的内在价值。有关女子祭太阳的传说,将远古时

---

① 根据 2024 年 1 月 25 日西畴县县委党校、谷雨村村委会提供的材料整理。

② 根据 2024 年 1 月 25 日西畴县县委党校提供的材料整理。

期的十二个太阳、"郎星"射日的故事、"乜星"寻太阳的故事、化身太阳神鸟的传说、"郎星"化身鸡冠山的故事演绎得淋漓尽致。笔者通过调研期间对村民的访谈了解到,当地村民对太阳节的认识也是清晰的。据村民介绍:"村里的祭祀是从母系社会留存至今,流传的时间不太清楚,听父辈说起过,我们从小时候就是这样祭祀的。父辈说后羿射日时有十二个太阳,村里过女子太阳节,是因为后羿射太阳的时候,有一个太阳躲起来了,变得暗无天日,大家无法生活。村里的几个妇女说要派人去寻找。有一身强力壮、怀有身孕的女子,一共去找了十二年,最后在河边找到了太阳,于是大家定在二月初一举办祭祀活动。村里有太阳古歌,说的就是这个过程。找太阳、请太阳、射太阳等过程,都是用歌声表达的。"[1] 村内流传的传说是将后羿射日融进了女子太阳节,虽与另一版本的"郎星"射日略有出入,但对美好生活的追求和努力奋斗精神表现出的内涵是一致的。按照村内另一版本的传说,远古时期众人推举"郎星"射日,将十二个太阳射落十一个,有一个太阳躲起来了。大家商量派身怀六甲的"乜星"寻找太阳,在寻找途中生下女孩"迪嗨",最后在河边找到太阳。"乜星""迪嗨"化身太阳鸟拖着太阳升天,从此阳光普照,谷雨村壮族开始过女子太阳节,并唱诵《祭太阳鸟母古歌》。"乜星"的丈夫"郎星"因思念妻女化身鸡冠山。[2] 村民叙述的传说与此则传说故事背景相同,虽内容和细节上略有区别,但可以看出村民们对善良、美好、勤奋品质的赞扬和鼓励。传说中蕴含了生活中战胜困难、勇敢奋斗的精神品质。

村民所指的请太阳、送太阳等过程,要边走边唱古歌,以祭太阳。村民通过唱诵古歌表达内心情感,表达对太阳神的尊敬和对后人的教育引导之意。壮族古歌用壮语唱诵,内容质朴且真实,既有对勤奋上进的描述,也有不辞辛劳为民服务的感人故事,听后不免令人产生崇敬和奋进之情。下面以请太阳歌词为例,展示村落祭太阳古歌的独特魅力。

请太阳的壮语歌词:"来落就商量,昂恩帛尼又;靠者怒尼米,者米贼肯匀;者某贼肯闪,顶发容丽染;抵星板流力,昂地柔孬嘚;养哦柔孬合,攘灵斗岁镶;乜星马岁那,岁那朱马战;欧者哈打庄,欧贼膀马请;欧口典马摆,吼汤

---

[1] 访谈时间:2024 年 1 月 22 日,访谈对象:陆顺德,壮族,62 岁,谷雨村村民。

[2] 根据 2024 年 1 月 22—28 日西畴县谷雨村村委会提供的材料整理。

丽柔噤；吼汤稳柔又，吼汤丽囊赶；碗汤稳囊臼，汤丽就流楼；汤稳朱流龙，提拱发抖染；猛凝发抖容，提拱如花金，猛凝如花农。"

请太阳的汉译歌词："边走边商量，香哪山最好；天刚烫蒙死，人们到处号；号到太阳山，此山最合意；女人才净身，梳妆又打扮；到午时奉送，红公鸡奉请；贡撷米敬献，给太阳有吃；让太阳能住，访太阳上轿；让太阳出村，给太阳帘染；太阳照大地，人间就明镜；人们会做吃，世人能做守；石头缝里找，转来转去寻；才找到抖田，又寻到官田；我们到那班，又走到那磨；休息才诉苦，息脚说肇孽；肇孽弃女儿，诉苦找太阳；太阳才听到，太阳回想到；听到才出来，太阳也乘凉；太阳也休息，休息才相见；相见诉真情，太阳朵树栝；刺瓜依裤破，害羞不上天；仙人叫带针，谁看就刺谁；在树脚相见，大树下找着；寻找十二年，终遇到太阳；没东西包儿，长裤子裹身；女儿寄人养，又继续找寻；边走边想儿，儿吃菜也长；吃草根也壮，母女一样高；女像妈一样，在河边相见；在水旁相遇，相见不相识；相遇不相知，母问儿去哪；母叫寻太阳，你从哪里来；我从草房来，什么包身上；没东西包儿，长裤子裹身；才知道是儿，才知道是女；母与女相见，母女才相认；母女泪涟涟，母女又商量；一同找太阳，每棵树脚寻。"[1]

谷雨村村民自称源于百越族群，属南壮濮侬支系。村落的女子祭太阳习俗现已成为文化旅游的名片，每年二月初一的祭祀活动更是充满着民族文化传统气氛。女子太阳节习俗由村民的太阳崇拜、鸟崇拜多元融合组成。从流传至今的故事传说，到请太阳、找太阳、送太阳等祭祀流程，彰显了地方传统文化特色。以女子太阳节为依托，流传出的"郎星"射太阳、"乜星"找太阳、"迪嗨"托太阳等故事，在传统习俗中注入文化传统内在品质，使得历史悠久、底蕴深厚的民俗传统转化为活态性的文化传承载体，将村落母女历经千辛万苦找到太阳的故事，塑造为村民攻坚克难的高贵品质。也许，这便是民俗传统本身流传至今所蕴含的正能量和价值内核。传统节庆在演绎民俗文化的同时，也诉说着文化传统内在价值。

如今，谷雨村西侧山被命名为太阳山，壮语称作"博唐温"，山上立有"太阳神位"。村民们认为每日太阳在太阳山上升落，山上有被称作神树的古树。

---

[1] 根据 2024 年 1 月 22—28 日西畴县谷雨村村委会提供的材料整理。

村民介绍说:"村子为了保护太阳山上的古树,把壮族创世神'布洛陀'、太阳神封到了太阳山上的古树林,全村明文规定严禁砍伐树木。原来太阳山上的树木死后,现在又长出两棵高大的松树,是太阳山的神树。每年祭祀节庆,人们会在神树上挂红布求平安。"① 笔者在太阳山调研期间,看到了两棵粗壮的大树,上面依然挂着很多祈福用的红布条。太阳山上的祭台是节庆期间祭拜太阳的主场所,石碑前刻有"太阳神位"字样。一颗红色的石球被山石托起,据说在太阳山上祭太阳时会用到。祭太阳活动流传多久了,太阳节传说来源何处,村民无人知晓,但女子太阳节蕴含的鼓舞人心的奋斗精神,却激励着一代代谷雨村村民。

谷雨村女子太阳节祭祀流程复杂,从沐浴净身到送太阳诸多环节,展现出了神圣的活动流程和丰富的价值内涵。每年农历二月初一女子太阳节祭祀,村落便迎来了村民们共同庆祝的节日。年满 16 岁的女子成了活动的主角,在女性村民专属的小河沐浴净身之后,要举办 16 周岁成人礼;之后要到神树下祭拜,以迎接象征神圣的太阳,然后成群结队送太阳到太阳山;此时要唱诵太阳古歌以护送太阳;在神台祭祀时,要由村落寨老主持敬奉供品等,傍晚成年女性要到河边与太阳神共进晚餐。② 从活动流程来看,每个环节都充满着神圣和神秘的色彩,但从更深层分析可以了解到村落集体对女性的尊重、对成人礼的重视、对大自然的敬畏等诸多内涵。学者王宪昭对女子太阳节的调查认为,整个祭祀活动包括四个主要环节以及祭祀之后三个附加性环节,主要环节为请太阳神、歌颂太阳神、送太阳神上山、送太阳神升天,三个附加性环节为全村分享盛宴、星夜狂欢、男女婚恋。③ 将活动环节放置于文化旅游层面,可以从以上各环节进行分析解读。笔者将活动各环节的内容、内涵,放置到传统文化与文化旅游整合的大背景下,探索村落女子太阳节在维系村民道德规范、行为准则等方面所发挥的作用,也许这是至今仍能活态传承、运行的传统文化与现代社会结合的实际价值。

笔者从村落祭祀各环节中,洞察祭太阳文化传统的内涵价值,观察祭太阳

① 访谈时间:2024 年 1 月 22 日。访谈对象:张秀莲,壮族,50 岁,谷雨村村民。
② 根据 2024 年 1 月 22—28 日西畴县谷雨村村委会提供的材料整理。
③ 王宪昭. 论太阳祭祀活动中的神话传统——以云南汤果村女子太阳节为个案[J]. 社会科学家,2017(1):145.

各流程的民俗文化内涵。谷雨村祭太阳当天,全村村民身着民族盛装,戴上金银首饰。村里已婚壮族女子传统服饰一般为黑色,大多数村民身着以黑色为底色的民族服饰参与活动,用完早餐后统一集合。年满 16 周岁的女性在河中沐浴。大约在中午 12 点,祭师和年满 16 周岁的女性来到村落祭台请太阳。此后要走十二道弯。请太阳上山时会用两只公鸡,在十二道弯拐处用糯米饭等供品祭拜。祭祀中的糯米饭等,用的是后山的染饭草。此草通常是过年后生长旺盛。一般是提前采好晾干,做好后待到祭祀节庆当天便可使用。村民队伍走完十二道弯来到祭台后,方可到泉水处杀鸡并煮熟祭拜。此时用称作"回熟"的祭品祭拜,还要使用活猪、活羊、酒、糯米饭等祭品。祭拜时电话静音、不许说话、不许进食、不许吵闹。待祭祀结束后仅女性可在现场用餐,男性和小孩离开。祭祀主要环节由祭师组织,祭师通常为三人,净身沐浴的女性村民也会参与组织。此外,还要组织跳舞等活动,也会邀请壮族文艺队参与。值得一提的是,对祭祀人员的选择很有讲究,必须是本村壮族村民,并且要了解整场活动的流程,最重要的是要人品好、德高望重。村里的老祭师已过世,现在祭师是他的徒弟,也已经七十多岁。

谷雨村女子太阳节所蕴含的正能量和道德品质价值,激励着一代代谷雨人成长。村落集体祭祀活动中承载的丰厚价值内涵,也是传统文化与乡村治理的有益实践。村民在请太阳之后要上太阳山,途经十二道弯。这十二道弯的故事激励着村民,不仅为当地村民所熟知,也可以说是为人处世的教育素材。笔者根据调研期间收集的材料进行了整理,十二道弯分别为回望弯、告别弯、沐浴弯、对视弯、携手弯、叙述弯、休息弯、犹豫弯、割舍弯、诀别弯、瞭望弯、升天台。十二道弯的主要内容如下。

一是回望弯:在奉送太阳上山的过程中,乜星一路走一路回想起这十二年寻找太阳的艰辛,乜星及其女儿迪嗨无吃无穿,爬坡蹚河,遇到猛兽。乜星怀有身孕还艰辛地为族人寻找太阳,在一间简陋房中生下女儿,割下自己裤脚简单包裹后,将女儿寄养给乡亲,便不顾分娩之痛继续寻找太阳。

二是告别弯:乜星生下女儿迪嗨后,忍痛将迪嗨交给乡亲们后继续寻找太阳。离别之际,初为人母的乜星一步三回头地回望乡亲和孩子,并嘱咐说今后孩子长大了,也让她去找太阳完成心愿。

三是沐浴弯:多年寻找太阳未果,乜星十分迷茫,究竟是由于自己心不诚还是身不净,才找寻不到太阳?为了表示诚意,乜星重新沐浴打扮,回到蜿蜒的河边,选择一处河水清澈、风景优美之处沐浴、打扮好后,再次出发寻找太阳。

四是对视弯:乜星寻找太阳,十二年无结果。这时迪嗨已经长成了一位亭亭玉立的少女,根据母亲的嘱托也开始寻找太阳。当乜星走到一条弯弯的小河时,看到有个长得很像自己的女孩。同时女孩也看到了乜星,四目对视倍感亲切。两人都不敢相信自己的眼睛。许久,乜星问女孩:"你在干什么?"女孩说:"在找太阳。"乜星问:"你从哪里来?"女孩回答:"我从那边村里来。"乜星又问:"什么凭证呀?"女孩说:"母亲生我时,用她的一只裤脚包裹我。"乜星顿时泪如泉涌,说:"孩子呀!你就是我的孩。"母女相认,十二年离别,伤感重逢。母女抱头痛哭,泪水淌满塘,流成了河。

五是携手弯:母女相认后更加充满信心,决定携手共同寻找太阳。于是母女俩不畏艰难险阻,不怕高山阻挡、猛兽伤害,爬山、蹚河、穿田、踏林、越沟,不知不觉到一棵大树下寻找。

六是叙述弯:母女俩决定休息一下,母亲对女儿讲述:过去天上有十二个太阳,起初太阳是轮流上天的,大地一片生机盎然,人们生活美满。可不知为什么后来太阳们不按规律了,十二个太阳一同上天,烤得田地干裂,庄稼无法生长,人类无法生存,于是族人就选朗星去射太阳,射了十一个太阳,只留一个太阳。可留下的这个太阳吓得不知躲到哪里,才有了今天找太阳的经历。

七是休息弯:母女俩在石头上坐着休息,相互叙说寻找太阳过程中的艰辛困苦和悲欢离合。这时躲在暗地里的太阳(汤温)被感动了,于是勇敢地走出来说:"你们不用再找啦,我就是太阳!"一个英俊潇洒的小伙子站在母女前面,迪嗨和汤温四目对视,顿生爱意。于是后来才有迪嗨追随太阳而献出一生的爱情故事。

八是犹豫弯:太阳找到以后,由于太阳已经躲藏数年无升天之力,只能借助"四也依"(四鸟母)之力上天。这难坏了乜星和迪嗨。最后乜星母女俩挺身而出,决定牺牲自我,送太阳上天。可是还差两人怎么办?此时,族人中有两位刚满十六岁的女孩暗恋太阳(汤温),自愿牺牲自己送太阳上天,为人类奉献。于是就有了后来"四鸟托太阳"的传奇故事。

　　九是割舍弯:在送太阳上天的过程中,乜星、迪嗨和两位刚满十六岁的女孩割舍人间和家人,奉献无私大爱,为了大地重获阳光,送太阳上天,踏上永不回归之路。

　　十是诀别弯:在送太阳上天的路途中,人们边走边唱大阳古歌,不知不觉地到了诀别之地。这时乜星、迪嗨和两个少女也意识到自己要永远离开亲人了,心里充满伤感,又隐忍不言。与亲人简单道别后,她们毅然决然踏上征程,完成了送太阳上天的使命。这样的诀别,体现着她们大爱无私的奉献精神。

　　十一是瞭望弯:在找到太阳后,人们为了能更好地送太阳上天,又开始寻找迎送太阳升天的山坡。山坡必须四周空旷、景色优美。最终族人们选择了太阳山为望坡,即能够更好地看到太阳升上天空的地方。

　　十二是升天台:每年农历二月初一是族人选择的最好时日。为纪念和传承女子太阳节祭祀,纪念太阳从这里奉送上天,也为了纪念乜星、迪嗨和人们找回太阳又将太阳奉送上天空的大爱无疆的精神,人们修建了升天台。①

　　十二道弯所陈述的故事激励着一代代当地壮族村民。传统文化的现代价值也许正是从老百姓认可的活态文化中汲取力量,从乡村社会大众认同的传统文化中迸发活力。从十二弯的故事中,笔者读到了一对母女的执着、奋进、善良,更读到了群众团结奋进的力量,也许这就是女子太阳节传统文化中蕴含着的文化魅力和品质精神。

　　随着生活水平的提高,村民们期望将女子太阳节故事广为流传,激励更多人发扬大爱、善良的精神,服务于家园建设和社会发展。村民们提议于2020年2月重修升天台,并根据古歌词中的描述进行改建。新建成的升天台由六个部分组成,即顶部、十二台阶、台阶外围、十二块地板、三层垒墙、两则分水缸。升天台顶部设计为鸟头座碑,安放了一颗形似鸟头的石头,寓意是太阳鸟母鸟头。前面是刻有太阳神位的鸟碑。升天台自上而下共十二级台阶,壮族村民认为十二是吉利数字。以每年十二个月为例,村民认为天上有十二个大阳。此处设计的台阶分为十二个,每个台阶代表一个月。升天台供奉了十二个香炉,有每个月供奉太阳的寓意。升天台台阶外围是太阳鸟母位置,象征着托太阳升天,有春、夏、秋、冬四个方位。升天台地面的十二个小方块,象征太

① 本则材料为2024年1月25日西畴县谷雨村村委会提供,整理人:陆仕金等村民。

阳十二道光芒。升天台四周垒墙三层,绘有太阳鸟母羽毛等图案,围墙下的小路连接着太阳神树。升天台面朝东方的梯子设左右水缸,作用是参与祭祀者净手,有表达干净清洁送太阳升天之意。① 升天台的结构融入了村民的生态观、自然观等观念,充分展现了当地壮族村民对美好生活的积极追求。整个祭太阳活动有着严格的规范要求,严禁喧哗、打闹等行为,但整个祭太阳过程需以唱诵古歌的方式表达内心情感。歌词内容有充满激情的奋斗历史、克服艰辛的历程、展现聪明智慧的时刻,为世人展现了传统民俗中团结奋进、勇于斗争的精神面貌。以汉译的找太阳、射太阳古歌歌词为例,歌词展示了从克服艰难险阻找到太阳,到团结奋斗、勤劳奋进射太阳的整个过程。找太阳的汉译歌词是:"人们才起早,有太阳才行;相约找太阳,寻找无数年;谁也没找到,人们没办法;怀身系妇女,漂亮又聪明;自告奋勇寻,发誓要找到;今生找不着,孩儿继续寻;走路又辛苦,翻山又越岭;蹚水又过河,走村又窜寨;口干没水喝,饭也吃不着;精疲又力尽,孩儿又降生;系妇才坐月,坐月身不净;领孩有腥味,少妇重净身;梳妆又换衣,女儿寄草房。"②

有关射太阳的歌词表达了团结齐心的奋斗场景,射太阳的汉译歌词如下:"人们在商量,把太阳射下;留一个太阳,出门就害羞;害羞就生气,生气不走村;赌气不窜寨,漆黑一片天;天不降雨水,做吃的不行;搞生产不成,天天想办法;大家来商量,用马来耕田;拿狗来犁地,天神看人间;疾苦又辛劳,雷鸣又闪电;降雨救人间,雨水大又多;小的像酒杯,大的如陀螺;摸黑去耕种,雨水哗哗流;忙田又耕地,吃穿不相顾。"③

通过以上分析,笔者尝试对女子太阳节热闹的场面进行描述,以古歌歌词的形式展现古村落传统民俗的现代价值,以此为依托对传统与现代的整合关系进行阐释。此部分主要以传统文化的现代价值为主题,诠释谷雨村女子太阳节的价值效用。在村落打造文化旅游热闹场面的同时,笔者能看到古村落传统民俗文化的育人价值,倡导的勤劳奋斗、团结奋进等品质,以及在乡村治理过程中发挥的积极作用。村落节庆活动中的古歌唱诵、十二道弯祭拜等展

---

① 根据 2024 年 1 月 22—28 日西畴县谷雨村村委会提供的材料整理。
② 根据 2024 年 1 月 22—28 日西畴县谷雨村村委会提供的材料整理。
③ 根据 2024 年 1 月 22—28 日西畴县谷雨村村委会提供的材料整理。

演,体现了对村民集体的激励和鼓舞效能,充分展现了地方文化传统的价值,通过释放文化传统中蕴含着的价值内涵,对地方乡村社会治理的三治融合体系建设发挥着积极作用。

第七章 〉〉

砚山大木村民俗传统与
乡村治理实证研究

　　滇桂边界地区乡村社会健全自治、法治、德治三治融合的治理体系,在制度层面顶层设计框架下,共同追求有效和完善的三治融合乡村治理实践方案,从而发挥以村落特色为基础的民俗传统与乡村治理耦合实践效能,推进和完善共建共治共享治理格局,突显地方治理特色。基层工作核心是群众工作,群众工作的重点是尊重群众,充分发挥群众的积极性和主体性。[①] 在滇桂边界地区乡村社会治理实践过程中,扩大和释放乡村社会治理现代化的效能,应充分考虑以民俗传统为依托对地方传统文化的传承、运用和转化,对区域内民俗传统内在价值的运用转化尤为重要。当地将文化传统的价值属性放置于现代社会的治理实践之中,探索将传统与现代整合进村落发展路径,以内在的传统民俗特色为底蕴和能量,在文化传统塑造内在价值的基础上,发挥村落因地制宜的地方传统特色,打造具有村落优势传统文化价值的转化模式。

　　本部分以位于滇桂边界地区的云南文山州砚山县的传统壮族村落为例,在讨论地方传统民俗基础上,探索较具地方文化特色的传统民俗与现代社会的适应性改造和传承方式。村落的实践遵循传统与现代整合的多重文化复合体建设路径,多元文化的复合属性构架于现代社会的发展之中,促进乡村治理现代化中传统底蕴和现代效能的组合释放。砚山县大木村独具特色的乡村治理实践路子,是在探索和实践中不断总结出来的,整体上以民俗传统为特色、

[①] 贺雪峰. 论农村基层治理现代化 2.0 版 [J]. 理论月刊,2024(1):107.

以村落文化为基础、以当地习俗为载体,拓展和扩大着村落传统的创新发展路径,为连接地域内壮族多元文化提供了耦合和整合空间。①

第一节　以民俗传统为底蕴, 拓展村落文化传承和创新发展的路径

云南文山州砚山县大木村位于砚山县县城西北约 20 千米处,村落三面环山、背靠山林、面向县城,属典型的壮族村寨,以侬、李等为主要姓氏。进村入口处就设有壮族传统文化特色的花纹牌坊,村落内以壮族纹饰为素材的路灯以及用石头、砖瓦堆砌的文化墙让人印象深刻。大木村海拔约 1 500 米,平均气温约 15 度,降雨充沛、空气湿润。村落后山植被茂密的天然林是优质的天然氧吧,村落耕地 270.48 亩,林地 2 760 亩,共 64 户 305 人。村落凭借优美的生态环境、优越的自然条件和地理位置,吸引着各地前来度假、休养的游客。近年来村落凭借自然条件优势和民俗文化传统特色,打造成了省级民族团结示范村、县级美丽家园示范村。村落优美的环境、优质的森林资源和传承久远且内涵深厚的传统文化资源,共同构成和塑造了大木村厚重的传统底蕴和质朴真实的村落气质,为共建共治共享的民族地区传统村落提供了不可多得的生态环境和传统实践示范。

大木村之美不仅体现在自然风光、优美环境之中,更体现在原生态传统民俗的传承和发展中。从当地壮族村民流传已久的一年一度的祭祀活动,到日常生活中吃穿住行等饮食起居,都蕴藏着充满地方特色的传统文化气息,而通过村落文化传统整合的内在价值观念,深深地塑造和影响着村民们的行动和待人礼仪。以村落流传已久的铜鼓为例,铜鼓不仅是壮族群众社会中的日常乐器,也是古代村落战时用于传递信息的重要工具。此项民俗传统流传至今已演变成为当地村民崇奉的器物和节庆活动的演奏器具,其内涵更是从最初的战时传递信号,到和平、平安、吉利的美好象征寓意。如今每逢节庆则会击鼓鸣笛,有象征村民追求美好生活意愿的文化内涵。

大木村民俗传统具有多重价值塑造功能,这与村落的地理地形、历史传承

---

① 为尊重当地村民习俗,本部分所涉及的村名、人名均作了匿名化处理。

等密不可分。在独具深厚历史底蕴的文化传统塑造作用下,无论是传统特色鲜明的铜鼓乐器,还是与群众生产生活联系紧密的饮食文化、歌圩文化等,均表现出具有地域文化特色的深厚民俗传统底蕴。大木村古时就因其土地肥沃、地理位置优越等小有名气。据村落展室内的史料记载,清朝时期四面溪水汇聚于部落中心,常有从外村迁徙至此地定居的村民,而村落的名字在壮语中是"凹塘之地"的意思。村名反映了村落较为富饶,这为地方传统文化创造有利的发展条件。古时传承至今的民俗传统成了村落良好的旅游文化资源,村落建起了活动室、幸福广场、民俗展览室等场所。在周边青山绿水环绕之下,传统文化迸发出的现代价值动能,推动着乡村振兴的步伐并促进了村落转型升级,使得人民在产业、生活环境、增收致富等方面发生了天翻地覆的变化。然而,不变的是村落发展和延续至今的文化传统内在价值。这是村落不断进步发展的基础动力和文化动能,使得村落的建设更具时代特色和传统底蕴。

大木村丰富的民俗文化传统资源,受到独特的地理环境、历史风貌和人文特色等多重因素共同作用,在以民俗传统为特色的村落文化传承过程中,助推着村落的创新发展。应该说当地村落文化的传承和发展,大多从乡村传统中获取动力,再回归到村落现代化创新发展中去。对村落中具有乡村特色的节庆文化进行分析,可从诸多节庆文化中探寻其外在的习俗特点和内在的价值。大木村从一月至十二月几乎每月都有节日且独具地方节庆特色。从上半年的春节开始,较为隆重的是三月三祭竜、四月插秧节等,而六月的六郎节、八月的尝新节等也是热闹且别具意义的节日。村民们通过节庆的重要节点演绎着村落传统的集体庆祝和互动故事。当地壮族村落部分习俗有近百年的传承历史,流传至今的民俗传统为村落持续兴旺发展奠定了文化基础,也为村落创造性发展创造了条件。

一、村落集体礼俗实践与乡土社会互动

滇桂边界传统与现代整合型村落以地方传统为基础,传承具有地方特色的文化传统,为当地村落社会治理发挥价值动能、行动规约、参与动力等方面的功能,打通村落治理的内在价值和外在实践层面的价值链接,进而满足村民参与村落社会治理的多层次需求。从大木村的传统习俗之中,可洞察集体行为规范、主体利益诉求、传统价值规约等多层次价值实践。这是文化传统在村

落集体建设过程中发挥的特殊效应和作用,也提供了具有地方乡土社会互动特色的实践动能。大木村的插秧节是较能反映地方文化底蕴的壮族习俗。插秧节通常在每年农历四月举办。当地壮族群众延续了壮族住水头的习俗,大木村四周的河道成为生活、生产的主要水源。当地村寨的寨老会提前选取良辰吉日。每年农历四月的属鼠日,通常被选取为村落插秧的吉日,寓意是庄稼像老鼠一样长得快。村民侬吉英介绍说:"鼠有繁殖快、生命力旺盛之意。农村的粮食丰收通常会引鼠来,我们农村丰收时都会留一点给老鼠,一个是人与自然和谐共处,另外就是象征水稻等农作物像老鼠一样长得好,也为来年丰收做准备。"[①] 按照当地的村民习俗,第一棵秧苗要由"青头"姑娘来栽。姑娘家里需有健康长寿的老人、活泼可爱的孩子,最好是四世同堂家庭,家风家教良好。这样才能代表全村一年新的希望和好运。若是选取的几个家庭均符合条件,则要求选择在当地名声、地位等条件最好的一家作为代表。这是当地壮族习俗中的不成文规矩。从对家教家风的重视程度,可以看到当地群众对村落中尊德守礼传统礼俗的重视程度。

文山州壮族有新婚后不落夫家的习俗,不落夫家习俗与插秧习俗贯穿于整个农作物耕种和日常生活。由村落选出的第一位插秧者在栽种好秧苗后,其他亲属方可帮忙栽种。插秧人员的组成也是很有讲究的,通常需有刚嫁进村的新媳妇加入插秧队伍。壮族的不落夫家习俗,其中重要的规矩是夫妻新婚之后不能同住在一起。新娘在结婚后一般不会住在男方家中,但到插秧等生产劳作的时节则要回到夫家帮忙。新郎家中生产生活等大事都需要等新娘回到夫家,一方面能够体现一家人和睦团结的家族力量,另一方面也是通过劳作的方式考验新娘的本领和增进家族情感。此时新郎家中的哥哥、嫂子、弟弟、妹妹、婶婶等人会去接新娘到男方家。在插秧的过程中,待青头姑娘的小姑子等亲属栽种完后,大家会在田地里围着看新娘栽种秧苗的动作利不利索。如果新娘栽种动作不利索,大家会用开玩笑的方式围住她并对她泼水;若新娘栽种动作利索,大家则会用传统的壮族山歌对歌进行奖励。通常情况下,人们在稻田劳作之余,会用唱山歌的方式抒发情感、表达内心感受,而对勤劳善良的认可和追求则是共识。村落中的习俗传统诠释着勤奋劳作和善良做人的积极

---

① 访谈对象:侬吉英,37 岁,女,壮族,大木村村民,访谈时间:2023 年 11 月 24 日。

形象,习俗传承中体现的文化传统内在价值,促进着家族成员的共同认知和体验感受。

全村人重视的插秧劳作时节,体现出的是壮族群众对年轻一代的爱护和帮助。当地壮族群众对祖先和长辈的尊敬之情也会在此类重要时刻进行表达,进一步诠释生产生活习俗中的文化传统内涵。村民们在田野里插秧的时候,家中的老人们也不停歇。他们会用地方传统的习俗表达方式,表示对祖先的尊敬和感恩。通常老人在家中祭献米饭、肉、米酒等,菜品需要准备单数,数量以三碗、五碗等为好。此时向家族历代祖宗祭献是表达对祖宗的感恩、对家族兴旺的愿望。此类传统流传壮族村落已久。人们不仅在日常生活中追崇尊老爱幼之美德,在村落或家族重要的礼俗场合之中,也需表达崇敬之意。此类文化传统的传承和弘扬,对村落内部的行为规范和秩序规则起到了促进作用。

大木村的插秧习俗与乡村社会关联程度较深,体现了村落民俗传统展演与村民行为规范维系、乡村社会运行等方面有效衔接的关系。村落流传已久且广受大家关注的集体"祭竜"礼俗则展现出村落的价值认知和村民集体观念。大木村每年农历三月三举办的集体祭礼称为祭竜。本部分主要阐释集体活动的外在表现和内在价值,探讨其在乡村治理过程中表现出的运行秩序等。村落传统和隆重的三月三集体礼俗活动,将习俗与社会互动实践联系了起来。从此类礼俗实践的目的意义方面阐释,将护佑村落集体的山神纳入全村老少礼俗实践范围,实现了对村落农业、土地、村民等的礼俗祈福互动。此类集体礼俗实践体现了村落集体目标、集体认知、集体禁忌和集体行动,不仅包括对村落统一的时间、地点的规定,还有一致的礼俗性目的,村落中的参与人员、共同事项规约等也是礼俗事项的重要内容。笔者研究传统习俗与现代社会发展之间的关联,发现集体礼俗活动正是全村群众具有统一价值观的集体行为。从内涵方面来看,此类礼仪不仅是村民们对时间、地点、行动等的统一规约,而且是以一致性目的为依托,对村民集体的一致性价值认知、行为规范的约束和塑造。我们不能以单一的界定方式阐述其礼俗性,而应在具有地方性特色的传统习俗基础之上,解读其内涵的规约价值、行动规范等现代特质。在此基础上,笔者从以下几个方面通过表象内容,解释其在乡村社会秩序层面的深层内涵。

首先,从集体的行动规范来看,大木村三月三祭竜礼俗常具有统一的行动规约,可从禁忌、时间、地点、准备、人员等方面的约定进行解释,不仅是对村民集体行动的共同约定,也是对村落集体共同价值的考量。村民在村落神秘的山林内举办集体祭祀,平日没有祭祀之时不能擅自前往。村民们的集体约定是在集体祭祀期间由各家各户代表一同前往。在举办集体祭祀期间,村民不能说脏话、骂人、随地大小便、吐口水等,这些行为均被视为不敬举止。从某种程度上说,这是对村民的行为举止的规范性约定,通常也在日常生活中对村民起到一定制约和规范作用。此项礼俗对参与成员的集体约定是较具特殊性的,参与礼俗活动的人员需是本村群众或上门的女婿等,有本村身份方可参加。从礼俗活动参与人员的组成情况分析,本村参与人员的内部组成明确了礼俗界定的具体范围,外村人不能参与到礼俗活动之中。参与的村民不能告诉外人竜林地点,而村落的礼俗时间由十二生肖选择确定,不同村落根据不同的实际情况进行约定。

其次,在此项礼俗活动确定的前几天,会由村主任通知全村村民参加活动需要提前准备的物品等,全村通过集体商议开始准备敬献用品。从活动当天起算,连续三天全村人不得干活,以表达对祭祀的重视,同时也为年轻人对唱山歌、增进感情以及全村庆祝等创造条件。在举办此类礼俗活动期间,村落内不能出现争吵等,否则会被认为影响村民们一年的运势。村民介绍说:"以前是规定五天不得劳作,现在是三天不能下地,否则就是对山神的不敬。如果哪家干活,全村其他人家也会去劝阻,因为这是大家约定的事情,全体村民都要遵守。"[①] 通常情况下,参与活动的人员均为全村各家各户的代表,他们是各家各户的当家人,也是全村年轻力壮的人或受人尊敬的长辈。根据村落人口数量、需要准备的事务等,由村委会主任计算出每户承担的费用,在此基础上由各家自行决定捐助金额。通常会由村落组成活动筹备小组,集体准备公牛、羊、猪等,在祭祀当天则用活牲畜祭品供献。祭品的使用很有讲究,居住于水边的壮族不会用水牛祭祀,而旱地群众则使用黄牛或猪。村民们认为母牛要产子,要为村落农业继续贡献力量,故选取公牛进行祭献。除此之外,村民会提前使用前一年产的糯米制作成"龙粑",代表前一年村落丰收、村民幸福,也有祈请当年兴旺之意。这些食物被带到山上后由大家分食。在滇桂边界的大多数村

---

① 访谈对象:侬吉英,37 岁,女,壮族,大木村村民,访谈时间:2023 年 11 月 24 日。

落,都有集体礼俗活动中村民集体分食的习俗。人们通常会在礼俗活动之后现场食用食物,有的是食用煮熟的肉类,有的则是食用糯米粑粑等。在广西百色等地人们会食用糯米糍粑等,放入豆沙等进行调味。这也是较具集体标识性的一个环节。大木村的集体礼俗活动也不例外,村民们在现场会煮熟并集体分食这些食物。滇桂边界区域内集体性的礼俗活动,不仅讲究礼仪规范,也非常重视集体参与。如前所述,从参与人员的界定,到参与活动的集体礼俗事项等,都有明确的规约和规矩。集体参加的礼俗活动则要有现场集体餐食,这不仅成为区域内村落一致的规约,也是村落集体性标识明显的特征。此环节对集体规约的遵守和认同,也代表着村民的集体认知。

再次,作为地方传统文化中传承至今的村落集体活动,大木村的集体祭祀不仅体现出有效的村落集体整合力和行为规范塑造力,而且从礼俗活动的起始阶段到礼毕环节,以村民深度参与的获得感为动力,将村落社会发展与个人价值认知紧密联系起来。从参与成员看,全村各户派人员参加活动。通常强壮的男子或男孩作为各家代表,要带上锅碗瓢盆上山。各家代表在竜山集体煮饭,用于祭祀和集体分食。在仪礼举办过程中,村落各家代表都要折一根树枝,要选择木质好、长势好、有嫩叶的树枝,将树枝插在四周形成一个圆形。村民代表围坐圈子内部,寨老则使用树枝蘸清水洒到现场村民身上,祝福村民全年五谷丰登、家庭兴旺。此类礼俗活动全程仅村落内部人员能够参与,而礼俗完毕后在场村民以户为单位,平分供奉用的牛肉、猪肉等。在笔者参与的文山、百色等地壮族村落集体礼俗中,均有此类分食习俗。

二、村落集体伦理道德与乡村社会运行共识

大木村三月三祭竜礼俗成为连接全村群众内在认知的载体。一年内全村需要商议的重要事项等,均会通过这项集体礼俗活动进行讨论和决策。在传统与现代的治理体系中,传统在推动现代治理体系的构建过程,并以文化传统的规约、信任、伦理等为依托,推动着乡村社会自治的实践和发展。村落中的文化传统价值对乡村社会自治共同体的建设,发挥着至关重要的推动作用,其中的道德示范、伦理价值、行为规范等作用,助力形成乡村社会德治与自治的有效链接,不仅为本村村民提供了较具示范效应的行动遵循,同时也塑造和扩大着德治的强大动能。大木村的祭竜礼俗完毕后,各家各户代表们围坐一起

共同商议村内大事。村委会主任则会将村落一年的发展计划进行通报,内容涉及村落道路建设、房屋建筑、环境卫生、农业生产、水源保护等基本情况。全村村民代表要对村委会主任提出的事项逐一进行讨论并提出意见建议,在此基础上形成全村大部分群众代表的共识。这样的集体会议的内涵要义不仅是对村落内在价值的高度集中和认可,也是对村民个体的集体观念和伦理道德的再认识。

　　大木村村民在此类礼俗活动后的集体议事传统延续至今。不断演变的是议事内容的丰富程度和层次内容,而不变的则是村民们对村落共识的集体认知和价值伦理的强化。不同于过去村民们将议事内容刻画在石头上,以此作为全村一年共同遵守的规约和对村民行为的规诫,如今村民们通过会议纪要和现代通信手段等进行记录。祖辈传承至今的文化传统价值内涵仍延续着,这是村落自身发展的净化器。但不同的是,传统传承需要与现代需求相结合,从而发挥在现代社会的正能量功能和作用。以往的行动规约或许仅是对伦理、价值等的约束和提醒,而现代社会运行中乡村治理的自治、德治效能,需要建立在更具现代价值特征的伦理道德基础之上,以阐释其内在的自治价值和德治效能。滇桂边界乡村社会的德治,往往与当地村民的价值观念等联系紧密,而在三治融合的乡村治理体系中,村落德治效能的充分发挥往往要与文化传统的价值伦理进行链接。不仅如此,在顶层设计的大框架下,以自治、德治为两翼的治理模式,将地方文化传统的叙事空间展演于现代乡村社会治理的实践之中。

　　滇桂边界村落集体将自治和德治的互动演绎在集体的伦理认知之中,参与集体礼俗活动成了村落共同认知的重要组成部分。能够参与村落集体的内部礼俗实践,不仅是对村民伦理价值的再升华,也是对身份认同的再强化。大木村参加集体礼俗活动的村民大多会有一种集体荣誉感和幸福感:"好像我要是不参加,我就不是这个村子的人一样。大家不认同我的身份,也不认为我是村子的一分子,我自己心里也过不了这个坎。因为毕竟是村子集体的行为,不参加的话邻居们会有看法,我自己也觉得有种说不出来的感觉。"① 如村民所述,村落的集体礼俗实践活动,在强化村民共同认知的同时,为村民的集体行

---

① 访谈对象:李大雷,45 岁,男,壮族,大木村村民,访谈时间:2023 年 11 月 24 日。

动创造着共同的价值规范和伦理认知规约。在上升至村落共同的治理实践时，笔者看到的集体规约行动不仅是礼俗实践的历史性传承，更是以礼俗实践为载体进行强化的乡村社会自治共同体的生成。这与过去阐释的传统伦理道德在乡村社会的传承不同。在社会快速发展的今天，传统道德和共同价值观强化着乡村社会治理体系的整体结构和运行规范，为乡村社会现代发展的实践提供了具有地方文化传统的行为约束和价值约定。

除了村民集体举办的祭竜礼俗以外，大木村集体的节庆还有很多。虽然内容形式不同且举办时间各异，但对于村民和乡村社会运行来说，相同的是内在价值的约定和认知，也是伦理道德和行动规范的认同。其中壮族六郎节或七郎节极具特色。当地村落会在六月或七月集体举办礼俗活动。从民俗的角度来看，该节庆主要是对当地壮族共同祖辈的崇奉和敬拜。无论是信仰习俗中的共同人物，还是地方传说中的将军，都为地方文化传统中的崇奉祖先和尊师重德的观念树立了道德形象。村民们将传说故事中的人物塑造为地方道德师长的形象。出于感恩和尊重的文化理念，村落传承着独具地方文化特色的六郎节或七郎节，而村民们特别是年轻一代对节庆的参与，也成为一种集体性的感恩教育以及尊敬前辈的教育和引导过程。云南文山州壮族村落六郎节或七郎节举办的时间大致固定在六月或七月。村民们对此类节庆的内在认知感受从崇奉先人到对先贤的敬仰，转变为对区域内村落共同价值的认知。当地群众历来重视对先贤的敬仰和学习，而从年初的集体祭竜礼俗到每年中期六月至七月的习俗，展现出对自然的敬畏和对先贤的尊敬。大木村村民集体的认知从年初持续至年中，且将地方文化传统的内在价值塑造在集体价值认知之中，形成于村落集体的共同规约和尊师重道的集体认知过程中。

大木村的村民群众对道德规约的集体遵循，通常会以节庆节点为依托，将较具地方文化传统特色的价值规范寄托于村民的集体行动和共同认同中。除壮族村落的六郎节或七郎节外，每到七月中旬前后，村落壮族侬氏支系成员会走亲访友，彼此问候，以加深感情。乡亲邻里们会宴请招待，拜亲访友，而不少在外的青年人也会选择短暂回家参加节日，与家人亲朋们互致问候。浓浓的乡愁气息展现在了七月中旬前后，以节庆为节点将故乡、先辈和村民连接起来，将人们对故土的感情寄托和亲人的关心爱护相关联。此处对传统与现代社会的联系进行解读，从而将传统道德、家族美德、家庭品德等结合起来，以德治为基础将节庆中蕴藏的重要价值内涵赋能于乡村治理的现代化实践之中，使之具有构建村落自治共同体的价值规范、道德示范效应。村落社会的伦理道德并不是简单的延续，而是在此基础上通过道德浸润的方式，发挥着节庆德育的价值功能，进而将其内在伦理品德运用于现实社会之中，实现文化传统内在价值的传承和创造。

　　除年初和年中举办的集体节庆礼俗活动外，大木村下半年的集体习俗实践，主要以村民的感恩、重德等伦理道德为主题。八月十五被称作当地的尝新节、丰收节，村民们会用丰收的成果敬奉祖先，用糯米做成的粑粑、花米饭、水果、板栗等感谢天地先人的恩德。村民们在丰收节尝试以感恩敬德的方式，表达对天地祖宗的感恩和尊重。无论是普通村民还是村落寨老，都需在此类节日中以恰当方式表达出诚意和谢意。村民会把田地里长势最好的水稻用于敬拜。在八月十五节庆中，人们会以此方式对月亮进行敬拜，以表达对天地的敬奉和尊重。此类节庆活动不仅表达了对丰收的喜悦和地方习俗的特色，更为重要的是在传递村落对天地万物感恩之情的同时，也将内在的德育价值传承至村落各家各户，对乡村社会运行中的道德教育发挥着积极的助推作用。大木村八月十五过后重要的节庆是冬至，村民们会感谢劳作一年的牛、马等牲畜。这是在八月谢天地之后，村民们对为人辛勤效力的动物表达谢意。村民们在冬至节气，通常会将牛圈、马圈打扫干净，将一年来丰收的糯米做成糍粑喂给牛、马等牲畜食用，还会把当年的新米加上新鲜食物煮熟给牛、马食用。除此之外，按照地方习俗要把牛、马牵到河边，为它们涮毛、洗澡、修剪等，同时要在牛角粘上糯米，在牛角或牛脖子上拴上红线，对辛勤劳作一年的牲畜表示感谢，并表达对来年农作物耕作的祝福之情。滇桂边界文山州一带壮族群众大多延续了此类习俗。农作物仍是当地群众的主要收入来源，人们对农业生产和家畜的重视，一定程度上反映了村落群众的生命观和价值观。笔者在几场礼俗活动中曾感受到村民的质朴和勤劳。对待为农业生产辛勤劳作的动物，村民们的观念是以感谢其辛勤劳作和付出为主。对动物的感激之情也传递着村民内心善良的情感。对于乡村社会的建设运行来说，以基层最质朴的规约力量塑造村民道德、认知、思考等，相对来说是较易得到肯定的。

　　大木村村民共同的价值情感和集体荣誉感，往往表现为村民在治理实践中积极参与、主动履职的过程。文化传统的规约价值为构建共同规范奠定了实践基础,也为村民集体参与建设共同家园提供了规则规约和引导示范。村民集体的习俗传统为村落运行提供了较具价值的规范条款。然而,随着现代社会发展,村民们依然遵守着传统习俗的规约内容,该规约为村民参与和建设共同家园提供了积极的引导和参考。文化传统的内在价值在其中起到了有效的示范效应,这是滇桂边界传统村落建设中积极的传统文化价值。

第二节　以村规民约为导向,
扩大地方文化潜能释放效应

滇桂边界村落运行中的村规民约贴近群众日常生产生活,是集体约定俗成的规范和条款,通常具有约束性、基础性和公认性。乡村社会的良好运行和秩序规范离不开公序良俗和村规民约的正常运行。村规民约既是村落运行的基础性约定,也是乡村社会基础性的运行条款和公告。乡村振兴离不开村民集体认同的约定,也离不开以村规民约为条款的村民自治规范。通常情况下,自上而下的制度规定和条款规约的执行和落实,涉及从顶层设计到基层执行的衔接过程,还涉及多样形态、多元文化和多层实践路径,而村规民约的实践导向,其实是一种由上至下产生的对接和执行衔接过程,也即将村规民约的潜在效应更接地气和更可操作地显现出来。

滇桂边界的不少村落具有地方文化特色。大木村作为典型的壮族村落,在文化传统的内在价值和蕴藏方面,不仅传承和沿袭着祖辈的习俗传统内在价值规范,也将其文化传统内涵呈现于村规民约之中。其内在的村落文化传统价值为村落群众所认知和认可,村落运行的独特性和特色化往往通过基础的村规民约呈现出来。从大木村村规民约顺口溜,可以看出朴素生动的内容,顺口溜为:"听党话、跟党走,群众思想要跟好;会说话、懂礼貌,尊老爱幼做得好;爱卫生、收好家,家庭环境卫生好;抓经济、不能懒,勤劳致富表率好;倡新风、除陋习,婚丧喜事从简好;守资源、护林木,生态环境保护好。"[1] 村规民约作为村民看得懂、说得出、能遵守的规范,为乡村秩序运行发挥着重要的作用。滇桂边界村落村规民约与乡村发展、村落建设和村民利益息息相关,为各

---

① 材料由砚山县大木村村委会 2023 年 11 月 25 日提供。

类日常性事务的通俗化体验和规定,也即村落乡土社会有效运行的基础性共同规范。以大木村为例,其村落运行就有基于红白理事会、村民议事会、道德评议会、禁毒禁赌会的"四会"村规民约;在具体操作层面,通过村落重大事项决策的集体议事等环节,为当地乡村社会群众集体提供规范约定和公约规则。

一、为乡村社会自治提供有效保障措施

滇桂边界山区村落中淳朴的乡风民俗,通常会建立在村落运行实践、乡土文化传承、乡村社会传统等要素之上。区域内乡村振兴离不开乡村社会运行的良好秩序,同时也接受广大群众共同认知和认同的乡土社会约定规则。以村规民约为基础条款和保障规约,使得乡土社会发展更易为地方群众所接受和认知,从而提升了村规民约在乡土社会运行中的执行效力。大木村的社会治理以自治为群众基层保障,保障着村落的基础性规约的协调落实。以大木村"四会"为例,人们对村落社会发展和群众交往的最直接认知,往往基于红白理事会、村民议事会、道德评议会、禁毒禁赌会等的村民规约。落实在村落自治层面的乡土规约,是村民日常生活中较易接受的集体规约,是村民生产生活中的共同约定。在红白理事会规约中就有村民集体的处事规范和约定,在村民议事会中也有村落民俗的共同约定。共同的特点是村落集体重视且遵守的集体事项和对民俗规范的认识,也是与大木村村民息息相关的日常规范条款。这些民俗条款为乡村社会自治秩序提供了基础性保障。

滇桂边界乡土社会通常重视婚丧宴请,区域内村落的特点是以村规民约的形式对各类宴请予以节制。不仅从砚山县大木村的村规民约中可分析其基本特征,区域内的西畴县村落也同样可找到类似规范。笔者通过比较分析对其中较具特色的规约条款进行梳理,展现出简约化的送客宴请村规民约。大木村的村落规约集中展示出杜绝铺张浪费、抵制愚昧陋习的观念,积极倡导健康文明的宴请风俗。村落中此类规约如下:"破除铺张浪费、愚昧落后的陋习,做到婚事新办、丧事简办,倡导文明、健康、科学的生活方式。"[①] 乡村社会的人情世故多见于各类摆酒宴请之中,人们对"面子"观念的认知大多可通过各类酒席等场合进行诠释。普遍的地方习俗则常以"门面"式的乡土规矩进行传

---

① 材料由砚山县大木村村委会 2023 年 11 月 25 日提供。

递和表达。刻画于乡土社会中的礼尚往来等地方习俗,可用走亲访友、邻里来往等词语进行形容。表面上看似普通的村民间的宴请来往,深层次却透露着乡土社会中的人情往来、家庭"面子"等。宴请是乡村社会中备受村民关注的大事,通常也被认为是村落日常生活中的要事。通常来讲,滇桂边界一带山区村落相比城镇而言,较具地方特色的是村民们对"面子"的理解和认知。村民对各类家族宴请的重视,常会表现为游走他乡的外出村民会择时回乡宴请,不少在村的村民会在节假日为家中老人办酒祝福,每逢家族成员重要人生阶段会为家人办宴。村民在你来我往中形成了微妙的邻里互动关系,相互攀比、讲究排场的情况也会时有发生。对于相对贫困的滇桂边界山区来说,过于铺张浪费的乡村宴请,常常造成对社会风气、观念心理等的不良影响。

滇桂边界山区村民的集体需求与乡村运行规范之间的不适应性调和,建立在乡村社会秩序规范的有效运行基础之上。调动广大村民的积极性并建构形成村民自治的运行保障,离不开村民们共同认可的秩序运行规约和公序良俗。为充分尊重村民的主体需求和集体愿望,建立贴近地气的村规民约,还需考虑符合社会规范要求的村落基层运行规约。除了大木村集体活动的公约规定条款,区域内的山区村落在满足村民们宴客访友需求的同时,将宴请规范作为重要内容提及商议。西畴县谷雨村规定如下:"破除陈规旧俗,弘扬勤俭节约,反对大操大办。倡导喜事新办、丧事从俭,其他事不办。"[①] 这不是单个村落的简单化规定。看似质朴的宴请规范却反映着区域内群众共同关注的焦点和热点,而与村民日常生活联系紧密的规约,作为村民需求的重要条款内容,难以得到上位规则的细节规定,却对村民们的日常生活产生着很大影响,一定程度上促使此类规约成为村民自治的基础保障和乡土规范。

滇桂边界村规民约对乡村社会秩序的约定,大多是在尊重群众主体能动性的基础上,对群众集体行动和主体观念的规范认知。在规约的认识和执行上要以尊重群众主体习俗观念为主,还要充分发挥群众的主体能动和集体力量,促使群众共同遵守。这些联系群众进而发挥乡村自治效能的经验做法,构成了区域内乡村社会自治的群众基础和集体认同。大木村的婚丧礼俗中对村规民约的约定,就以质朴且易为群众接受的形式进行呈现。村落对操办婚事

---

① 根据 2024 年 1 月 23 日西畴县谷雨村村委会提供的材料整理。

的约定如下:"婚事坚持新事新办,废除陈规陋习,倡导举办集体婚礼或有意义的义务植树、联欢会等,既要气氛热烈又要文明节俭。不准讲排场、摆阔气,不准相互攀比,不能借钱办婚事。不论红白事,不得超过 20 桌;当日举办婚丧嫁娶,席数严格控在 20 桌以内,每超一桌罚款 50 元。"① 大木村婚事规约表现出的村民集体观念,往往通过尊重村民集体的行为规范,体现出对村落整体的平衡性示范。

村民群众是乡村社会自治的主要群体。在积极落实自上而下的规章条款时,要将更易接近村民群众主体的实践认知和价值观念传递至村落每一个人,使之形成乡村自治的主动力量和积极因子。大木村就有关于村民自治的规约,其主要内容将村民作为组织者、参与者和执行者,其中有关禁毒禁赌会组织者的团队规约如下:"禁毒禁赌会设主任 1 名、副主任 2 名、成员 2 名。主任由村委会主任担任,为禁毒禁赌工作的第一责任人;支部书记为副主任,成员由副组长、党员代表、群众代表或有威望的村民组成。"② 有关村民议事会的内容如下:"村民议事会的职责和任务,是监督本村环境卫生治理,督促保洁人员按时打扫本村卫生,引导村民认真执行好门前'五包'责任制;大力提倡移风易俗,杜绝大操大办,反对铺张浪费,破除封建迷信,推动乡村精神文明建设的健康发展;严厉打击本村范围内的赌博行为,禁止赌博,发现赌博行为及时劝导、举报;议事会成员可应邀参加村党支部、村小组召集的有关会议,必须按时参加议事会召开的所有会议。"③ 有关村民自我组织、自我服务的村规民约,对乡村社会的运行起到了积极促进作用。不仅如此,禁毒禁赌会中有关村民自我监督、自我服务的规约条款,更是将村民群众监督的主体行为和主要内容通过规约的形式加以强化。禁毒禁赌会中有关强化自治的内容如下:"为进一步做好禁毒禁赌工作,提高全民禁毒禁赌意识,确保全体村民健康平安,特成立大木村禁毒禁赌会,营造人人禁毒禁赌、人人拒毒拒赌的社会氛围。"这是从村落禁毒禁赌的角度进行的整体概述,而从具体操作层面进行的解释,更能体现出自治规约的村落适用和组织实践性。有关村落自治中禁毒禁赌的工作步

---

① 根据 2023 年 11 月 25—30 日砚山县大木村村委会提供的材料整理。
② 根据 2023 年 11 月 25—30 日砚山县大木村村委会提供的材料整理。
③ 根据 2023 年 11 月 25—30 日砚山县大木村村委会提供的材料整理。

骤表述如下:"一是不定期走访,及时发现赌博窝点及具有吸毒倾向人员或已开始吸毒的'瘾君子',做好台账记录;二是对吸毒人员进行思想教育,极力说服,对知错悔改的强化监督促其彻底改正;对于屡教不改的,交由公安机关处理;三是禁毒禁赌会根据实际情况召开会议,及时将工作进展情况上报社区。"[①] 这是依法对村落违法行为的纠正和惩治,应该说此类规约在经过村民集体讨论通过后,形成了村落社会自我监督检查、自我规范约束的积极力量。从婚丧宴请等民俗集体活动到禁毒禁赌,乡村社会自治规约落实到了民俗类、法规类等多个层次,也在村落社会发展的多个层面得到执行,使得村规民约的落实和执行体现了村民主体性和集体性,一定程度上将村规民约中的积极要素转化成为村落中集体自治的民俗活动规约和行动价值规范。

滇桂边界村落群众的自我服务管理和组织宣传效能,能够质朴和真实地反映出地方群众的真实感受和所思所需。区域内山区村落集体以抓经济、促发展为主体的村民愿景,促进了群众对法律法规的遵守。区域内不少村落的村规民约,就有学技术、能吃苦、进工厂、入车间等条款,不仅要求村民要认真做事和吃苦耐劳,同时也用村民能够听得懂的语言进行了表述。大木村的村规民约有关此类规约的描述如下:"要抓经济、不能懒,寨子的所有劳动力要学技术、吃得苦,栽地要向栽得好的学习,不要把地荒掉;到工地做工要相互带动,一个喊着一个点;出村打工要好好干,争取在工厂稳得住、能提拔;在家多到村内的扶贫车间做事;好吃懒做要不得,过节聚会不要都参加;喝酒要克制点,不要一天醉醺醺的误事。"[②] 村民用地方化的通俗语言表达关注的话题,使得村落自治团队对共同目标的追求更接地气。多样化的自治手段,让村落的自治条款更为突显民生特点和民意内容。村落的管理也将自上而下的规约模式,放置到村落建设的基础民生规约之中,塑造了规约下村民的规范行动。除了对经济产业发展的共同追求之外,倡导乡村新风气、新风俗的宣传,将村落自治条款表现得贴近民意,地方特色突出。大木村的村规民约反映的生活关怀和村民关注事项集中表现如下:"要倡新风、除陋习,大家做事要讲诚信,有贷款要按期还;讨亲嫁女要简办,随礼不得超过 100 块,进新房、满月酒、周

---

① 根据 2023 年 11 月 25—30 日砚山县大木村村委会提供的材料整理。
② 根据 2023 年 11 月 25—30 日砚山县大木村村委会提供的材料整理。

岁客、过寿不得办,有亲人过世要火化,祭头要简化,不得请花灯队;不得参与赌博,禁止邪教组织进寨子;小偷小摸不准做,个个都要为寨子的社会治安出份力。"① 从婚丧嫁娶等生活关怀,到社会治安的共同维护,无一不体现出村民群众的集体愿望和自我服务管理能力。如前所述,大木村社会运行中的村规民约常以传统习俗为基础、以现代价值为重点、以行动规约为约束,树立起群众能够认可、认知和认同的规约条款。然而,在以文化传统内在价值为基础的规则条款上,当地村民群众对现代社会的认知,往往建立传统习俗和村规民约两者结合的内容上。这些为村民共同参与村落建设和管理村落事务,提供了乡村社会自治的传统价值和现代规范的引导,一定程度上形成了区域内类似村落自治的有效保障。

二、为乡村社会德治提供集体标准示范

滇桂边界众多村落的村规民约从其内容、内涵和类型来说,是对村民道德品质、价值观念、行为规范等的引导和塑造。从集体规范的共同约束层面分析,其主题内容所要表达的深层内涵是对观念、价值和行动的标准规定。从道德评议会的主题内容分析,其中有对村落集体的道德规范约定和对集体行动实践引导的意图:"为进一步深化以德治村,强化村民道德教育,促进村民道德水平不断提高和村风、民风好转,引导广大村民积极投身思想道德建设实践,在村社区的指导下,成立大木村道德评议会。"② 村落德治为村风、民风树立了统一且有效的规范约定,也为村民思想价值、观念行动塑造了集体性的示范效应和影响。从以德治村的道德示范效应来说,大木村对德治的约定也是较为细致的,弘扬乡村社会正气的内容如下:"坚持'弘扬正气、明辨是非、明礼诚信、构建和谐'的工作方针和'公平、公正、公道'的工作原则,引导群众树立正确的价值观、道德观和是非观,营造良好的村风、民风。"③ 从基本内容的约定来看,乡村公平公道的正气将村落凝聚起来,形成了大木村村民道德观念的一贯性示范引领。

乡村治理的善治实践往往是广大人民群众对幸福感、获得感的追求过程。

---

① 根据 2023 年 11 月 25—30 日砚山县大木村村委会提供的材料整理。
② 根据 2023 年 11 月 25—30 日砚山县大木村村委会提供的材料整理。
③ 根据 2023 年 11 月 25—30 日砚山县大木村村委会提供的材料整理。

滇桂边界山区村落的善治追求,也同样建立在人民群众对幸福感、获得感的追求之上。笔者在对滇桂边界村落的实地调查基础上,探索各地传统文化蕴含着的内在价值传统,分析其所能带来的深层次内在价值塑造和影响,阐述村民价值观念的内在动能如何更好地适应现代社会发展。村落对道德价值的关注和引导,可以说是从村落集体层面进行设计的,例如,从组成人员来看:"道德评议会议设会长1人、副会长2人、会员2人……采取群众推荐的方式产生。"①大木村的道德评议会,总体以有知识、有文化的人员为主,从侧面反映出村落社会对知识文化、道德礼仪等的崇尚,而从村落对和谐价值、美丽村落的追求层面分析,大木村的村规民约对乡村社会人际关系进行了规约示范:"要会说话、懂礼貌。我壮家人要发扬老辈一些好的传统,要尊敬老人,赡养老人,爱护教育好小娃,不得让小娃初中都读不完就回来,两口子要相互尊重,与隔壁邻居相处要相互理解,有事好好说,实在说不通要报告村干部。"②村规民约用直白的语言表述村落发展的礼仪规范约束,贯穿了尊老爱幼、家庭和睦、邻里团结等方面的内容。在对村落社会人际关系规约的基础上,人们对日常生活中的道德规范、行为准则进行了具体化、简约式的规定,其主要内容如下:"要爱卫生、收好家。古话说,笑脏不笑烂,我们要像爱护自己的脸一样爱护我们寨子的卫生,按要求参加村内大扫除;放牛要扛铲铲,养鸡养狗要关起来,跑出来呢哪个见着可以抓了杀吃掉;厕所要有化粪池,不随意向公路排污水;各家要收好家,吃完饭要收洗干净,堂屋要整洁,院子要栽点花花草草和果树。"③上面用最质朴的语言对村落整洁、行为规范、卫生整齐等的规范性约束,是对村落建设、良好秩序进行界定和解释,使得乡村社会的德治效应释放于村落建设、村民行动、集体行为之中。不仅如此,对邻里关系、村寨纠纷等矛盾性事件的处理,更突显出村落道德评议会的作用,"客观公正、积极主动解决家庭、邻里、干群之间的各类矛盾纠纷。协助村小组及社区完成各项重大工作任务,协助完成大木村各项规定的落实。""参与村上的重大矛盾纠纷听证和调解活动,参与群众集体上访事件的劝解、疏导工作。"④村落矛盾的化解和纠纷处

---

① 根据 2023 年 11 月 25—30 日砚山县大木村村委会提供的材料整理。
② 根据 2023 年 11 月 25—30 日砚山县大木村村委会提供的材料整理。
③ 根据 2023 年 11 月 25—30 日砚山县大木村村委会提供的材料整理。
④ 根据 2023 年 11 月 25—30 日砚山县大木村村委会提供的材料整理。

置,贯穿于村落社会运行和人际关系处理之中。

　　道德示范效应不仅是对乡村社会治理中德治效能的规约,更在实践过程中通过对道德价值示范的引领,为村落社会运行提供直观、直接的规范引导。大木村以评选优秀的方式,初步探索出道德引领规则,将文明卫生耦合于家族内部日常关系、村落内部环境、乡邻处世方式等内容之中。相关内容有"组织群众开展'好媳妇好婆婆''文明家庭''环境卫生文明户'等评议活动,对本村内的不良言行,运用群众的强大舆论和正义呼声进行遏制"①。发动群众力量和相互比较的力量,这在乡村治理的德治实践中具有积极的群众优势,而村落群众对道德价值的认知和共识,有时则建立在乡土社会中村民"面子"意识的基础之上。从乡村治理中的德治效能出发,似乎不只需从主体能动的认知角度解释道德规范的作用和力量。在多元文化共同作用的现代社会中,乡村社会中的民俗规约作用建立在了主体认知、比较认识、集体共识等层面上。在多重力量互动协调之下,滇桂边界传统的村落社会蕴含着的内在文化传统,需在习俗演进中与乡村社会进行互动。村落集体层面的基本规范和村民价值认知,在乡土社会协调运行和秩序规范中呈现出的道德价值动能,在个体认知基础上展示了村民互动过程中的个体比较、集体约束和内在规约作用。

　　区域内传统与现代整合型村落,通常以文化传统内在价值为底蕴,结合现代社会发展特点和要求,整合形成村落建设的集体和个人德治规范。此类村落的乡村治理实践的特点是将传统价值与现代社会相整合。即使整合形态各异,但其探索实践的路径,通常会建立在地方文化传统的价值优势之上,特别是在德治建设等方面,发挥了具有地方社会传统与现代整合特色的优势。

三、以基层民意为基础,助力乡村社会法治建设

　　三治融合的乡村治理体系受到了学界和乡村治理实践层面关注。在健全自治、法治、德治三治融合的乡村治理体系实施路径方面,在自上而下的顶层设计框架之中,促使村民明白实施路径和措施,是乡村社会真正实现共建共治共享的重要关节点和通道。滇桂边界村规民约对德治的个人价值、集体联动的影响,对助力乡村社会自治建设起到了积极的辅助和助推作用。村民对村

---

① 根据 2023 年 11 月 25—30 日砚山县大木村村委会提供的材料整理。

规民约的认识是从集体认知的层面表达最基层的愿望。大木村红白理事会的第一条村规民约,即"积极向群众宣传党的路线、方针、政策,引导群众移风易俗,认真贯彻落实上级有关办理婚丧嫁娶各项事宜的规定"。① 在自上而下的法规规定下,引导群众移风易俗应从落实好政策的规定,使村规民约的表达形式和内容呈现更具地方特征等方面着手。村落的丧事委员会对落实好国家丧葬法律法规方面的表述,内容如下:"要坚决执行上级有关规定,协助乡镇、社区抓好本村的丧葬工作,从简操办丧事,不准大操大办,坟墓必须建在本村统一规划的公墓内,不得随意乱葬乱埋,不得建造大墓、豪华墓、活人墓。"② 可以看到,村落中婚丧事务的民约规则,在符合法律法规大框架下,以村民熟悉的方式集中表达和呈现,这是村规民约的外在表达方式和内在活力呈现方式。

滇桂边界村落通过村规民约传递着法律法规条款,这些村规民约的执行力无疑会对开展村落法治建设起到关键作用。滇桂边界乡村社会的法治建设,从落实好自上而下的法律法规的角度分析,要保障国家法律法规在基层的有效执行力度,落实好自上而下的规章要求。基层群众对法律法规的认识和落实关系到法律法规的落地生效,同时也关系到乡村社会法治建设的持续有效。从严肃的管理制度规范分析,有效的落实和执行力度,使得村民们对相关法律法规有了深入了解和认识的机会,从而积极实现法律法规在乡村社会的有效执行。在大木村村民议事会职责中,要求村民依法落实好相关工作的规约较为质朴和务实,主要内容如下:"村民议事会职责由村小组会议授权,对全体村民负责;讨论决定涉及全体村民利益的重大问题;广泛听取和收集群众意见和建议,及时向村党支部、村小组反映村民的意愿和要求;协助监督村小组干部依法管理村集体所有土地、林地、水利设施和其他公共财产,监督村集体财务的收支情况;协助村小组干部维护本村的生产、生活秩序,管理好本村日常事务工作;协调和解决本村村民之间的利益矛盾和问题,促进村民之间的和睦相处。"③ 对于村落集体重视的土地、林地等的使用,以及各类公共设施的使用和监督管理,村落出台了规定。在依法依规落实好上级要求的前提下,村落将其

---

① 根据 2023 年 11 月 25—30 日砚山县大木村村委会提供的材料整理。
② 根据 2023 年 11 月 25—30 日砚山县大木村村委会提供的材料整理。
③ 根据 2023 年 11 月 25—30 日砚山县大木村村委会提供的材料整理。

主要的规约建立在顶层设计的框架范围之内,将村民们较为熟悉、较易认知的规约条款内容运用于村规民约之中。以法律法规为大框架和背景,在村落禁毒禁赌会的有关村规民约中,大木村禁毒禁赌会更加突显的是村民对法律法规的学习,其主要内容如下:"一是加强宣传教育,积极向村民宣传国家的法律、法规,让村民学法、懂法,提高群众对毒品及赌博危害性、严重性的认识,提升全民禁毒禁赌意识。二是全面掌握摸清吸毒人员、赌博人员底数,对吸毒、赌博人员进行帮教,定期分析检查帮教工作,及时掌握被帮教人员动态。三是组织发动群众同毒品、赌博犯罪行为做斗争,积极向公安机关检举揭发参与赌博、吸毒的人和事。四是积极开展丰富多彩健康有益的文体活动,让村民远离毒品赌博,有效地遏制毒品蔓延势头和赌博行为。"可见,在法治建设的大框架之下,大木村的禁毒禁赌会将严谨的法律法规条款进行了逐项解析和梳理。在对法律法规的学习认识方面,村落强调对学法、知法、守法、懂法的解释和规定,也有提高对违法行为的认识等表述,从检查教育的角度对法律法规条款进行了解读。乡村社会法治环境的建设,将助推村落有序运行。

乡村社会的建设运行通过选举具有权威性的村落带头人和示范者,不仅在村落产业致富道路上发挥着重要作用,在进行乡村社会法治建设方面也起着积极的助推作用。从村落自身建设来说,有关村民议事会的叙述就有反映村落建设的内容,其主要内容如下:"大木村村民议事会成员必须具有较高的政治觉悟和参政议政能力,坚持原则、作风正派、办事公道、热爱集体,在群众中有较高的威信,……设主任 1 名,副主任 2 名,会员 4 名,共 7 人。由本村群众推选产生。村民议事会任期三年,可连选连任。"① 在对村落主要议事事项进行解释的过程中,村规民约所建构的前提有"坚持原则、热爱集体"等具体内容,这些资质条件成了村落自身建设和良好运转的前提条件和重要因素。当然,这也是乡村社会法治建设的前提要求,有带头能力和村落权威的村民群众对推进村落建设起到积极作用。落实和执行好相关法律法规,需要积极且权威的村落带头人的示范和引领。这在大木村的禁毒禁赌会、红白理事会等的村规民约中体现得较为明显。在红白理事会的村规民约中,有对促进乡村振兴、强化社会治理等方面的表述,此类表述虽不是严肃的表达形式,却对乡

---

① 根据 2023 年 11 月 25—30 日砚山县大木村村委会提供的材料整理。

村社会中民俗传统的传承发挥着积极作用,同时也为村落社会的有序运行和法律法规落实发挥着积极促进和推动作用。虽然区域内乡村社会的传统内容、实践类型、形式各异,但在此类型村落的乡村社会建设过程中,群众参与乡村治理实践过程,通常需以传统价值为基础。然而,此类村落村规民约的共同特征,即突出了法治作为顶层设计的内容。这是乡村治理现代化必须遵守的要求,也是村民共同参与自治和德治的重要基础和保障。

第三节　以乡村习俗为载体,
整合多元文化连接和耦合功能

滇桂边界传统与现代整合型村落中,多元文化的价值内涵特色决定了村落治理的多层次属性。在村民们共同参与村落建设、共同参与村落治理和共同享受村落发展成果过程中,村落中的多元习俗传统为地方乡村社会治理提供了德治、自治实践的传统价值塑造效应和现代发展实践要求,将村民参与治理的主体能动性充分调动起来了。滇桂边界山区村落具有丰富的民间习俗传统。从区域内各民族的交融历史来看,这片充满民间故事的土地上不仅流传着壮、瑶等少数民族的传统文化传说,而且汉族的各类传统习俗也充分融入区域内的少数民族传统习俗之中,比如春节、中秋节等均是当地壮族村落中隆重和热闹的节日。村落流传已久的传说串联起了多元文化汇聚所产生的文化效应和能量价值。在滇桂边界多元文化聚集的村落习俗实践之中,地方文化传统的内在价值深刻而又积极地塑造和影响着村民们的行为习惯。从大木村的习俗传统来说,虽然该村落属壮族村寨,但汇聚了汉、壮等民族的习俗传统特色。以春节、中秋节、端午节、重阳节等节庆活动为重要内容,村落中上演了热闹的节日"盛宴"。在大木村较具特色的小孩庆生、成人礼等习俗之中,也充分体现出村落中的多元文化汇聚和连接整合效应。如前所述,村落中的三月三集体礼俗活动,就有对乡村社会秩序的正能量整合和价值塑造作用,从中表现出来的乡村习俗更是村民世代传承的传统,也是村落中多元文化整合的集中体现。笔者试图寻找多元文化在乡村社会发展中的功能效应,对群众重视或利益性强的礼俗活动进行了分析。

　　以村民重视的传统习俗为载体,表现出的村落礼俗特色和村民价值观念将习俗传统中蕴含着的文化传统效能释放出来,反映在了村民们有关日常习俗的价值观念和行动实践之中。在孩童满月、后代订婚、小孩成人礼仪等礼俗之中,大木村村民反映出具有地方特色的传统文化观念。无论其礼俗展演形式,还是对乡村社会习俗传统的传承实践,都充满了村落社会礼俗传承的传统魅力。如在村落中小孩满十一天或满月时,壮族村民会为小孩穿新衣,并在衣服上戴饰品,选用崭新的背带。具有特色的是,小孩母亲的娘家还会选择一根较重且挺拔的树木带到亲家的家中,这根树木要求与亲家房屋的柱子高度相似。男性负责准备这根树木,小孩的衣服则在母亲怀孕时就准备好。按当地习俗,这些礼物的准备代表了娘家是女儿的靠山,娘家参与的人越多代表家族越兴旺发达。通常情况下,娘家人带着礼品来到亲家家中后,要将礼品摆放在堂屋内,首先要祭拜祖先,表达对祖先的尊重和敬意;此后要将带来的树木拿去顶房屋,顶柱子通常由新娘的大哥、二哥来完成;若家中都是女儿,则可由新娘的叔叔或伯伯来代替。总之,参与的人越多越能代表娘家人对后代支撑的底气。在过去村落生活较困难的年代,此项礼俗中女方通常负责准备小孩衣服,男方负责准备食品,在礼俗当天合作完成活动。如今村民们早已过上丰衣足食的生活,大家对分工也不再明确。此项礼俗深层的含义表明了家族团结的重要性,团结能够产生力量,团结能够带来希望。的确如此,乡村社会秩序离不开亲人的支持和团结友爱,也离不开乡村邻里的互助。

　　除了大木村为孩童祝福的传统礼俗外,滇桂边界地区的成人礼也较具地方传统特色。举办小孩成人礼仪的祝福活动,反映了村民们对家族兴旺、生活幸福、孩童茁壮成长的积极追求。以大木村成人礼为例,小孩满18岁则要举办成人礼俗活动。通常情况下,家中长辈会到山上找树枝,并从山泉水出水口带回泉水,将树枝沾上山泉水后洒到小孩身上,这样做的寓意是祝福小孩茁壮成长、平安健康。村落中成人礼习俗关系到村民对自然、生态、环境等的认识。村民选取的树枝通常是挺拔且茁壮的枝条,而使用泉水则表现了对生态环境的保护观念。村落后山的山泉被认为是灌溉农田、哺育后代的重要资源,村民们世代保护和爱惜着大自然的馈赠。大木村的村规民约中包含了爱护环境、珍惜资源的规定,其中有关保护森林资源、不得毁林开荒的约定主要内容如下:"要保护好我们的森林资源,不得在林区放火,发现火情,一家一个男劳动力去打火;不得毁林开荒,发现要重处;建房要向村上申请,不得乱占耕地建房。不得露天焚烧农作物秸秆、落叶、杂草、垃圾等,如果发现,每起扣积分5～10分;同时设举报奖励,如果举报属实,每起奖励5个积分。"[1] 村民们用质朴的语言对森林资源的保护进行了解释。在森林防火、建造房屋、垃圾处理等方面,村民用实际行动维护着大家的共同家园,村规民约发挥了重要的管理作用。笔者在村落调研期间了解到,虽然村民们集体约定形成村规民约,但却对集体约定事项执行得参差不齐。村落试行了村规民约管理规定,采用积分制的形式进行评比打分,而这也是当地乡村治理方式的一项新尝试:以积分制的形式对保护生态环境等进行规约要求,从而实现村民的自我管理和服务,对村民的失信行为处罚也进行了相应的探索尝试。大木村的村规民约中对村民失信行为的惩戒如下:"以上是大家一起商量讨论通过的,每户遵守的情况将采取积分制考核,希望大家共同遵守。如有违者,将按照《村民诚信公约履约服务管理规定》的相关要求执行,违反行为将记入该户诚信公约履约服务卡中。扣分至60分以下的列为本社区失信人员,社区将不再为该户办理任何业务,直至该户整改完成,分值升至60分以上,方能解除失信档案,恢复社区为本户办理业务的服务。只有这样我们寨子才会越来越好。"[2] 作为村民们的共同约定,守护村民们的共同家园成了村落传统,如同地习俗一般浸润着每一位村民的内心,而以积分奖惩的形式制定出来的村规民约,初步探索和实践着适合当地乡村治理的新思路和办法。生态环境资源是与村民传统习俗相互映衬且联系紧密的村落主体。滇桂边界地区不仅在大木村表现出此类传统习俗特色,在区域内其他较具地方传统特色的村落,从村落传统习俗到多元文化汇集,均体现着多元文化连接和整合的特征。

如上所述,在村落地方礼俗中体现出村民爱护后代、团结友好的特点,而与礼俗传统对应的村民规约,深刻地反映了多元文化的耦合和塑造功能。在内在习俗价值与外在行动实践之间,彰显出当地村民生态环保意识和友爱团结的文化传统价值观念。不仅如此,在大木村村前的展示墙上,不仅宣传着壮族传统的习俗观念,还将儒家特色的忠孝故事演绎其中。村头宣传栏展示着"孝感天地""芦衣顺母""刻木事亲""亲尝汤药""鹿乳奉亲""行佣供母"

---

① 根据 2023 年 11 月 25—30 日砚山县大木村村委会提供的材料整理。

② 根据 2023 年 11 月 25—30 日砚山县大木村村委会提供的材料整理。

"啮指痛心""戏彩娱亲""怀橘遗亲""百里负米""扇枕温衾""乳姑不怠""哭竹生笋""卧冰求鲤""尝粪忧心"等孝顺亲人的传世佳话,其故事内容生动丰富且蕴含着感人的孝亲敬老传统。故事中的文化传统内涵也极其深刻地教育和引导着壮族村落群众,成了当地群众日常生活中遵守的行为规范。此处不再对具体故事内容进行解释,而是将故事的内在价值与当地村落习俗传统对接,反映多元传统文化的耦合价值,进一步阐释当地乡村习俗中蕴含着的多元文化内在价值和耦合功能。

在以民俗传统为载体形成的村民价值规约中,滇桂边界传统与现代整合型村落建设发展,集中体现在村民日常生活的价值观念和行为规范中。建立在此基础上的多元文化传统价值不仅表现出村民集体的认知感受,其主体内容通常作用于当地村落发展的村规民约之中,成为村落群众熟悉和认同的地方规范和行动规约,以此为基础作用于村民主体参与村落建设和发展的实践过程。区域内此类型村落的村规民约表现形式,不是单一的规范性约束内容,其主要内容集合了村落传统文化和现代发展要求的精华,将村落传统的内涵价值作用于乡村社会的治理规约和建设规范,一方面激发村民作为治理主体参与村落建设的能动性,另一方面将村落文化传统内在价值与现代乡村社会建设发展相结合,促成了具有当地传统与现代整合型村落特色的乡村治理实践。

第八章 >>

桂西壮族乡村治理中传统文化的现代价值重塑

　　党的十九届五中全会强调"完善共建共治共享的社会治理制度"。① 《中共中央国务院关于加强基层治理体系和治理能力现代化的意见》进一步指出,"注重发挥家庭家教家风在基层治理中的重要作用",② 为加强基层治理体系和治理能力现代化建设提供了理论指导,提出了任务要求。基层治理的善治实践体现为治理效能最大化,这已成为学界普遍关注的热点。善治是体现公共利益最大化的治理过程,本质是国家与社会、政府与公民的协调状态。③ 在健全共建共治共享的乡村治理制度过程中,完善自治、法治、德治相结合的乡村治理体系,强化传统文化的重塑适应与乡村治理的善治耦合,是加强乡村基层治理体系建设的内在需要。

　　在中国社会的多元文化构成中,中华传统文化常被认为具有"元文化"的地位。在当代中国社会转型中,有学者认为社会价值共识的生成,需透过传统建构出价值共识合法性。④ 传统的价值体现在基础性作用上。中华传统文化中的价值和道德维度具有特殊地位,无论儒学还是历史上的外来宗教,道德维

---

① 中国共产党第十九届中央委员会第五次全体会议公报 [M]. 北京:人民出版社,2020:7.

② 中共中央国务院关于加强基层治理体系和治理能力现代化的意见 [EB/OL]. (2021-07-11)[2023-09-19] https://www.gov.cn/gongbao/content/2021/content_5627681.htm.

③ 俞可平. 论国家治理现代化 [M]. 北京:社会科学文献出版社,2014:3.

④ 樊浩. 中国社会价值共识的意识形态期待 [J]. 中国社会科学,2014(7):22.

度的作用价值都非常明显。^① 乡村社会的传统以道德伦理勾连出社会秩序,村落共同体的精神家园蕴含着行为规范、道德伦理、生态平衡,^② 具有乡土特征的文化依附承载了世代传递的精神。乡土社会的传统根植于群众生活,改变乡村传统的前提是对群众日常生活的改造。^③ 对现代转型中的少数民族乡村社会而言,传统文化在形塑地方礼俗秩序的同时,也需要在转型中重塑自身的文化特性和社会功能。

第一节 现有研究框架和文献综述

英国学者霍布斯鲍姆(Hobsbawm)等人认为,社会的快速转型期削弱了与"旧传统"适应的社会模式,在转型中会出现传统的发明。^④ "被发明的传统"采取参照过去的方式回应新形势,暗含着与过去的连续性。^⑤ 霍布斯鲍姆有关传统的发明论述为笔者提供了一个很好的理论参照。结合我国现代社会转型的实际进行分析,金耀基在中国现代化历史背景中阐述了现代化与中国历史的问题,认为中国传统社会是以文化为基础的结构,这是我国现代化进程的特征之一。^⑥

我国少数民族地区的优秀传统文化,带有民族性、地域性和历史性等特征,是在历史长河中形成、演变和传承的结晶。传统与现代并不是互相排斥的关系,现代化的进程需要传统作为价值或精神支撑,传统文化在现代转型中也需要适应新时代发展需要,在发展中充实和调适,以适应新环境和新要求。在以传统为纽带的乡土社会,礼治秩序作为一种典型的文化图式,并不是与法治

---

① 黄宗智. 道德与法律:中国的过去和现在 [J]. 开放时代,2015(1):77.

② 蔡鑫,朱若晗. 链接与赋权:现代性反思视角下乡村文化资本治理与社会工作实践 [J]. 晋阳学刊,2021(2):115.

③ 董思思. 从赤脚医生到仪式专家:传统知识在乡村社会中的延续——一项阅读史的研究 [J]. 开放时代,2019(6):211.

④ Eric Hobsbawm and Terence Ranger. *The Invention of Tradition* [M]. Cambridge:Cambridge University Press, 1983:5.

⑤ [英] 霍布斯鲍姆,兰格. 传统的发明 [M]. 顾杭,庞冠群,译. 南京:译林出版社,2004:2.

⑥ 金耀基. 从传统到现代 [M]. 北京:法律出版社,2017:189.

无关联。① 在二者互补与协调的张力中,存在适应地方乡土特征的整合路径和动力效能。总体来看,基于前人有关传统与乡村治理的研究,可从两个层面进行梳理。

一、现代性语境下传统文化的困境及价值

学者们关注到乡村传统文化在现代社会转型中的困境和优势,一是乡村社会中传统文化价值功能的削弱。有学者认为,现代社会个体主义跨越传统文化边界,脱离祖辈自我膨胀并与同代人疏远。② 随着市场化的加速,村落中原有的文化价值观念和行为形态不断被吞噬,村民之间互惠互助减少,个体主义张扬,个体效能凸显。③ 乡村传统文化的转型困境,或许是乡村传统与现代文化再生产的困境。④ 二是普遍认为应从民族传统中寻找对策。不少学者关注到现代社会转型中传统文化的重要性,有学者认为当前存在个体化、功利化的现代逐利,亟需重建现代转型的传统道德价值。⑤ 当前我国现代化发展中的诸多问题,需从民族传统中寻找对策。⑥ 同时,有学者提出乡村文化在危机中藏匿着形散神聚的实质,具有文化意识和价值认同的生命力。⑦ 以民俗为主体的乡村文化是"潜文化""软法规",蕴含的价值观形成了强大的凝聚力和向心力,对乡村振兴具有重要作用。⑧ 学界普遍关注到了传统文化的价值功能。

---

① 陆益龙. 乡村民间纠纷的异化及其治理路径 [J]. 中国社会科学,2019(10):188.
② 鲍宗豪,赵晓红. 现代性视域下的中国社会秩序重建 [J]. 社会科学,2014(5):84-92.
③ 董磊明,郭俊霞. 乡土社会中的面子观与乡村治理 [J]. 中国社会科学,2017(8):158.
④ 蔡鑫,朱若晗. 链接与赋权:现代性反思视角下乡村文化资本治理与社会工作实践 [J]. 晋阳学刊,2021(2):116.
⑤ 黄宗智. 重新思考"第三领域":中国古今国家与社会的二元合一 [J]. 开放时代,2019(3):31.
⑥ 郭明姬,张亮. 传承和弘扬中华优秀传统文化的人民中心意蕴 [J]. 中国矿业大学学报:社会科学版,2021(5):101.
⑦ 蔡鑫,朱若晗. 链接与赋权:现代性反思视角下乡村文化资本治理与社会工作实践 [J]. 晋阳学刊,2021(2):115.
⑧ 赵艳. 从"乡土中国"到"后乡土中国":民俗文化在乡村振兴战略中的资源价值 [J]. 青海社会科学,2021(2):102;李宸,方雷. 礼序政治:"大一统"叙事的回归与重构 [J]. 开放时代,2021(2):95;郭明姬,张亮. 传承和弘扬中华优秀传统文化的人民中心意蕴 [J]. 中国矿业大学学报:社会科学版,2021(5):101.

二、乡村治理中传统文化的作用和善治实践

关于传统文化对乡村治理的作用,有学者提出乡村治理不应以传统文化流失为代价,产业化发展应服从乡村文化治理逻辑。[①]有学者强调通过村落群众的共同行为,考察村落内部互动的人际联系和村落社会秩序。[②]有学者认为传统的现代价值重构,应保留传统核心和现代价值,摈弃不适宜现代社会发展的内容。[③]另外,乡村治理的善治形态体现在内在和外在的结合上。有学者认为乡村社会善治不仅依靠国家的制度供给和资源给予,乡村内生秩序的生产能力也形成了乡村治理的底盘。[④]有学者分不同层面进行阐述,从共同性空间的层面提出村落仪式等公共性活动扩展了村落文化公共空间,增强了村落凝聚力。[⑤]在村社组织层面,有学者提出传统的村社组织与乡村基层的管理制度形成互补,体现了传统组织和村社现代制度的融合。[⑥]乡贤的引导作用亦受到关注,某种程度上成了村落礼俗文化的传导者。[⑦]

总体而言,乡村要实现治理效能的最大化,需要个体实践、积极参与和价值规范等共同作用,治理效果应体现为村民对美好生活的幸福感受。王春光

① 李永萍. 村庄公共性再造:乡村文化治理的实践逻辑——基于福建省晋江市 S 村移风易俗的实证分析 [J]. 中国农业大学学报:社会科学版,2021(3):80.

② 贺雪峰,仝志辉. 论村庄社会关联——兼论村庄秩序的社会基础 [J]. 中国社会科学,2002(3):124-125.

③ 萧放,何斯琴. 礼俗互动中的人生礼仪传统研究 [J]. 民俗研究,2019(6):91;宣朝庆,葛珊. 村庄公共性再生产与祭祖活动公共化的蜕变——浙江省 G 村祠祭仪式考察 [J]. 民俗研究,2021(3):91-92.

④ 董磊明,郭俊霞. 乡土社会中的面子观与乡村治理 [J]. 中国社会科学,2017(8):147.

⑤ 宣朝庆,葛珊. 村庄公共性再生产与祭祖活动公共化的蜕变——浙江省 G 村祠祭仪式考察 [J]. 民俗研究,2021(3):61;宋建晓. 台湾妈祖信俗与乡土社会的互动发展研究 [J]. 世界宗教研究,2019(4):108-111;杨洪林,顿山. 农民再组织化与乡村振兴——以贵州省 Z 县"新时代乡村青年农民学校"建设的村治实践为例 [J]. 云南民族大学学报:哲学社会科学版,2021(3):112.

⑥ 王欣,王焕午. 乡村都市化背景下傣族村社制度的再生产与社区治理——以云南西双版纳曼村为例 [J]. 中国农业大学学报:社会科学版,2021(2):90;马良灿,哈洪颖. 新型乡村社区组织体系建设何以可能——兼论乡村振兴的组织基础建设 [J]. 福建师范大学学报:哲学社会科学版,2021(3):73.

⑦ 张兴宇. 礼俗化:新乡贤的组织方式及其文化逻辑 [J]. 民俗研究,2020(3):156;柏宏媛. 乡村治理视域下培育现代乡贤的困境与对策 [J]. 农业经济,2021(6):69.

认为要让更多的农村青年留在乡村,投身于乡村建设,就要顺应他们的主体性自觉并满足他们对美好生活的追求。[①] 群众的主体能动性和内生动力,在乡村治理中具有动力激发和促进价值追求的作用。在乡村治理中建立具有凝聚力和向心力的善治体系,需要村民的积极参与,更需要群众的情感和价值的互动交流。

第二节　传统文化与壮族乡村治理的多维耦合空间

　　列斐伏尔(Lefebvre)从空间的维度解释社会空间,在空间的主客体视角论述基础上,构建空间研究的理论转向,认为空间是社会产物,空间在社会关系的建构、维系中彰显特性。[②] 在《空间的生产》中,他的关注点从空间中的生产转变为空间在社会关系中再生产的主导作用,在提出空间生产理论的同时,构建空间本体论的理论框架,提出了空间构成的三个层次“空间实践(spatial practice)”“空间表征(representations of space)”“表征的空间(representational spaces)”,[③] 搭建了三位一体的空间分析理论框架。

　　本部分从文化空间、空间表征、象征秩序三个维度,结合壮族地区仪式传统的空间形态,讨论壮族乡村传统文化与地方乡村治理相适应的耦合特性。在列斐伏尔的空间生产理论视角下,笔者以空间的三重形态为载体,通过文化空间的仪式展演,勾连起精神价值、社区文化、社会关系,体现壮族乡村三重维度的空间生产形态。笔者以位于壮族聚居区的桂西峒村为切入点,[④] 从壮族乡村实际出发,对空间生产理论的三元形态进行适度延展,以壮族追荐仪礼的“多元文化的复合空间”“仪式空间的表征形态”和“仪式情景中的象征秩序空间”为框架,讨论传统文化在壮族乡村治理中空间的生产背景、表征和塑

---

① 王春光. 乡村建设与全面小康社会的实践逻辑 [J]. 中国社会科学,2020(10):40.

② Henri Lefebvre. *The Production of Space*[M]. Trans. by Donald Nicholson Smith. Oxford: Blackwell Publishing Ltd. ,1991:34-40.

③ Henri Lefebvre. *The Production of Space*[M]. Trans. by Donald Nicholson Smith. Oxford: Blackwell Publishing Ltd. ,1991:30-37.

④ 本部分所提到的相关人名、地名均作了匿名处理。峒村是桂西德保北部壮族聚居区的传统村落,属于滇桂边界山区的小平坝地形,靠近中越边境地区,全村 156 户,合计 659 人。

造形态。

一、多元文化的复合空间

在列斐伏尔的空间生产理论视角下,本部分从文化、历史角度出发考量文化空间的生成、演化和发展背景,以壮族多元文化形成的背景为参照,分析空间实践的形成、特性及影响,诠释多元文化空间的生成背景。壮族聚居区独特的地理区位、悠久的历史传统、深厚的文化底蕴,共同塑造形成了多元共生的地方文化生态,构建出多元的壮族文化空间。《史记·秦始皇本纪》载:"三十三年,发诸尝逋亡人、赘婿、贾人略取陆梁地,为桂林、象郡、南海,以適遣戍。"[①]秦始皇推行的戍边制度,在桂林等地戍边的记载,反映了中原地区与周边不同民族间的交往情景,映射出壮族聚居区多元文化空间的生成过程。《新唐书》述:"岭南瘴疠,而臣不能饮,当无还理。"[②] 岭南一带多瘴气,这是地方多元文化空间形成的自然因素。南宋周去非《岭外代答》曰:"南人茅卜法:卜人信手摘茅,取占者左手,自肘量至中指尖而断之,以授占者,使祷所求。"[③] 可以说,壮族聚居区自古巫文化形式多样,促成了多元文化生态的整合。

历史上壮族聚居区文化空间的形成、演进和发展,伴随着"羁縻制度""土司制度""改土归流制度"等的演化,呈现出不同时期生产方式作用下的壮族文化空间特征。列斐伏尔认为空间在随着历史演化的进程中,能不断出现新的演变、组合和转化形态,并能伴随空间的生产而形成不同生产方式的转化。[④] 壮族地区文化空间的形成、演化和发展,具有历史性的演化特征。壮族聚居区历史演进中生产生活方式的发展,直接推动了地区道教文化的传播演变,推进了多元文化的融合进程。壮族地区历史制度的演化,加速了壮、汉民族交融进程。[⑤] 壮族地区道、巫、师等多元信仰文化共生的现象,代表了历史演进中文化空间的生成和演化过程。道教在壮族地区传播发展的力度,远远

①　司马迁撰. 史记 [M]. 裴骃,解. 北京:中华书局,1959:253.

②　欧阳修,宋祁撰. 新唐书 [M]. 北京:中华书局,1975:3834.

③　周去非著. 岭外代答校注 [M]. 杨武泉,校注. 北京:中华书局,1999:444.

④　Henri Lefebvre. *The Production of Space* [M]. Trans. by Donald Nicholson Smith. Oxford: Blackwell Publishing Ltd. , 1991:30-31.

⑤　黄家信. 壮族地区土司制度与改土归流研究 [M]. 合肥:合肥工业大学出版社,2007: 261-264.

超过其他信仰文化。这不仅与壮族地区特殊的地理环境、人文风貌、乡风民俗有直接关系,也是道教文化和越巫文化产生碰撞火花的结果。道教在传入壮族地区后,由于同源互感的原因,与壮族地区的原生宗教文化融合,产生出具有壮族特色的文化形态。[①] 道教文化助推生成的文化空间在壮族地区具有一定影响力,可以说,不仅受到历史上地方生产方式演变的影响,也受到壮族地区地理、文化等多重因素平衡关系的制约。

文化空间与文化秩序、社会空间与社会秩序是一种从属关系,文化空间的再造将影响到社会空间与社会秩序。[②] 壮族地区文化空间的历史性、多元性表征,促进了壮族对汉族道教文化的强烈认同感,进而生成壮族地区以道教文化为主体的多元文化空间复合体形态。在大传统的影响下,壮族地区小传统与大传统的碰撞,构成了自上而下和自下而上的文化交流轨迹,形成大小传统互动融合的壮族地区独特的文化空间。马林诺夫斯基(Malinowski)认为,文化作为一个有机整体,其表现形式可以是习俗、信仰、观念、制度等形态。[③] 壮族地区文化空间的生成、演进和发展,体现了不同历史时期、不同地理环境中道教在壮族聚居区的传承和整合。道教在整合地方文化传统的同时,也通过文化的整合塑造着村民价值观念。乡村治理中发挥自治、法治、德治互动的治理效能,无法忽视传统礼俗的文化基础作用。有学者提出,乡村法治秩序的建立无法忽略传统礼治的作用影响。[④] 以礼治秩序为基础的乡土社会运行,某种程度上依靠传统礼俗进行地方性的整合。在以道教传统文化为助推的壮族地区文化空间中,地方礼俗的生成、演化和发展,对推动地方传统礼治的形成起到了文化基础作用。

---

① 许晓明. 民族地区宗教生态模式构建研究——以桂西为例 [J]. 广西民族研究,2012
  (1):45.
② 王德刚. 空间再造与文化传承——栖霞古镇都村"非遗"保护工程实验研究 [J]. 民
  俗研究,2014(5):16.
③ [英] 马林诺夫斯基. 科学的文化理论 [M]. 黄建波,译. 北京:中央民族大学出版社,
  1999:52.
④ 王露璐. 伦理视角下中国乡村社会变迁中的"礼"与"法"[J]. 中国社会科学,2015
  (7):98-99.

二、仪式空间的表征形态

文化空间是物理的空间和文化的内涵特性共同组成的复合体。[①]通常文化空间蕴含着物质和精神空间的双层统一。列斐伏尔有关空间表征的构建，为笔者讨论壮族乡村文化空间提供了新视角。但不同于空间生产理论中的空间表征，壮族仪式空间的表征形态独具民族性和地方性，是在历史、多元和一统性复合体中，以中华优秀传统文化为依托，突出仪式空间的表征内涵。本部分通过对壮族仪式空间的解构，阐释承载传统文化的仪式空间表征意涵；基于壮族物质化形态的仪式空间，表征出具有价值功能的精神内涵；透过仪式空间的象征符号，以仪式空间为载体表达对精神价值的理解，进而诠释族群对精神空间表征形态的认识。

桂西壮族追荐仪礼以缅怀逝者、追荐超度为目的，通常在仪礼坛场布置多个仪式空间且各具象征意涵，它们分别是"贡台""供台""灵台""吊挂""榜文"等。壮族道公经本以其独特的文本和精神特性，在"供台"中呈演出仪式空间的价值意涵。峒村壮族追荐仪礼分"启师开坛""破狱超度""奏章祭拜""回向三酌"等四个阶段，共十四项程式。[②]仪礼四个阶段所表现的精神内涵各异，大多通过经本的运用展演，诠释仪式空间的表征形态。壮族道公使用《启师请水科》《转经科》等二十六部经书，分阶段展演追荐仪式空间的内涵。汉学家施舟人（Kristofer Schipper）认为，中国的公共空间仪式联系了不同群体，其中通过文书可以反映村落中的层级关系。[③]

壮族道公经本蕴含着传统文化内涵的特征，通过对场景描述进行价值塑

---

① 王德刚. 空间再造与文化传承——栖霞古镇都村"非遗"保护工程实验研究 [J]. 民俗研究, 2014（5）: 15.

② 按照桂西德保壮族风俗，追荐仪礼通常称为追荐超度仪式，主要意涵是救度逝者沉沦之苦，报恩尽孝报答长辈之恩，救苦救难重振家风。按当地风俗，逝者过世时若没有举办过超度仪式，则之后需补办追荐超度仪式。此类仪式有写榜文、书表文、上奏文、启疏文、呈赦文、扬幡旗等多种类型的文本运用。壮族道公经书是整场仪礼的重要文本形态，呈现仪礼运行的主要象征意蕴和内涵特性。壮族追荐仪礼分四阶段、十四项程式: 1. "启师开坛"启师—请水—发奏—开坛—转经（送经）; 2. "破狱超度"破狱; 3. "奏章祭拜"三元忏—单朝—奏章（送章）—亨食—祭孤; 4. "回向三酌"回向三酌—绕灵（绕棺）—指路（送终）。

③ Kristopher Schipper. "The Written Memorial in Taoist Ceremonies" [M]//Arthur Wolf ed. *Religion and Ritual in Chinese Society*. Stanford: Stanford University Press, 1974: 312-320.

造的同时,以文本展演的方式诠释仪式空间的象征意涵。仪轨运行至"转经"环节,使用的十个小经本,虽内容简短但内涵丰富,内容以传递敬孝道、启慈念、消罪孽、积福田等传统文化精神价值为主。其中,道公家传的经本《功德法食经》曰:"施食与亡者,不可思议……施女法食餐,永生安乐道……皆大欢喜,作礼而退。"[①] 原文出自《道藏》洞真部的《元始天尊说功德法食往生经》:"行者膺福报,施与法食餐……咸皆欢喜踊跃。"[②] 文本阐释了通过施食产生的功德福报,蕴含着善行福报的价值,表征的意涵是对行为者积德行善的回报。该环节壮族道公使用的经本《生天得道经》曰:"皆是斋戒,是作津梁……乃得藏清五藏,六腑周泰。"[③] 文本叙述了斋戒对身体清净、减少恶业、消除烦恼等的作用。《道藏》洞真部《元始天尊说生天得道经》载:"依凭斋戒,作是津梁……五脏清凉。"[④] 从文本形态和表征意涵分析可知,壮族道公经本和唐宋时期的经典,均强调了在超度逝者或个体修炼中守持斋戒、清心寡欲,使身心内外得到清净和清静,以内心的精神升华表征积善成道的修为。

壮族地区仪式空间表征的精神价值,塑造着家族成员的价值理念和行为规范。家族作为乡村治理的基础单元,发挥了治理效能的价值传递作用。道教传统文化在壮族乡村的传承、演化和发展中,始终与壮族群众的生产生活紧密相关。中华传统文化根植于乡村社会,刻进村规民约,融入家风家训。[⑤] 壮族追荐仪礼中的道教传统文化,以经本的展演形态塑造着价值规范,传递出后辈尊长孝顺、个体守持斋戒、个人身心修炼等精神能量。仪礼与人的意义感联系紧密,提供了道德伦理的行为方式,反映了精神文化的深刻程度。[⑥]

三、仪式情景中的象征秩序空间

通过对峒村壮族追荐仪礼展演形态的讨论,分析壮族村落仪式情景中呈演的互动关系和象征意义,以地方乡村治理中的德治意涵为侧重,能诠释优秀

---

① 《功德法食经》(手抄)第 7 页,笔者于 2020 年 1 月在峒村所获壮族道公经书。

② 道藏 [M]. 北京:文物出版社,上海:上海书店,天津:天津古籍出版社,1988:44.

③ 《生天得道经》(手抄)第 2 页,笔者于 2020 年 1 月在峒村所获壮族道公经书。

④ 道藏 [M]. 北京:文物出版社,上海:上海书店,天津:天津古籍出版社,1988:806.

⑤ 刘月霞. 中华传统美德融入当代乡村治理研究 [J]. 高校马克思主义理论研究,2018(4):90.

⑥ 郑开. 祭与神圣感 [J]. 世界宗教研究,2019(2):7.

传统文化呈递的价值情感和家族内部互动。峒村壮族追荐仪礼保留了传统的文化特色,全部仪式呈现了各有侧重的展演和内涵特性。本部分针对仪式的四个阶段,讨论家族成员互动的"背刀买水""破狱引灵"环节,探讨仪式情景中表征的互动关系和象征秩序。

峒村壮族追荐仪式的"背刀买水"环节中,家族成员由长子带头身背镰刀到屋外等候,壮族道公则手持镰刀面对一桶清水,具有朝东西南北四个方向"丢币买水"的象征意涵,孝男孝女紧跟身后朝四方跪拜。笔者在峒村实地调查期间,听壮族村民黄兴发讲述了一段传说。很久以前,人死后有部落分食亡人。一位孝子在山中放牛,看到母牛产仔时的痛苦,回家后告诉母亲。母亲深情地告知他生养小孩的不易。孝子深受感动,发誓要孝顺母亲。孝子母亲去世后,他身背镰刀守护,不让他人分食。孝子"背刀护母"的故事流传到桂西壮族地区,并为当地人所称赞。① 在孝子"背刀护母"的影响下,结合壮族对水的崇拜,壮族追荐仪式演化成具有桂西地方特色的展演形态。壮族孝顺长辈的品质代代相传,"背刀护母"成为送别故人的一种方式,嵌入德保壮族地区丧事仪式"背刀买水"环节。故事传递出正能量的同时,也是传统文化在壮乡的延续和传承。汉族道教文化在壮族地区传播发展过程中,壮族群众择其优秀传统而发扬,使之构成具有壮族乡村地方特色的价值精华。

峒村壮族追荐仪式中的"破狱引灵"环节较具地方特色,表现出家族精神代代相传的特点。"破狱引灵"的深层内涵是对祖先的尊敬,也是对家族价值情感的传递。峒村壮族"破狱引灵"呈演出了深层含意。当地壮族追荐仪式展演至凌晨,家族成员通常面对面站立,手持长约七米的蓝布缓缓前进。长子双手抬灵位牌,其余亲属手提鸭子及衣物,肩挑酒果等供品。队伍行至道坛外,要由儿媳或女儿打水并放柚子叶,亲自为主持本场破狱仪式的道公洗脚;洗好脚后必须用衣服为道公擦脚,并赠送给道公一双新布鞋和袜子。此时,破狱归来的壮族道公在洗净换鞋后,方才引导家族成员进入道坛。"破狱引灵"仪式的故事意涵,生动体现出亲属与故人、后代与逝者、家族与村落的互动关系。壮族群众以道公身份为寄托,表达对祖先尊重孝敬的深层含意。俞可平提出治理行为主要体现工具理性的特征,而治理的技术性层面需着重于价值性要

---

① 根据笔者 2020 年 1 月在峒村的访谈笔记整理,访谈对象:黄兴发,壮族,53 岁。

素。^①桂西壮族乡村治理中地方文化的重塑、家族精神的传递,共同形塑出以价值情感为纽带的乡村象征秩序空间。结合壮族乡村地方文化特征,对追荐仪式传统进行的塑造,体现了村落的凝聚力和家族的情感联系。仪式展演出的家族情感和对逝者崇敬的感情,共同传递出家族内部以孝顺、信任、互助为主题的文化内涵。通过地方故事的叙事展演,表现出的象征意蕴共同形塑着乡村秩序,勾连出家族家风的世代传递,涵养着乡村治理的正能量精神。

第三节　乡村治理中的实践能动和价值动能

在共建共治共享的社会治理制度指导原则下,少数民族地区传统文化与乡村治理的耦合是一个动态演化和主体形塑的过程。乡村治理中传统文化的延续和转变路径,以自上而下和自下而上的互动轨迹运行。一方面,随着社会结构的加速转型,少数民族乡村社会出现了不同程度的空心化、个体化现象,随之产生的社会关系的变化以及地方文化形态的变迁,助推着少数民族地区传统文化的调适性转变;另一方面,乡土社会中的传统文化正能量,根植于群众日常生活和内心深处,常以地方习俗的形态表现出来,在乡村文化空间、村落空间和象征空间中,呈演出社会交往、价值规范的内在和外在特性。乡村治理主体既是行动主体,也是塑造和受益主体。在社会转型和传统转变的相互作用下,应重视塑造个体的能动实践和主体的价值动能。

一、乡村治理中个体实践的能动性形塑

村民是个体实践的行动主体,也是治理成效的受益主体。乡村礼治或法治秩序,都需要有人遵守,秩序在无人遵守的情况下无法实现。^②应健全自治、法治、德治的乡村治理体系,在法律法规的大框架内引导发挥村民的主动性和主体性,规范和促进乡村治理的自治建设,通过传统文化的精神价值形塑出个体的德治动能。桂西壮族乡村社会对"礼"的遵循,在村民能动实践的礼俗规范中生存繁衍。岵村壮族的礼俗行动将行为置于自觉的礼和自觉的实践当中。

---

① 俞可平. 论国家治理现代化 [M]. 北京:社会科学文献出版社,2014:2.
② 赵旭东,张洁. 乡土社会秩序的巨变 [J]. 中国农业大学学报:社会科学版,2017(2):
  59.

然而,从自治、法治、德治的实施路径分析,以地方传统中的"礼"带动个体的能动实践,能更好发挥德治对行动规约的柔性效应,增强群众在自治中的归属感和获得感。

乡村治理在共建共治共享的指导原则下,通过主体能动性形塑,可推进乡村治理的效益最大化,使传统文化在乡村治理中发挥价值整合的效能。有学者指出,乡村社会实现"礼"与"法"的积极沟通,需要落实到群众日常生活中。[①] 桂西壮族乡村传统文化的生命力,根植于群众日常交往中的文化认知和行为规范。壮族地区多元文化空间中的地方传统,一方面是个体行动以传统的"礼"为交往规范,是文化秩序向社会秩序转化的催化剂;另一方面,以"礼"塑造的彼此信任、情感维系,能通过个体行动表现出乡村社会的象征秩序。壮族地区多元文化空间背景下,传统礼仪文化为参与地方乡村治理提供了一条可行性路径,其内容和形式以激发群众主体能动性为切入点。这是乡村治理中重塑传统文化的有益实践。

二、乡村治理中内在价值的动能性塑造

传统文化的现代价值重构,是在激发个体价值和维系家庭伦理中进行的,应保留传统文化核心和现代社会价值。[②] 壮族地方传统的内在价值效能作用持久、影响面广。传统文化在壮族乡村社会的运行,体现出民族文化的价值形态和村民内在价值的塑造功能。桂西德保北部峒村壮族礼俗文化的生成和演化,在道教传统文化的形塑作用下,其内生价值动能得以存续,持续影响着壮族村民的价值理念。有学者指出,内生秩序形成于乡村内部,在乡村社会实践中生成,成为人们约定成俗的准则。[③] 在法治建设的总体框架下,村落运用法治的原则,规范自治、德治建设,内在价值动能则起到反向促进作用。仪式空间中传统文化的价值规范效应,影响着村落秩序,为自治、德治提供了丰厚的历史文化资源。

---

① 王露璐. 伦理视角下中国乡村社会变迁中的"礼"与"法"[J]. 中国社会科学,2015(7):104.

② 萧放,何斯琴. 礼俗互动中的人生礼仪传统研究 [J]. 民俗研究,2019(6):91.

③ 尹广文. "新乡土中国"社会团结的秩序基础 [J]. 西北农林科技大学学报:社会科学版,2019(6):20.

在自治、法治、德治结合的治理体系中，德治具有支持法治、蓄养自治的实践逻辑。有学者认为内生秩序是在村落长期实践中保留的、村民约定俗成的、具有行为准则的规范体系。[①] 可以说，桂西壮族地区通过传承内在价值规范，发挥了促进村民行为规范的正能量作用。峒村仪礼的"破狱引灵"环节，在村落中传递着孝敬长辈的内在价值正能量。乡村社会的善治实践并不排斥优秀传统的正向作用。壮族乡村通过仪式展演形成的内在价值动能，某种程度上体现了乡村社会治理中自治、法治、德治的新要求，而壮族仪式展演的象征空间，不仅要表现和传递村落中的内在价值规范，更应充分发挥传统文化基因的历史和现实价值，塑造具有新时代意义的乡村治理价值动能。

三、乡村治理中社会互动的礼俗性共构

"礼治秩序到法治秩序的过渡不是跳跃式的，而是长期的历史蜕变过程。"[②] 在共建共治共享的原则下，构建新型乡村治理体系，需要合理推进制度化和非制度化的相互结合，不断完善自治、法治、德治协调的乡村治理体系，这是有效建设乡村治理体系的时代要求。随着社会结构的快速转型，少数民族村落的生产生活、文化形态、社会关系等发生着变化，但以礼仪为载体形成的壮族乡村礼俗性互动关系，仍然在村民互动中发挥着重要影响。

壮族仪式情景中的象征秩序空间，在乡村治理中表征为互动交往的礼俗共构。传统礼俗文化深植于壮族乡村群众生活，通过仪式空间表征出的象征意涵，在仪式实践互动共构中诠释着家族的感恩孝顺、信任互助、情感联系等价值内涵。罗德尼·斯达克和罗杰尔·芬克（Rodney Stark & Finke Roger）认为，当人们将宗教建立在人与人交往的依恋关系上时，他们保持或最优化了自身的社会资本。[③] 峒村村民延续着家族传承的文化精神，在村落祭祀等礼俗中，不少已搬到县城居住的村民总会按时回到村落老家，共同祈福除秽、交流一年

---

① 尹广文. "新乡土中国"社会团结的秩序基础 [J]. 西北农林科技大学学报：社会科学版，2019（6）：20.

② 赵旭东，张洁. 乡土社会秩序的巨变 [J]. 中国农业大学学报：社会科学版，2017（2）：60.

③ ［美］罗德尼·斯达克，罗杰尔·芬克. 信仰的法则——解释宗教之人的方面 [M]. 杨凤岗，译. 北京：中国人民大学出版社，2004：119.

心得。据村民岑新民介绍,"村里每年会在农历二月二举办土地公节,这是村里的大事,小孩工作忙不能回来,我每年都要回来看看老伙伴们"。[①]他们在传统的信仰文化基础上,以情感依附的形式维系社会资本,通过乡村礼俗呈现出老一辈村民的互动交往方式。岑新民退休后早已搬出村落,到县城照顾孙子。他每年春节都未必回老家,但每年二月二的村落祭祀必定会回村。笔者调研时发现位于德保县城附近的安村,每年三月三是集体祭拜赵氏始祖的日子,不少到省外务工的村民都会赶回去祭拜。在基层治理体系和治理能力现代化语境下,考察壮族乡村礼俗互动的塑造形式,更有助于理解乡村治理与地方传统的互动和共构关系。

少数民族地区乡村治理在共建共治共享的原则下,健全自治、法治、德治的体系,充分发挥家庭家教家风的重要作用。中华优秀道教传统文化,在桂西壮族地区具有悠久的传播历史和深厚的文化底蕴。壮族聚居区通过"羁縻制度""土司制度"等制度演化,在历史、自然、地理等多重因素作用下,共同促成桂西多元文化空间复合体形态。随着社会结构的加速转型,壮族地区传统文化在社会交往、价值塑造、文化传承中的地位作用发生了改变,助推着传统文化的现代适应性转变。壮族地区乡村治理体系的构建,应发挥传统文化在个体能动实践、主体价值动能和社会礼俗互动方面的塑造效能,以共建共治共享为指导,重塑传统文化在乡村治理中的主体实践和礼俗效应。

桂西壮族地方传统在多元文化空间的背景下,通过仪式展演表现出仪礼空间的家族家风、价值功能和精神意涵,在礼仪互动的仪式情景中,体现出具有象征意义的敬老孝顺、互助信任、情感联系等意涵。列斐伏尔认为,社会空间不同于物理空间和心理空间,空间在社会关系中呈现特殊性。[②]笔者结合壮族乡村实际,对空间生产理论进行了适当拓展。"多元文化的复合空间""仪式空间的表征形态""仪式情景中的象征秩序空间"中不仅呈现出乡村社会互动关系,而且在壮族地区多元文化空间的动态背景中,诠释了仪礼空间中表征的乡村治理与传统文化的互动关联,在现代社会转型的背景下,塑造着传统文

---

① 根据笔者于 2020 年 1 月在峒村的访谈资料整理,访谈对象:岑新民,壮族,63 岁。
② Henri Lefebvre. *The Production of Space*[M]. Trans. by Donald Nicholson Smith. Oxford: Blackwell Publishing Ltd. ,1991:27.

化在乡村治理中的价值效能。

（此节部分内容原载于 2022 年第 2 期《云南民族大学学报（哲学社会科学版）》,在原文基础上笔者结合实际作了修改完善。）

第九章 >>

滇东南山区石漠化治理与
乡村治理的实证研究

　　位于滇桂两省(区)交界处的部分山地村落石漠化严重,一定程度上影响着村落自身的建设发展和群众的生产生活。位于云南文山州、广西百色市辖区内的多个县(区)村落均属石漠化地带。笔者调研的文山州西畴县、百色市德保县等地,就有多个石漠化程度较为严重的村落。这些山区村落不仅缺乏可耕种的土地资源,村民们的生产生活也受到了极大影响。艰苦的自然环境和生活条件,对村落建设发展、群众增收致富、农作物种植等均造成影响。以云南西畴县石漠化村落为例,村落因为周边恶劣的地理条件,就曾被外国地质专家判定为"基本失去人类生存条件"的地方。[①] 随着乡村振兴战略的持续深入推进,在国家政策的大力支持和帮扶下,当地村民发扬以实干精神为主的优良传统,以勤劳奋斗的品质战胜困难,在自然环境条件相对恶劣、生存条件相对落后的情况下,以勇于挑战的精神建设家园,建设了一批典型且有特色的村落,为区域内更多的村落建设发展贡献了经验,发挥了示范和引领作用。

　　乡村治理现代化建设是推进乡村振兴的重要内容。滇桂边界地区乡村社会治理建设和规划,需考虑区域内的产业发展、社会建设、自然环境、文化整合等多重叠加因素,还需协同传统文化与现代产业、自然环境与村落发展、乡村秩序与群众增收等多维度路径,考察乡村社会建设和发展的具体路径。笔者

---

① 新华社客户端.半月谈丨文山:西畴精神有力道 [EB/OL].(2018-12-14)[2023-09-20].https://baijiahao.baidu.com/s?id=1619812173781916282&wfr=spider&for=pc2023.

在对滇桂边界山区诸多村落的持续建设和发展考察的基础上,认为还需根据当地社会、乡土文化、自然环境等情况进行共性分析和个别判断。此部分所要呈现的主题内容,是针对滇桂边界石漠化地区的整治和建设问题,这是地方人民群众所关注的获得感和幸福感的问题。笔者将此类问题放置到乡村社会治理的参与主体和发展路径之中,诠释和构建人人有责、人人尽责的乡村治理主体参与机制,进而更好地阐述、加强和完善乡村治理现代化建设。滇桂边界山区乡村社会石漠化治理的实际发生过程和具体治理措施,将被还原到激发乡村社会主体活力、挖掘乡土社会发展的内生动力等主题之上进行解读。

滇桂边界乡村石漠化治理应遵循因地制宜、分类施策的原则,着眼于增加群众增收致富的看家本领、提高想干能干的内生动力、提升积极进步的社会活力等方面。所谓善治是在追求公共利益最大化的基础上,强调对乡村社会治理成本的优化,提升治理效益。俞可平在对善治的讨论中认为,善治是公共利益最大化的管理过程,是政府、公民对社会公共事务的合作管理过程,是国家与公民相互协调的最佳状态。① 滇桂边界石漠化地区村落的发展,较具地方特色地叙说了当地乡村社会发展的文化传统、内涵塑造等功能,而建立在当地村落内在价值传统的传承和创造之上的价值品质,形成了当地村民战胜困难险阻的内在品质。滇桂边界山区奋斗实干的村落集体品质,在村民对幸福生活的追求过程中,在克服困难、战胜险阻的磨炼中不断得到锻造和历练。本部分以云南文山州西畴县两个石漠化村落的发展变化为案例,诠释村民主体在传承优良价值品质中推动村落质变的真实故事,同时以地方文化传统为载体,通过真实生动的案例解读,强调内在价值品质在推动乡村社会治理共同体建设中的重要性和有效性。

第一节　山石村石漠化治理的实干兴村之路

滇桂边界的文山州西畴县山石村,秉持以实干建村、以实干兴村的治村理念,将其作为彰显时代精神内涵的地方文化传统,并以此为动力积极奋斗,探

---

① 俞可平. 治理和善治引论 [J]. 马克思主义与现实,1999(5):39.

索战胜石漠化恶劣生存环境的建设之路,实现了全村群众的致富目标。① 要在当地村落建设中实现村民利益,推动善治实践在地方社会生根开花,还需激发群众参与村落建设发展的能动性,以共同建设美好家园为重要任务,推动当地乡村社会治理共建共治共享格局的生成。山石村位于西畴县石漠化较严重的山区,在海拔 1 400 米的大山峭壁之上。村落周边山石环绕、怪石林立,房屋位于悬崖峭壁之巅。村落艰苦的地理地形条件和少之又少的生产生活资源,严重制约了群众日常生产生活,成为严重阻碍村落建设发展的主要问题。山石村农户 16 户,共 65 人,村民主要的收入来源是外出务工、种植养殖等。据村支书介绍,过去村落生存条件艰苦,村里很多女性选择远走他乡,村落人口逐年减少,全村人生产生活受到限制。② 现如今这个偏远山区悬崖石头之上的小村落,村民们团结一心,通过实干、苦干闯出了一片新天地。

在滇桂边界地区传统与现代、制度与非制度的实践互动之中,地方文化传统对村民价值品质的形塑和规约,促成了乡村社会道德浸润和价值观念的整合。现实版"愚公移山"的故事在山石村广为流传。在当地以实干为传统的奋斗精神感召下,村委会主任带领全村村民用实际行动劈石开路。故事中传递着的克服困难和险阻的精神,激励着当地群众奋斗干事,形成了以实干精神为引领的价值品质。当地群众用实际行动生动叙述着村委会主任带领大家在12 年间在悬崖峭壁之上开山凿路、打通了通往外界最后一公里山路的故事。"要想富,先修路",村民们一直以来对修路致富具有强烈的渴望。人们以实干兴村的实际行动,通过悬崖凿路、开山劈石的具体实践,使用人工劈石、机器打孔等方法,不畏艰苦、不惧困难,为闭塞的村落建设了一条通往外界的幸福大道。愚公移山的故事就这样真真切切发生在群众的致富路上。村民们向大山挑战、向困难进攻。从文化传统的塑造影响力方面进行阐释,村民们通过积极的努力形成集体奋斗的高贵品质,这不仅是某个村落的单一表现,更为重要的是,为当地群众学习和实践树立了榜样。文化传统的内在价值根植于地方传统和现代社会沃土之中,源于人民群众奋发有为的生产生活实践,而山石村在历史和现实之间,将传统的奋斗历程转变为现实的实干精神,全村群众形成了

---

① 为尊重当地村民习俗,本部分所涉及的村名、人名均作了匿名化处理。
② 根据笔者 2023 年 12 月 9 日对西畴县山石村村民李正华的访谈笔记整理。

具有现代意义的价值品质和内在追求。

一、以实干精神为引领,打通村落通往外界的山路

滇桂边界传统与现代糅合型村落实践,通常受限于社会资源和自然资源的短缺。这些资源的严重短缺导致当地村落建设的滞后,而在广大村民群众共同参与建设家园的过程中,地方文化传统的价值引领作用,往往成了推进当地村落社会发展的内在动能和强大精神力量。在当地政府的大力支持下,构建共建共治共享的基层治理格局,广大群众的主体能动性和积极参与成了重要推动因素。滇桂边界石漠化地带村落共建共治共享的形成,更需发挥村民们的奋斗热情和实干精神,更需在追求基层村落治理格局形成过程中,发挥当地村落文化传统价值内涵等品质,真正实现从共建到共享的价值传递和实践传导。山石村村民多年来努力奋斗,发扬以实干为引领的地方传统精神,全村面貌焕然一新,已成为村民致富奔小康的示范村。山石村的耕地 47.21 亩,山林面积 558 亩,人均耕地面积约 0.7 亩。2022 年,村民人均收入达到了 2 万余元,全村的道路完成了硬化,安装上了 16 盏太阳能路灯。[①] 山石村道路的建设历程,不仅描绘了一幅动人的奋斗画卷,更传承着地方实干传统精神。山石村的奋斗历程要从 1997 年讲起。当时,山石村等 11 个村落共同修筑了一条 4.5 千米的水泥路。由于山石村地处石山峭壁之上,通往外界的 1.5 千米道路被山石挡住。有村民提到当年情景时说:"村子里三十多岁的男人找不到媳妇,嫁进村的媳妇跑了六个,村民种植的农副产品卖不出去,村落孩子上学受阻,村民生急病要用担架抬出去。"[②] 这就是当时村落的基本情况。2003 年,村落开启了修路历史,由村委会主任召集村民开始打通通往外界的"最后一公里"。村里每家每户为修路出钱出力,热火朝天地干了起来。据村委会主任介绍,因山路悬崖之下就是隔壁村的民房,山路之上还有高压线等设施,若用炸药强行炸毁山石则会带来巨大影响,所以炸药爆破山石的办法根本行不通。村民只有采取双手持铁捶打山石的原始办法。大家使用錾子凿,在路边架起木篱笆遮挡落石,使用泥土装袋砌成防护墙,防止石头下落损毁民房。2006

---

① 根据 2023 年 12 月 8—11 日西畴县委党校提供的资料整理。
② 根据笔者 2023 年 12 月 9 日对西畴县山石村村民李正华的访谈笔记整理。

年,修路的一期资金用完后,村委会主任向当地县委县政府求助,得到上级大力支持,共筹集 4.2 万元修路款。在之后的修路过程中,因占用邻村耕地,不得不多方协商,甚至一度停工。通往外界的村落山路修建过程断断续续,但困难终打不垮意志坚定的村民们,2012 年再次启动了修路工程。对于山高路陡、作业车无法上山等问题,村委会主任带领村民四处学习,发现一种叫山石膨胀剂的化学液体可用于破开山石。村委会主任介绍说:"我们在岩石上打好炮眼,把膨胀剂挤在里面,试试可不可以把石头撑裂。试了以后效果非常好,我就带头用绳子拴在身上,吊到大石头上开始打眼,把膨胀剂一点点灌进去,整个人就像荡秋千一样,身体吊在悬崖上摇晃。"[①] 使用膨胀剂整整缩短了 3 年工期。2015 年,山石村 15 户村民苦干 12 年之后,终于修通了进村的"最后一公里"路。在政府的大力帮扶下,群众投工投劳用时 20 多天进行了水泥路面的硬化,全村终于实现了通路梦。

　　山石村村民们以 12 年的艰苦奋斗历史,传承和发扬了实干精神,为实现村落共治奠定了物质基础和精神动能,而以传统价值精神为引领的村落建设实践,展现出村民们共同奋斗的实干品质和精神。村落通道打通之后,对山石村农产品的运输起到了极大的作用。过去由于交通不便,村民们的农副产品无法运出,而外来商品也无法进入,严重影响着村民生产生活。随着这条进村道路的修通,村落农副产品、外界商品都实现了自由流通,村民们的生活水平得到了明显改善。更为重要的是,通过当地政府的大力支持和宣传,外来游客前来村落参观旅游。人们被村民们的实干精神所打动,来到村落参观学习的游客越来越多,不仅增加了村落群众的收入,也为山石村的旅游业发展提供了机会。如今,随着"最后一公里"的修通,山石村发生了翻天覆地的变化,村落里小孩上学出行更加方便,村民们的农作物运输更便捷,带来了前所未有的好收入。村民们的家禽数量大规模增长,群众过上了更加幸福美好的生活。

　　在滇桂边界传统与现代糅合型乡村社会,在当地自然资源和社会资源相对受限的情况下,村民们共同建设美好家园的期望和动力,为村落社会的建设发展注入了重要能量。这是条件艰苦的村落社会建设发展不可缺失的正能量,也是此类型村落社会建设中传统价值转变为现代发展优势的成功案例。

---

① 根据笔者 2023 年 12 月 9 日对西畴县山石村村民李正华的访谈笔记整理。

二、以实干实践为推动，为村落建设注入发展活力

滇桂边界乡村社会的善治实践过程，在充分调动村民积极性的基础上，要满足村落多层次的发展要求和村民多层次的治理需求。产业整合发展将为乡村振兴提供有力的经济保障。在充分调动村民共同参与村落道路建设的基础上，整合乡村产业成为推动村落发展的关键环节，也对村落建设发展提出了新挑战。山石村村民集体通过 12 年的艰苦奋斗，打通了村落通往外界的"最后一公里"道路，为群众树立了共同建设美好家园的信心。山石村村民们共同奋斗实现了村落建设的大变化，展现了政府、村集体、村民等多元共治结合的实践过程。村民们用实际行动诠释了具有现代意义的文化传统价值内涵。对滇桂边界传统的山区村落来说，生态农副产品是村民的主要收入来源。山石村使用流转的 30 亩土地，与企业合作建设乌骨鸡养殖基地，运用标准化、规模化的养殖技术，改进村落传统的养殖方法，探索鸡、猪、牛等现代养殖方法，解决了当地村民增收难的问题，每年为全村村民集体增收 15 万元。过去村落几乎与世隔绝，保留了良好生态环境与牲畜养殖结合的状态，这为打造生态农业创造了便利条件。除养殖业外，村落在种植业方面也有极大进步和发展。村落 2012 年开始种植 106 亩核桃林，目前正规划种植 48 亩李树。此外，村落基础路面得到改善，为土地出租、村民增加收入创造了条件。全村出租了 30 亩土地种植三七，每年能为村民增收 4 万元。① 从实干建村到实干兴村，村民集体参与、奉献和奋斗的精神，成了山石村乡村治理的最好名片，也成为村落建设发展的强大动力。

山石村的发展实践突显出以实干实践为推动的集体价值观念。从村民共同参与村落治理的实际层面出发，要实现滇桂边界乡村治理共同体的建设，更需要村民人人参与、人人尽责的有益实践，构建乡村的共建共治共享格局。山石村村委会主任作为村集体的精英，在凝聚集体价值能量作用方面，发挥了村落精英带领群众致富的凝聚和带头作用。山石村的农副产品，成为村落绿色生态商品建设的名牌。村落原生态的种植、养殖环境，为打造绿色生态链创造了条件。在村落农副产品受到市场欢迎的同时，村民们也获得了更好的收益，生活质量得到明显改善，为村落经济社会发展奠定了良好基础。自此，以生态

---

① 根据 2023 年 12 月 8—11 日西畴县委党校提供的资料整理。

农业为引领的示范效应得到了有效释放。如今,村落的农副产品常销往县城及附近集市,可谓供不应求。山石村以交通设施建设为基础,以此为契机大力发展生态种植、养殖业,将实干的价值内涵运用到了人民群众增收致富的实践之中。山石村的实干实践不止于对种植、养殖业的追求。为了更加适应现代社会的发展,在上级部门的大力支持下,村落积极发展乡村旅游业,借助修筑"最后一公里"道路的感人故事,打造独具实干实践特色的"最后一公里"展览馆、传统文化体验型农家乐等景点。山石村展览馆于2020年建成,占地面积240平方米。馆内有一面约120平方米的文化墙,以"幸福奋斗""加油圆梦"等为系列主题,对村落历史、修路故事、村落建设、传统文化等进行介绍。展览主题围绕"奋斗""实干"等关键词,为游客介绍从过去贫困生活到如今幸福生活的变化过程。在上级部门的支持下,村里拍摄了以"最后一公里"为主题的实干奋斗微电影,游客在展览馆内即可观看。山石村充分发挥自身优势,将传统农业、绿色生态、现代旅游结合起来,探索体验式的乡村农家生活,在展览馆旁建设了农家乐体验店,游客可体验推磨、种植、喂养牲畜等村落传统文化。村里还销售村落土鸡、腊肉等。为帮游客深度了解"最后一公里"感人故事背后的精神传统内涵,村落将文化传统优势转变为现代旅游发展特色,让游客亲身体验乡土社会农家生活的同时,深入了解和认识推动村落发展的正能量和实干精神。

　　山石村在打通通往外界的山路之后,发展步伐有了全新变化,群众的腰包鼓了起来,村落村舍的面貌发生了变化。特别是在推动乡村旅游建设进程中,村集体通过积极争取上级资金、宣传村落品牌、体验农家文化等措施,逐步宣传并形成了村落旅游建设的品牌形象。在山石村乡村风貌发生变化的同时,人居环境也得到了改善,乡村环境的改善助推村落整体面貌形象得到了大幅提升,为乡村旅游注入发展活力。以实干精神为引领,美丽乡村建设助推村落发展取得了进展。村落外墙粉刷总面积共7 200平方米,完成了屋顶瓦面更新、道路维护等工作。以实干实践为推动,村民们积极学习外地先进村落建设经验,在卫生设施建设方面开展厕所革命,建设了智慧公厕一座,完成16座厕所改造工作,同时建设了村民休闲广场、村落景观等。在积极开展村容村貌提升的同时,山石村以村落道路开通为契机,加强石漠化治理工作,已规划出260

亩的石漠化治理区域,为村落可持续发展奠定了基础。① 通过一系列改善村容村貌的措施,村落整体形象得到了提升,促成了村落发展之路,改善了村落建设的整体形象面貌,不仅使得山石村农业生产效益逐步提升,也激发出乡村旅游发展潜能,智慧公厕、环境整治、石漠化治理、景观建设等一系列组合拳推动形成了山石村实干实践之路,真正实现了村民的健康生活、收入增加和幸福追求。

山石村的脱贫之路不仅是道路和村落建设上的进步,更是精神价值的胜利。村民们用实际行动将村落文化传统运用于村落发展实践之中。人们不畏艰难的品质成为村落建设发展、追求幸福的不竭动力。在山石村极具特色的传统节日荞菜节来临之际,村民们兴高采烈地为来自远方的游客送上祝福。以传统文化习俗为特色的荞菜节,举办时间是每年农历四月第一个属龙日。该节也称作荞年节,具有喜庆丰收之意。过去村民们常望着其他村落村民过节,现如今大家一同过上了好日子。近年,山石村村民人均年收入达到 2 万余元,村民的就业率持续提升,基础设施改善后已成功流转土地 30 亩,拓宽了村落发展和增收的渠道。村民们借节庆吉时,表达美好祝福和对幸福生活的热爱,不仅传递着对先辈的感激和尊敬,更传递给后人实干兴村的理念和追求。人们对风调雨顺、五谷丰登、家业兴旺等美好事物的追求更加真切和真实。

山石村多元共治的主体在参与村落治理过程中,探索出具有村落特色的共建共治共享治理路径。基层治理主体的协同参与和共建理念,不仅使实干兴村的理念得到有效实践,而且推动形成了村落文化传统与乡村共建共治的有益结合,实现了在制度性框架顶层设计下,地方精英发挥带头作用、村落治理主体广泛参与、村落治理实践良性循环的局面,也实现了从被动治理到主动参与的转变。山石村的乡村振兴之路不仅是经济增长、收入增加,更重要的是持续性均衡性发展。村落在基础设施、环境、文化等方面均取得了成绩,不仅村民们的收入得到增加,而且村民们更加积极主动地参与治理过程、服务村落建设、享受治理成果。村落致富能手带领群众决战脱贫攻坚、建设文化传统精神高地,引领地区乡村振兴。山石村的乡村振兴之路也成为当地乡村振兴的缩影,为"后扶贫时代"滇桂边界地区乡村社会发展提供了宝贵经验。

---

① 根据 2023 年 12 月 8—11 日西畴县委党校提供的资料整理。

　　滇桂边界传统与现代糅合型村落的善治实践,在基础设施相对落后和资源相对较少的情况下,充分发挥出了传统价值内涵和内在动能优势,整体表现在村落以实干为引领助推村落建设发展的实践过程中。区域内此类型多层次的乡村治理要求,将传统价值演绎在实干奋斗的精神和实践之中。有别于区域内其他类型的乡村治理模式,传统与现代糅合型村落作为单一的村落发展类型,更加注重激发潜能、提升自治效能和开拓德治势能,激发广大群众共同参与建设美好家园的热情。当地村落因地制宜发展地方产业,为实现多元主体利益需求创造机会和发展动力,而山石村从打通村落通往外界的道路,到村落产业的发展,为持续推动乡村社会建设和治理进行了积极实践。

第二节　石头片区石漠化治理的实干创造之路

　　滇桂边界石漠化村落发展各具特色。由于村落所处地理位置各异,各村落的自然资源条件也各异。石头片区与山石村的石漠化地质条件情况类似,但突显出自身的乡村治理特征。本部分在如前所述基础上,重点介绍石头片区石漠化村落情况。石头片区石漠化村落与山石村的不同之处,在于石头片区石漠化主要特色是面积较大且交通设施和发展条件较具优势。相较于山石村的传统与现代糅合型村落实践模式,该片区可称为传统向现代转型村落。①笔者通过多层次乡村实践案例,概述从传统到现代转型过程中,当地乡村社会在克服地质资源困难基础上,努力发展地方产业所取得的实效和成果。村民在其中扮演了极其重要的角色,在乡村治理共建共治共享的实践过程中,促成了乡村社会治理的地方特色和建设发展特点。

　　滇桂边界传统向现代转型村落,主要特征突显了文化传统底蕴,并以此为自身发展特色,从广大村民共同参与村落建设,逐步过渡到共同实践的治理之路。当地村落在乡村治理的自治实践中,积极满足各层次村民利益需求和治理需要,在实现多元化治理实效的同时,发展了地方经济和农业。与如前所述的传统与现代糅合型村落相比,本部分所阐述的实践模式较具现代化特色和优势。文山州西畴县石头片区是石漠化严重的地带。当地山地石头多、绿色

---

① 为尊重当地村民习俗,本部分所涉及的村名、人名均作了匿名化处理。

植被严重不足导致水土涵养能力不够,造成绿色植被稀少、村落耕种用地极其缺乏等情况。然而,就是这样一个石漠化严重的地区,村民们不畏艰苦、不惧艰难,凿石开山,用勇气和毅力敲出一片新绿洲。片区内的六个行政村落实现了生态良好、产业繁荣的转变,曾经石漠化严重的片区村落,在苦干实干优良传统的感召下,积极奋进,形成了具有地方特色的文化传统。片区内村落从过去落后的面貌,转变为乡村旅游、产业发展、乡村治理、基础设施建设等协同并进的发展态势。通过多年的奋斗努力,片区内已建设了 869 个小型水利工程、9 个"五美乡村",2018 年获得国家石漠化地质公园认定,2020 年建成 AAAA 级景区,年人均可支配收入达 2 万余元。[①] 可以看到,石头片区不仅在治理层面发挥主动积极优势,而且从设施、景区、产业等入手,为村落社会发展注入了传统价值与现代建设相整合的强劲动能。

一、以实干苦干精神为引领,激发乡村建设主体活力

在滇桂边界乡村全面振兴的征程上,彰显新传统的实干苦干精神不但没有过时和落后,反而突显出具有地方特色价值品质的塑造作用和内涵。村民们发扬不怕苦、不怕累的精神,成功整治 2.2 万亩土地,从根本上实现了青山绿水的生态环境保护升级。不同于前述山石村的石漠化治理过程,石头片区的石漠化治理面积大、涉及人口多、联动工程多。因常年绿色植被稀少,蓄养水分的条件不好,所以除炸石开凿外还要考虑水利设施、基础设施等建设。针对山区地形、石山条件,修筑小型水窖、引水工程等成为水利建设的重要内容。在水窖建设的基础上,通过争取上级资金支持,建设连接小水窖设施的送水网络,使坝子、汞池、管道相互连接,为高效利用周边水资源、修复和改善周边水利设施和生态环境提供了支撑。不同于山石村建设的实干实践,石头片区从实际出发,针对周边石山面积广、水资源缺乏等实际情况,建造了农业灌溉系统、生产生活用水系统等,诠释了另一种实干精神的实践运用过程。以当地村落文化传统价值内涵为引领,带动村民发挥主体能动和积极动能,所产生的主动实践和积极作为,为乡村社会发展带来了新的动力。

滇桂边界乡村振兴以实干苦干为引领,并不代表仅仅是埋头苦干或老牛

---

① 根据 2023 年 11 月 10—20 日西畴县石头村提供的资料整理。

拉车式的工作方式。更有效的措施是从实际情况出发带领广大群众干事创业出成果。鼓舞干劲、找准定位、持续发力、攻坚克难,才能称得上是真正发扬苦干实干精神。随着片区内土地整治、水利建设持续改善,在推进石漠化治理过程中,村落生态建设得到有效加强。在村落封山育林、植树造林、退耕还林等基础上,村落林地面积、粮食产量、经济收益等显著增加,生态工程建设的有益实践,为乡村旅游带来新的发展机遇。在石漠化治理过程中,村落因地制宜打造石漠梯田,通过恢复林地、修建窖池,将秀美山水与石漠原貌相结合,成功申报石漠化公园4A级景区,片区内的乡村旅游发展自此进入新阶段。石头片区充分调动了村民的内在动力,从内在价值、目标追求等方面,激发村民的内在激情和外在行动。石头片区村落建设发展的致富之路,是发动广大群众克服自然条件困难制约,发挥主观能动性的积极探索。当地村民群众的主观能动性,建立在传统的价值内涵基础之上。村落充分挖掘群众自主性、创造性的实干实践,在增强群众自我发展、自我建设能力的同时,激发着群众主体意识和主观能动性,使得基层自治释放出新的活力。

二、以实干创造为实践重点,推进乡村致富发展之路

石头片区以实干创造的行动力为抓手,不仅体现在村落建设的基础层面,而且进一步表现在助推村落社会持续发展的致富方面。从实干实践到实干创造的转变,从多元主体参与的基层建设,转变到多层次的乡村实践路径,形成了石头片区从基础建设到职能升级的转变。石头片区积极推进农业产业发展,引进果、牧企业带动当地发展,形成"公司 +"的联合发展模式。如今,片区内引进的猕猴桃企业种植规模已达 2 700 亩,产品包括中华猕猴桃、美味猕猴桃、毛花猕猴桃三大系列,包含红心、黄心、绿心等 10 个品种,年产近 800 吨。除此之外,桃子、李子、苹果等也已规划种植,探索出了果树产业的发展模式。[①]在凿石扩地、引水建渠拓展种植面积之后,石头片区农业种植成为当地发展的支柱产业。在大力拓展果树种植基础上,当地烤烟种植规划成为规模化连片种植区。作为传统的种植项目,当地烤烟种植面积已达 2 300 亩,为烟农带来近千万元的年收入。当地还种植大豆、万寿菊、荞麦等农作物达千余亩,进一

---

① 根据 2023 年 11 月 10—20 日西畴县石头村提供的资料整理。

步拓展了农作物种植规模和品种。通过实干的精神引领、实干的创造示范、实干的成果产出，石头片区石漠化治理初见成效，农业产业发展初具规模。实干型创造进路为村落农业开辟了广阔的发展空间，也通过充分挖掘村落发展优势，释放出极具地方农业种植特色的示范效应。

在规模化种植的农业产业发展进程中，石头片区村民参与村落建设的主体能动性，村民参与村落治理的实践行动力，均通过特色化种植、规模化农业、多元化经营得以呈现。区域内乡村治理的自治实践，需满足多元化的村落发展需要和多层次的村民实践需求，以促进该类型乡村治理的善治实践。如前所述，实干创造的行动为石头片区乡村农业发展助力加码，而在种植规模不断扩大的同时，经营管理能力和模式成为影响当地发展的主要因素。村落探索学习先进地区管理经营经验，在现有规模化种植的基础上，加大培训和学习力度；通过引进企业、优势互补、资源整合等举措，探索"公司＋基地＋合作社＋农户"的管理模式；充分发挥村集体在乡村治理过程中的自治优势，结合种植业发展乡村旅游、宣传展览等模式，建立起石头石漠化综合治理展览馆，将种植业与旅游业结合，将石山、景点、展览、农业进行联动，发展具有当地特色的多元化经营模式。可以说，在村落实干精神的积极带动下，治理主体深度参与和主体能动的有效发挥，将多元共治和多层次实践的路径诠释到乡村社会发展的特色化建设层面。石头片区村落的实干传统得到了很好的诠释和解读。石头片区以实干＋创造的新阶段实践模式，为实现村落多元化发展需要和村民利益需求创造了有利条件。村落在建设多元管理模式和经营模式过程中，充分调动村民群众的积极性赋能村落共建实践，为共同治理地方村落社会提供了有力保障。

滇桂边界地区村落中传承和发展着的传统价值观念，通常在现代社会发展与传统价值整合过程中，存在间隙式耦合影响和空间，使得价值传统与现代社会发展的整合出现一定偏差。这对区域内村落社会发展模式和路径选择提出了新考验。石头片区村落中传承的实干传统，通过内在的价值引导促成村民主体能动性和内在动能，让村民既是村落社会发展的参与者和实践者，也是村落发展的受益者，使得村民的自我管理和服务能力更具共建共治共享的积极效能，为乡村社会治理格局中人人尽责和人人有责的基层治理理念增添了生动的实践案例。石头片区村落石漠化治理进程中，以实干精神为引领的村落建设,带动广大群众积极投身于村落凿石修路、引水筑渠行动之中。当地石漠化治理也是乡村治理的一部分,更是群众传承和传递文化价值传统、发扬实干苦干精神、传递实干创造价值的探索实践。村民们参与乡村治理的实践过程是多层次、多类型的。在充分发挥自治效能的过程中,村落建设中的传统塑造、价值引领成为共建共治共享的依托。以实干带动的价值示范效应,为村落发展奠定了实干创造的实践模式和路径,为村民共建共治共享提供了有价值意义的生动实践。

如前所述,多层次的乡村治理善治实践,为地方村落不同阶段建设创造了有利条件,在满足村民群众多层次利益需求的同时,也为乡村社会新阶段的发展提供了有力保障。该区域内村落的基层善治实践,不仅需要考量村落自身不同阶段的发展需要,还需在不同阶段有侧重地将文化传统的内在要义释放于乡村社会建设发展之中,在围绕地方村落传统和现代社会转型升级的耦合实践中,创造和培育出具有当地村落历史传统特色且符合地方社会发展现代需求的实践内容,以此作为乡村社会发展的推动力,实现区域内不同类型地方乡村社会治理的善治实践。

山石村是区域内石漠化严重的村落。村民积极参与,共同建设村落,在村落发展的第一个阶段,为实现乡村社会的建设目标积蓄了积极动能;在打通村落通往外界的通道后,积极实现产业的目标追求。村民以村落发展和个人利益为导向,积极参与乡村社会的自治实践并为共建美好家园付出了巨大努力。山石村的乡村治理实践,充分发挥以实干精神为引领的文化传统内在价值,为村民共同参与村落建设提供了前期奋斗动能。然而,在山石村实现第一个目标之后,村落进入建设的第二个阶段,相对应的乡村治理实践方式也发生了变化。多元化的村落发展需要,助推形成乡村产业建设的雏形,山石村的农业产业也在此阶段实现了转变。在实现乡村社会多元化发展的过程中,该片区的发展动力更具优势。在发展初期阶段,石头片区村落社会以石漠化治理为主要抓手,发扬实干精神,在片区进行了多区域的石漠化治理,并取得了显著的成效。然而,与山石村不同的是,该区域基础设施相对较好,地区产业发展优势更大。在村落建设的第二阶段,出现了更为多元的村落发展需求和多层次的村民利益需求。区域内乡村社会的治理实践,需充分尊重和适应地方社会的发展需求,在此基础上更好地发挥乡村治理的自治效能和德治效能。要实现石头片区的乡村治理善治实践,村落社会多元化产业发展必不可少。广大村民在共同参与乡村治理的实践过程中,以"实干+创造"的实践方式,大力推动了该类型村落从传统型向现代型的转型升级。村民们的共同建设和共同治理实践也为村落发展注入了文化传统和现代社会发展的重要力量。滇桂边界的乡村社会治理不仅具有传统传承效应的地方特色,而且具有地方文化传统、基础条件等优势,以传统和现代结合的方式,并结合不同村落的实际情况,形成了独具地方村落特色的实践方式和创造方式,给广大村民提供了积极参与共建共治的平台和条件,实现了不同类型村落在不同发展阶段的乡村治理特色,以此为基础释放出文化传统价值在推动乡村治理现代化建设中的积极力量。

第十章 »

德保乡村治理中的仪式传统与族群互动

党的十九届四中全会强调"推进国家治理体系和治理能力现代化",[①] 为新时代坚持和完善社会治理制度明确了新目标。健全城乡基层治理体系对构建社会治理新格局具有重要意义。乡村社会治理是国家治理现代化的重心。[②] 以多元共治为抓手的基层社会治理体系,为推进乡村社会治理现代化提供了有效的整合路径。传统是人们价值生活的重要构成,体现对现代社会进步的助推作用。[③] 在以社会主义核心价值观为引领的文化体系中,少数民族传统文化作为中华文化的重要组成部分独具研究价值。在对壮族地区仪式传统进行剖析的同时,充分挖掘民族文化精神特质和仪式内涵,对促进壮族地区社会治理有着重要启示。

乡村社会治理架构既存在外生性制度,又存在地方规范隐性在场的内生性秩序。[④] 外生性制度为村民自治提供法律保障,内生性礼仪规范发挥着价值观塑造作用。学界普遍认为外生性与内在性存在协调互补与内外张力。一方面,乡村法治化进程并不是无视乡村原有的伦理风俗,内生性地方规范能

---

① 中国共产党第十九届中央委员会第四次全体会议公报 [M]. 北京:人民出版社,2019:8.

② 公丕祥. 新中国 70 年进程中的乡村治理与自治 [J]. 社会科学战线,2019(5):10-20.

③ Edward Shils. *Tradition*[M]. Chicago:The University of Chicago Press,1981:330-331.

④ 董建辉. 宗规族约与地方社会秩序维持 [J]. 三峡大学学报:人文社会科学版,2019(1):1-6.

为构建现代法治秩序提供合理基础。[①] 另一方面,在乡村治理场域中,内生秩序与外生制度相互博弈,内生性与外生性力量张力造成乡村社会秩序困境。[②] 从内生性秩序规范与外生性制度的互动轨迹,探讨实现乡土秩序和法治秩序的现代耦合路径,构建自治、法治、德治融合的现代乡村治理体系,备受关注。[③] 乡村社会三治融合的行动愿景,逐步成为基层治理结构中职能转变、社会调节、良性互动的实现路径。有学者提出在坚定不移实现基层法治建设的同时,应注重人治发挥的重要作用。[④] 在更多规则制度下乡的情况下,充分保障制度规章约定与基层主体活力之间的相对协调平衡,注重激发个体的主体性和主动性,逐渐受到学界关注。[⑤] 然而,地域和民族差别在构建乡村治理新格局中诠释出文化特性差异,乡村社会治理在内生性动力机制层面带有地域文化特色。壮族地方仪式传统从仪式的动员、实践及融合等层面传递文化诉求和社会整合问题,折射的地方文化的承继和演化过程在乡村仪式实践中映射出民族文化、风俗信仰与社会互动关联。本部分以历史与现实、纵向与横向的逻辑对话为主线,分析在中华传统文化形塑作用下,壮族乡村社会通过仪式传统塑造的群体交融场景,诠释在恪守礼仪的壮族村屯共同体中形成的少数民族地区乡村社会治理的现代价值。

本部分选取广西壮族自治区德保县壮族民间礼仪传统为研究对象。德保县地处桂西南,位于南岭走廊的西段,壮族人口占全县97.69%,[⑥] 是镇安故地的核心区域,自古受中华传统文化熏陶,同时又保留有较完整的广西壮族风

---

① 王露璐. 伦理视角下中国乡村社会变迁中的"礼"与"法"[J]. 中国社会科学,2015 (7):95-10;刘月霞. 中华传统美德融入当代乡村治理研究[J]. 高校马克思主义理论研究,2018(4):89-94;尹广文. "新乡土中国"社会团结的秩序基础[J]. 西北农林科技大学学报:社会科学版,2019(6):20-28.

② 贺雪峰,仝志辉. 论村庄社会关联——兼论村庄秩序的社会基础[J]. 中国社会科学,2002(3):124-133;欧阳静. 富人治村与乡镇的治理逻辑[J]. 北京行政学院学报,2011(3):44-48.

③ 马良灿. 实现乡村社会有效治理的路径探索[J]. 甘肃社会科学,2019(4):154-160.

④ 俞可平. 中国的治理改革(1978—2018)[J]. 武汉大学学报:哲学社会科学版,2018 (3):48-57.

⑤ 贺雪峰. 规则下乡与治理内卷化:农村基层治理的辩证法[J]. 社会科学,2019(4):64-70.

⑥ 德保县地方志编纂委员会. 德保县志[M]. 南宁:广西人民出版社,1998:634.

俗。文化的碰撞和融合在壮族传统礼仪展演过程中得以呈现。笔者以德保县壮族民间礼仪传统为研究对象,调研点分别位于德保县城西部约 20 千米的安村、德保县城西北部约 60 千米的喜村①。安村临江而建,属典型的"壮族住水头"的生活方式。喜村是桂西南典型的山区地形,交通不便,但保留了相对完整的壮族文化。安村和喜村在一水一山之间表现出的壮族村屯仪式文化异同,讲述着中华传统文明作用下的地域文化特质,承继和创造着展现地方乡土文明的内生性乡村秩序形态。

第一节　仪式象征与解释框架: 文化内涵的追溯表达

一、仪式传统的内涵释意

民间传统信仰、仪式象征影响着社会大众的思维方式、社会关系及生产实践,提供了考察社会与文化的基层视角,对理解文化传统具有重要意义。② 仪式作为文化传统的有序展现形式,在乡村社会日常生活中不断演化。格尔茨(Geertz)对文化的解释认为,人的发展几乎依赖于文化积累,依赖于习俗的不断增长,而不是依赖于身体变化。③ 习俗中蕴含着深层内涵。生命礼仪标志着人生不同阶段的特殊仪式经历,具有特殊的"通过仪式"象征。"通过仪式"由荷兰学者根纳普(Gannep)提出,指从人生一个阶段到另一阶段的过渡,一种世界或社会向另一类型的转变。④ 我国有"礼仪之邦"之称,"仪式"在中国传统文化中有"仪""礼"的含义。《三国志·魏书》曰:"楚为人短小而大声,自为吏,初不朝觐,被诏登阶,不知仪式。"⑤ 仪式表达的具体内涵在社会背景中显隐呈现,仪式成为最重要的区分不同文化、语境、背景、信仰等的表达方

---

① 为尊重当地村民习俗,本部分所涉及的村名、人名均作了匿名化处理。

② 王铭铭. 中国民间宗教:国外人类学研究综述[J]. 世界宗教研究,1996(2):125-128.

③ [美]克利福德·格尔茨. 文化的解释[M]. 韩莉,译. 南京:译林出版社,2008:51.

④ Arnold van Gannep. *The Rites of Passage*[M]. Chicago:The University of Chicago Press,1960:10.

⑤ 陈寿,著. 三国志·魏书[M]. 裴松之,注. 天津:天津古籍出版社,2009:271.

式。① 壮族仪式情境中的文化内涵表达方式,体现了文化关联和家族联系在纵横向度上的互动逻辑。人们通过仪式从心理上产生依赖感,仪式情境及参照物建立起历史认同的社会周期,不同系统的仪式情境影响着人们的生活。②

通过对地方仪式文化的内涵分析可知,仪式传统不仅体现为民间信仰的地方文化展演方式,在情感交流和象征意义的表达中也呈现出仪式的深层含义。学界对传统仪式功能及社会互动关系有更多诠释。20 世纪 60 年代,施舟人(Kristofer Schipper)对我国东南沿海信仰仪式进行了深入考察,分析了仪式专家的角色转变,发现他们不仅是仪式的主持者,还扮演着治疗师的角色。仪式的疏文中可以看出村落的层级关系,"高功"有将名字写在疏文主要位置的特权。③ 公共仪式的疏文联系了传统仪式和当地群众,是社会关系的文本表现。民间信仰中与仪式传统相联动的程式行为,表达的不仅是社会层面的世俗形态,在某种程度上也隐喻了精神世界追求的层级定位。武雅士(Arthur Wolf)在对中国沿海农村地区考察分析后认为,地方仪式的一些步骤是地方对神所负责地区的确认,人们对祖先的崇拜是敬礼的行为,人们精神世界的层级关系逃不脱思想层面的观念。④ 从社会关系中隐喻出的权力结构,是仪式传统对中国社会关系的形塑表达,与此同时通过仪式还表达出对道德规范的关注。美籍华裔学者杨庆堃(C. K. Yang)在《中国社会中的宗教》中提出"制度性宗教"和"弥散性宗教"的概念,并从中国公共信仰仪式强化社会互动的角度进行分析,认为公共的民间信仰仪式,如庙会、节庆活动在周期性举行的同时,将信仰、经济、娱乐、社会关系交织在一起,成为一种交往圈子的场合,在强化乡村社会联系的同时,也加剧了宗族之间的攀比和竞争,信仰与传统社会道德秩序的关系在仪式中呈现出来。他认为信仰在强化世俗道德方面起到

① 彭兆荣."礼"之体与"仪"之用——中国与世界的仪式人类学对话 [J]. 云南民族大学学报:哲学社会科学版,2013(6):6.

② [英]王斯福. 帝国的隐喻:中国民间宗教 [M]. 赵旭东,译. 南京:江苏人民出版社,2018.

③ Kristopher Schipper. "The Written Memorial in Taoist Ceremonies" [M]//Arthur Wolf ed. *Religion and Ritual in Chinese Society*. Stanford:Stanford University Press,1974:312-320.

④ Arthur Wolf. "Gods, Ghosts, and Ancestors" [M]//Arthur Wolf ed. *Religion and Ritual in Chinese Society*. Stanford:Stanford University Press,1974:136-159.

辅助作用,在维护社会道德秩序方面没有权威性。[1] 该研究在公共仪式层面提到了乡村社会关系,涉及道德秩序和社会规范,对特定区域族群仪式的社会整合仍有探讨空间。

学界对我国信仰仪式的关注从互动关系逐渐转变到类型功能的阐述,并试图呈现更多程式细节。然而,在民间仪式的类型划分和人际交往关系中,仪式的互动逻辑在特定时空场域中常隐喻着不同的形式表达。郝瑞(Harrell)在对中国民间信仰进行细致关注后,提出超自然社会秩序的解释。他在此处所指的秩序是一种与世俗社会相一致的社会秩序。他世群体的社会秩序与真实社会秩序相符,在生的地位、名誉与他者世界的秩序相联系,这是俗世社会秩序的反映,体现在民间仪式供奉的地点、规模及人们观念上的区别中。[2] 郝瑞所描述的超自然社会秩序实际上是一种社会结构的体现,与武雅士对人们在精神世界的层级供奉观念是一致的。这种层级关系某种程度上带有现世社会的印记。郝瑞使用仪式场景比较了超自然和世俗社会的层次关系。进入 20 世纪 80 年代,学界对我国民间信仰仪式的研究更为多元,涉及人际交往、社会秩序、结构层面等。芮马丁(Emily Ahern)通过对我国台湾地区民间仪式进行考察,分析了仪式传统与人际交往的关系,认为在仪式分类的基础上可以区分出不同人群的类别。中国的仪式指向的是精神世界,其基本的逻辑是日常互动的行为,但并不是所有中国仪式都蕴含了人际交往互动含义,也并不容易将仪式行为区别为人际交往的不同类别,比如在婚丧、盖房等择日上不存在与精神世界的互动。[3] 学界关注到了仪式与超自然秩序、社会秩序、道德秩序等层面的交融关系。法国汉学家劳格文(Lagerwey)在对中国东南部乡村仪式传统深入研究的基础上,提出中国传统的道教仪式文化作为一种仪式化的行动,是被赋予了象征意义的行为,浓缩了万物规律性的程式,体现出了事物间的秩序关系,通过仪式指向人的伦理规范,而具有象征意义的仪式行为传达超时空的

---

① C. K. Yang. *Religion in Chinese Society*[M]. Los Angeles: University of California Press, 1961:287.

② Steven Harrell. "When a Ghost Becomes a God"[M]//Arthur Wolf ed. *Religion and Ritual in Chinese Society*. Stanford: Stanford University Press, 1974:193.

③ Emily Martin Ahern. *Chinese Ritual and Politics*[M]. New York: Cambridge University Press, 1981:9-15.

深层含义。① 劳格文把道教仪式文化与伦理道德结合起来，从仪式的互动行为方面来诠释文化结构中呈现出的仪式象征意义。韩明士（Hymes）延续了前人的论证，提出用"两种模式"来理解中国人的神灵与个人的关系，认为这两种模式不是独立的，而是紧密联系、异轨合辙的。② 英国学者王斯福（Stephan Feuchtwang）通过对中国台湾地区乡村仪式的考察，强调由仪式活动连接的社会体系，在庆典仪式中显露出来等级顺序。③ 国外学者对我国民间信仰仪式秩序层面的关注，为笔者提供了很好的研究基础，为进一步对特定区域的族群仪式与乡村治理关系的研究提供了良好的启迪和借鉴素材。

我国传统仪式文化的研究范围逐步从东南沿海延伸至少数民族地区。一直以来游离于边缘和传统之间的民间仪式却遭遇文化正统性之争，而地方仪式文化越发受到学界关注，特别是对仪式程式及功能的阐释更加细致和系统，内容涵盖仪式功能、仪式专家的身份建构、社会秩序、文化传承等多个层面。④ 广西独特的人文风貌塑造了丰富多元的地方文化特色，《史记·秦始皇本纪》记载："三十三年，发诸尝逋亡人、赘婿、贾人略取陆梁地，为桂林、象郡、南海，以適遣戍。"⑤ 南宋周去非《岭外代答》曰："南人茅卜法：卜人信手摘茅，取占者左手，自肘量至中指尖而断之，以授占者，使祷所求。"⑥ 广西壮族形式多样的信仰文化造就了民族地区独有的仪式形态，壮族礼仪传统在生活习俗中不断呈现仪式内涵，通过各类人生礼仪体现出社会关系的变化。梁庭望、张声震分别对广西壮族婚丧礼仪、礼俗演变和程式进行介绍，并对壮族民俗文化中

① John Lagerwey. *Taoist Ritual in Chinese Society and History*[M]. New York：Macmillan Publishing Company，1987：286.

② ［美］韩明士. 道与庶道[M]. 皮庆生，译. 南京：江苏人民出版社，2007：289.

③ ［英］王斯福. 帝国的隐喻：中国民间宗教[M]. 赵旭东，译. 南京：江苏人民出版社，2018：43-44.

④ 徐祖祥. 论过山瑶道教的科仪来源和教义特点[J]. 贵州民族研究，2003（2）：151-156；岳永逸. 家中过年：中国民众信仰的生活化特质[J]. 开放时代，2008（1）：101-109；周越. 中国民间宗教服务的家户制度[J]. 学海，2010（3）：44-50；候杰. 民间信仰与村落和谐空间的建构：对大义店村冰雹会的考察[J]. 宗教学研究，2011（2）：203-208；李向平. 信仰与民间权威的建构——民间信仰仪式专家研究综述[J]. 世界宗教文化，2012（3）：110-119.

⑤ 司马迁撰，裴骃解. 史记[M]. 北京：中华书局，1959：253.

⑥ 周去非著，杨武泉校注. 岭外代答校注[M]. 北京：中华书局，1999：444.

的民间仪礼传统文化进行了阐释。① 覃圣敏主编的《壮泰民族传统文化比较研究(第三卷)》,对壮族和泰国的泰族的人生礼仪习俗作比较,诠释在生老病死、婚丧嫁娶等人生重要礼仪中家族内部的互动关系,以及在社交礼仪中产生的社会交往关系,并对民俗礼仪的不同特点进行了比较分析。② 除了对壮族生活习俗中的礼仪类型进行诠释外,学界以壮族礼仪的文化、历史、民族等角度为切入点,对仪式映射出的功能、文化、历史、民俗等层面进行分析,③ 呈现了与壮族礼仪相联系的诸多文化现象。2000 年后,学界对壮族信仰民俗的关注逐渐从民俗文化转变到了仪式传统层面,对壮族信仰中的各教派仪式进行深入研究,试图通过教派间的互动联系演示仪式传统与地方文化的关系。杨树喆通过分析壮族师公教的仪式象征意义,提到仪式专家通过仪式示范形成象征性的交际,以交流最为珍视的信念、价值、观念和情感。④ 以壮族仪式传统为切入点,郭立新通过调查广西龙背壮族丧葬仪式,认为各种社会关系在仪式中被均衡整合。⑤ 许晓明以壮族"艮郭"仪式为例,对仪式整合乡村秩序、强化村民相处的功能进行论证。⑥ 前人研究为笔者提供了良好的启迪和借鉴素材。

二、"时空互动"与"纵横交融"的解释框架

仪式表现的展演方式和程式含义被看作日常生活的强化,不仅是以社会互动为基础的高度仪式化,而且在仪式活动中指向被强化的娱乐、友谊等生活

---

① 梁庭望. 壮族文化概论 [M]. 南宁:广西教育出版社,2000:442-449;张声震. 壮族通史 [M]. 北京:民族出版社,1997:187-192.

② 覃圣敏. 壮泰民族传统文化比较研究(第三卷)[M]. 南宁:广西人民出版社,2003:1813-1968.

③ 范宏贵,顾有识. 壮族历史与文化 [M]. 南宁:广西民族出版社,1997:282-283;方素梅. 近代壮族社会研究 [M]. 南宁:广西民族出版社,2002:217.

④ 杨树喆. 师公仪式信仰——壮族民间师公教研究 [M]. 南宁:广西人民出版社,2007:76.

⑤ 郭立新. 荣耀的背后:广西龙背壮族丧葬仪式分析 [J]. 中南民族大学学报:人文社会科学版,2005(1):57-61.

⑥ 许晓明. 壮族"艮郭"仪式与乡村和谐社会构建 [J]. 文艺研究,2011(4):69-72.

空间。① 壮族地方仪式传统折射着地方文化的承继和演变过程,在乡村仪式实践中映射出民族文化、风俗信仰与社会互动的关联。

壮族村民通过仪式持续互动、交往,产生特定场域的社会关系,呈现出乡亲邻里之间熟悉的交流方式。壮族仪式传统呈递的地方文化展演过程,具有文化融合情景下的地方文化特性。从历史来看,广西壮族受中原文化冲击形成独具地方特色的文化生态,通过仪式呈现了传统与地方"纵横向度"的文化结构。在"时空互动""纵横交融"的解释框架下,笔者力图揭示在广西壮族乡村特定的地域空间中,壮族仪式文化通过对仪式行为的表达传递社会行动的表现方式,在对传统追溯中形成的乡村社会秩序怎样持续形塑了文化传统中的现代社会治理结构,辅助了地方乡村社会的治理实践。

特纳(Turner)在《仪式过程》中提到"交融"(communitas)的概念,强调在社区内地位平等的人们结成的共同体中,大家服从于仪式长老权威。② 本部分试图结合壮族地区实际对该概念进行调适,使用时空分析方法对壮族村落进行个案研究;在时间和空间两个维度中,整合纵向、横向两个向度的文化功能,使传统文化表达出的深层内涵作用于乡村社会运行轨迹;在时空视角下展演出纵横向度文化作用下的群体交融关系,形成壮族乡村村民交融的社会互动场域。

第二节　节庆仪礼:时空对话的互动关联

仪式在壮族日常生活中具有重要地位,桂西南壮族文化中的仪式传统传递着族群的互动关联。德保县是桂西南壮族人口聚集的区域,是壮文化的富矿区。2019 年 8 月和 12 月,笔者两次深入桂西南德保县安村、喜村开展实地调查。安村属桂西南典型的丘陵山坡地形,下辖 12 个自然屯,18 个村民小组,共 621 户,2 276 人。村内壮族人口占 99%,耕地面积 1 881 亩,水田 914 亩。脐橙、八角、桑蚕为全村支柱产业。喜村位于百色市和德保县两个区域的中间

---

① [加]丁荷生.中国东南地方宗教仪式传统:对宗教定义和仪式理论的挑战[J].学海,2009(3):32-39.

② Victor Turner. *The Ritual Process Structure and Anti-Structure*[M]. New York:Cornell University Press,1969:96.

位置,距百色市约 80 千米,离德保县城约 60 千米。全村共有 17 个自然屯,26 个村民小组,422 户,1 807 人,壮族人口占 100%。喜村地处广西少有的大山峡谷之间,山上植被稀少且缺乏水源,以蔬菜、甘蔗等农作物为主。①

德保壮族一年有四次比较重要的祭祖活动,时间是农历正月初一春节、三月初三拜山、七月十五中元节、十月初十送寒衣。喜村在 2020 年春节前举办了为期两天的仪式,追度多年前韦家过世的祖公。该仪式的目的是追忆祖先并祈福求平安。安村在 2019 年农历七月十五前举办了为期半天的中元节祈福仪式。按当地风俗,在中元节前要为过世一年的先人举办周年祭,同时祈愿全家安康。②两次仪式的形式和目的有所不同。表 10-1 中是壮族两大节庆前较传统的仪式活动,为笔者诠释了壮族不同生产生活条件下具有代表性的仪式文化展演内涵。

表 10-1　喜村追度仪式、安村祈福仪式基本情况比较

	春节前喜村追度仪式	中元节前安村祈福仪式
仪式内容	追度过世多年的韦家祖先,生者祈福	追忆过世一年的逝者,生者祈福求平安
仪式时间	2019 年 12 月,春节前,为期 2 天,通宵达旦	2019 年 8 月,中元节前,为期半天,上午举办
举办地点	喜村韦家祖屋一楼堂屋	安村农家一楼堂屋
仪式目的	家族集体纪念、祈福祖先,为生者求福	亲属集体纪念逝者周年,生者祈福求平安
所用法器	锣、鼓、镲、钹、档子、挂图	铜铃
仪式专家	喜村王文明道公班 5 人	安村赵奇法道公 1 人
参与人员	逝者亲属 28 人,邻居 10 人,共 38 人	逝者近亲 33 人
现场气氛	庄重、严肃	轻松、怀念

一、时间维度的能量传递

壮族村民的生活融入仪礼庆典中,与中国传统节庆相联系的民间仪式表达将节庆、仪式与生活串联了起来。喜村的追度仪式在中国传统节日春节前举办,仪式从 2019 年 12 月 20 日(己亥年十一月二十五)中午 11:00 开始正式准备,持续至第二天即 12 月 21 日 14:00。本场仪式通宵达旦,中程稍有调试,基本不作停歇。仪式时间在一个多月前由掌坛师傅王文明使用《罗经透解》

① 数据由安村、喜村村委会分别于 2019 年 8 月、12 月提供。
② 本部分所涉及的调研资料,根据 2019 年 8 月、12 月笔者在广西德保县调研笔记整理。

测算,择日不能与家族主要长者相冲,时间安排要使多数亲戚能聚集,更重要的是时间选取在春节前,有祈福纳祥之寓意。春节自唐宋以后传入壮族地区,现已演变为壮族最隆重的节日,家家户户祭祀祖先,祈祷安泰。[①] 壮族在一年伊始迎接新希望也是对过去的追思。春节前村屯亲朋好友易聚易交往,从广东、福建等地打工回家的亲朋好友一起追忆故人、超度逝者。生活的聚首与节庆的安排串联在村落仪式中,恒久的节庆传统演绎和诠释着现代社会壮族乡村村民的聚散离合。中元节自古是壮族仅次于春节的节日,也是亲友来往频繁的节日。"中元焚楮币,无贫富皆然。富家大族子姓数十聚饮于墓。"[②] 安村的中元祈福仪式在中元节前举办,仪式时间是 2019 年 8 月 7 日(己亥年七月初七)上午。该仪式由单人主持,不需动锣鼓,也不念诵长篇经文,仅使用铜铃等法器,供奉简单的鸡鸭供品。中华传统节日中元节有怀思祭祖之意,仪式安排在逝者过世周年之际,既是壮族家庭的聚会,也是对传统的延续。

喜村和安村均在不同时间节点传递着文化传统的深层内涵。喜村追度仪式开始于当天上午 9:00,掌坛师傅王文明面对家中神龛祖师神位进行简单供奉,向祖师禀告仪式目的。仪式专家与祖师的形式对话表达出尊师重道的文化传统。安村和喜村的仪式礼程后有一个共同点,仪式专家会把东家赠予的红包、猪鸭等礼品用于供奉祖师,他们认为道公饭碗由祖宗传下来,从祖业是祖先赋予的使命和职责。喜村的王文明祖传 8 代,安村的赵奇法祖传 9 代。这是一种祖传技艺或家族精神的世代传递。仪式专家对先辈的敬重影响着周围的村民,在壮族村屯邻里间传递了知恩报恩的正能量。

仪式在时间序列的演绎中串行排列。喜村的追度仪式有 17 道环节,时间从头天上午 11:00 不间断持续至第二天 14:00;王文明道公班 5 人上午 11:00 到达韦家现场布置坛场,制作幡旗,布置吊挂[③]等道具;13:16 开启第一个"启师"[④] 环节。仪式专家在说明仪式目的及背景后,首先奉请道教中的重要尊神

---

① 梁庭望. 壮族文化概论 [M]. 南宁:广西教育出版社,2000:469.

② 陈如金,修. 百色厅志(卷八)[M]. 华本松,纂. 清光绪十七年增刻本.

③ 仪式的幡旗是用竹竿挑起来竖挂的长条形白色旗子,记述着仪式的时间、地点、目的等;吊挂是悬挂在坛场半空,写上祈福及先圣名号的黄、白、红、绿、粉色条形纸,也有营造氛围之意。

④ "启师"是本场仪式 17 个环节中的第 1 个,作用是通过仪式向祖师等禀告事项、邀请护持。

和古圣先贤,分别是"清徽灵宝显佑祖师,玉堂主教清都先生张真人,法堂演教简籍先生陆真人,玄堂传教广成先生杜真人,玉清圣境大罗元始天尊,上清真境洞玄灵宝天尊,太清仙境老君道德天尊……"[①] 此处的三位真人中,陆真人是南北朝时期道教宗师陆修静,张真人是唐朝高功法师张万福,杜真人是唐末五代高道杜光庭,他们均为道教发展史上的先圣大德。玉清、上清、太清分别是元始、灵宝、道德三位天尊。按照广西壮族道教仪式传统,通常仪轨前奏要迎奉古代圣人,仪式后续又要敬奉家族祖先,表现出壮族仪式传承古圣先贤美德、感恩家族祖先德佑的美好寓意和愿望。

二、空间维度的族群聚合

喜村追度仪式分内坛和外坛两部分坛场,空间结构场景映射出仪式现场家族内部亲属间的互动关联。作为仪式主坛场的内坛布局,在联动家族成员过程中体现出辈分高低、男女有别、长子为大的家族内部关系。民间仪礼反映在角色关联、社会关系上,仪式场景的转变折射出家族内部地位和亲属关系。[②] 在喜村追度仪式中,韦家亲属分三排蹲跪,大家潜意识中遵循着家族中长幼尊卑、男女有别的规矩,体现出壮族传统的男主外、女主内思想。家族主要成员分工明确,长孙和次孙作为召集人站在第一排,负责仪式"买水""持首幡"[③] 等重要环节;其余家族成员按照前长后幼、左女右男、前直系后旁系的区别站位。在仪式专家的助推协作下,家族成员之间的联动关系在仪式空间布局中得以呈现,自发形成的空间布局在反映壮族群众价值观的同时,体现家族成员地位的尊卑之别。家族内部遵循着分工协调、能者多劳的协作关系,而这一切又以仪式传统为核心串连,映照出壮族传统村屯家族成员间的互动关系(图 10-1)。

---

① 根据 2019 年 12 月笔者在广西德保县调研笔记整理。

② Emily Ahern. "Affines and the Rituals of Kinship" [M] //Arthur Wolf ed. *Religion and Ritual in Chinese Society.* Stanford: Stanford University Press, 1974: 279-307.

③ 壮族丧葬习俗中的"买水"是指儿女到河边为逝者取水,把铜钱放于水中后取回水为逝者擦身,如不这样做会被邻里谴责。仪式中的"首幡",是手持的用细竹竿挑起的长条状旗帜,悬挂着的三张长条形红纸上分别写着祖师名号、仪式目的、逝者生辰等信息。

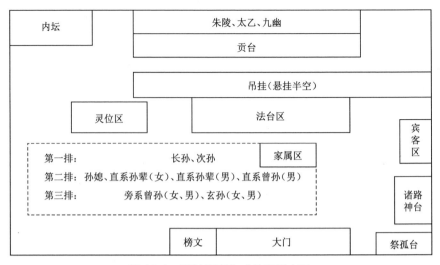

图 10-1 喜村追度仪式的空间布局

家族的内部联动充分展现在仪式坛场的空间站位中,家庭及邻里间的人际交往关系又通过仪式勾勒描绘,表现出一种亲密、疏离或褒贬的邻里互动关系。信仰是社会生活的产物且具有社会意义,当一个人逝去时会引起群体人际关系的变化或组合。[①] 在仪式空间中,家人的财力状况及敬老德行会获得乡邻的评价,这种评价促成了家族及村屯内部亲疏远近关系的新平衡。广西其他地区壮族仪礼中也同样反映出家族内部及村屯乡邻之间的关系,如龙脊地区通过葬礼仪式对逝者生平予以肯定,子女敬老扶幼的德行也会在仪式中得到乡邻褒奖。[②] 喜村追度仪式坛场布局体现了道教文化的诸多要素。从坛场布局的结构来看,内坛由主神位区、贡台、榜文区、诸神台、法台区、灵位区及家属区等构成,外坛置于门外,由幡旗、天地案组成。堂屋正前方悬挂朱陵度命天尊、太乙救苦天尊、九幽拔罪天尊神像,下方张贴"慈航广度"四字,左右联分别为"六御高真降斋筵""三清大道临法会"。喜村仪式坛场前方摆放的牌位共有七块,其中两块是祖师和师兄名牌。一是掌坛师傅王文明的祖师牌位。壮族道教中的仪式专家祖师地位很高,无论大小仪式场合首要任务是迎奉祖师,安村赵奇法一人主持的仪式也同样先摆祖师名牌。二是在世师兄

---

① 金泽. 中国民间信仰 [M]. 杭州:浙江教育出版社,1995:106.

② 郭立新. 桂东北壮族的丧葬礼仪研究 [M]// 王建新. 南岭走廊民族宗教研究(上). 北京:宗教文化出版社,2011:292.

牌位。本场仪式共有七位师兄名牌,仪式现场的四位师兄位列其中。这四位师兄分别是仪式专家王文明的正戒师兄、监戒师兄、腾箓师兄、传法师兄。祖师和兄长在壮族族群关系中具有特殊地位,在世兄长的名字也可写在名牌上,在族群关系中体现出兄长更高的地位,也传递出壮族群众尊师重长的理念。空间布局中传送仪式精神内涵,映衬现实生活中族群间的互动逻辑。尊师敬长的观念则是中华传统文化在壮族民间仪式中的真实体现。

第三节　传统承继:纵横向度的文本洞见

承载中华优秀传统文化的文本资料,在壮族地区民间流传演变的过程中,不同程度上诠释了中华文明的智慧结晶。在喜村、安村的仪式活动中使用的文本共有文书和经书两大类。喜村使用的文书为疏文、表文、牒文、通文、启文、奏文、申文等七类,分别用于上奏、启报等程序事项,使用毛笔楷体字写在红、黄、白、紫四色纸上。经书的类型则分为科仪类和密旨类,十一本经书均为清朝祖传的孤本。安村使用的文书是疏文,用于启奏仪式内容。在中国传统民间社会中,村落仪式中的疏文涵盖仪式方方面面,在庄重的祭祀仪式或大型的典礼上都会被诵读。[①] 科仪文本传达仪式内容、亲属信息的同时,也映衬出壮族传统文化的内涵特质。

一、纵向维度的传统建构

壮族乡村仪式文书的内涵独具传统性和传承性,流传于民间的文本内涵为壮族人民传递着数千年中华文明精髓,也在壮族乡村诠释了地方民族文化特色。壮乡每场仪式使用表文几乎是惯例,用于上奏的表文记录了仪式目的及要义。喜村追度仪式表文使用白底黑字,文书格式自右向左竖排毛笔书写,表文中有"上生天堂,逍遥自在无为,衣食自然,冤仇和释,报停永度三涂五苦"[②] 的表述。此段表述出自中华传统典籍《道藏》中《上清灵宝大法》卷

---

① Kristopher Schipper. "The Written Memorial in Taoist Ceremonies" [M]//Arthur Wolf ed. *Religion and Ritual in Chinese Society*. Stanford: Stanford University Press, 1974: 322.

② 本部分所引壮族表文、牒文、经书等文本材料,为笔者于 2019 年 8 月、12 月在广西德保调研所获资料。

四十五"永辞长夜,睹见光明,万罪荡除,冤仇和释"。① 文意表达对祖先祝福的同时,也体现了壮族对美好生活的向往,是人们对故人的追忆,并传达着现世的憧憬。道教的《元始天尊说东岳化身济生度死拔罪解冤保命玄范诰咒妙经》也有类似描述:"冤仇和释,苦恼痊平……上生天堂,逍遥自在……财物丰盈,衣食自然。"② 壮族群众加入了地方化的组合表达,但与传统文化的内涵保持一致。表文中关于"三涂五苦"的表达,亦出自道教《太上洞玄灵宝三涂五苦超度生死妙经》有关"三涂五苦八难"③ 的阐述。文本意涵为不忠义、不孝顺者将受到苦难惩罚,这是中华传统文化孝忠、仁义、慈信等观念的原意重现,传达出浓厚的忠义思想及仁信礼仪的教化思想。喜村壮族春节前举办的追度仪式使用的牒文具有仪式呈奏及精神传递的文化功能,牒文的上奏内涵提到"同承善果,均证生方,必达上圣,垂赐感通……",传递出中华传统文化的善因善果思想。在壮族社会家族善业代代相传,壮族群众受传统文化影响,呈现了内在教诲和行为端正的意涵。壮族群众具有很强烈的尊老敬老观念。中华传统文化在形塑壮族思想行为的同时,也建构着乡村社会秩序规范。

二、横向维度的文化意涵

壮族文化在演进过程中建构出独特的地方仪式文化表达方式,特别是呈现报答父母养育之恩的特殊仪式。德保壮族家中通常会在堂屋悬挂"福、寿、康、宁"字样的刺绣牌匾,分别对应家中老人四十九岁、六十一岁、七十三岁、八十五岁四个人生阶段求福寿仪式,是晚辈对老年人不同人生阶段的祝福或长寿健康的祝愿。从字面上理解,"福、寿、康、宁"分别代表着各个人生阶段为老人祈求的增福添寿意涵,地方化的仪式传统对敬老文化的含义陈述,展示了壮族尊老爱老的价值理念。民间信仰往往会强化个体对共同体的认同感和归属感,共同的信仰会带来共同的价值观。④ 在喜村和安村的仪式现场

① 道藏 [M]. 北京:文物出版社,上海:上海书店,天津:天津古籍出版社,1988(31):116.
② 道藏 [M]. 北京:文物出版社,上海:上海书店,天津:天津古籍出版社,1988(34):730,732.
③ 道藏 [M]. 北京:文物出版社,上海:上海书店,天津:天津古籍出版社,1988(6):276.
④ 孙尚扬. 宗教社会学 [M]. 北京:北京大学出版社,2003:121.

也展演了类似谢祖报恩的仪式。喜村追度仪式"亨食"环节中,仪式专家在《亨食壹科》念词中传递出对先人生儿育女不易的情感,念词提到"养育我够劳,未报恩高,羔羊跪乳答亲情,乌鸦尚有反哺义,人不如鸟,教子训孙与我鞠育……"。[①] 壮族群众以鸟兽报恩比喻子孙后代应该报答长辈恩情,是壮族孝顺长辈和尊敬师长思想的体现。祖先的辛勤劳作创造了后人的幸福生活,人们通过仪式教诲孝男孝女谨记先人恩情。安村的中元节仪式也有类似表达,在"念经"环节,念词中亦有"或见利忘义,不廉不耻,喜新厌旧,知恩不报,如是等罪,无量无边……"[②] 的表述,强调后人对长辈要知恩报恩及懂得礼义廉耻的思想。该仪式使用的疏文《中元节届送衣物金银财帛疏文》简要传达了本次仪式目的,主要内容是子孙为报答先人的养育之恩,祝福先人并择时敬奉以祈安泰。群体性民间仪式意在强化群体认同及共识,凝聚社会群体,理顺社会关系。[③] 建立在群体共识基础上的行为动机,共同指向壮族群众价值观念,某种程度上强化了壮族人民的思想意识和行为规范。

这些凝聚着中华传统文化的智慧结晶,是壮族人民在富饶的广西地区生生不息、筑梦奋斗的丰厚滋养。在纵向和横向两个向度文化交织作用下形成的壮族乡村传统文化情景,架构起壮族乡村社会尊老敬老的价值体系。价值在社会互动中体现为集体整合性,整合性的一大特征就是向信仰领域扩展。[④] 文本展演的方式,从侧面体现出仪式传统传递的价值观念,使得壮族尊老敬老的美德在不同地域环境及生活场景中不断演进。仪式以文化融合和文本形塑展示出壮族价值观念的形成过程,在仪式传统中诠释区别于民族和地域文化的壮族群众共同目标和归属,村落则成为具有整合性的共同体,其中蕴含着很强的凝聚力和价值生产能力。[⑤] 当前壮族乡村仪式铸就的价值观念,使得村屯共同体的形成充满现代意义。德保壮族村屯共同体的传统文化整合类型,构筑起乡村治理的现代价值理念。

---

① 《亨食壹科》(手抄),系笔者于 2019 年 12 月在广西德保县调研时所获资料。
② 《转经科》(手抄),系笔者于 2019 年 8 月在广西德保县调研时所获资料。
③ 金泽. 中国民间信仰 [M]. 杭州:浙江教育出版社,1995:106.
④ [德] 西美尔. 宗教社会学 [M]. 曹卫东,译. 上海:上海人民出版社,2003:120.
⑤ 董磊明,郭俊霞. 乡土社会中的面子观与乡村治理 [J]. 中国社会科学,2017(8):147-151.

第四节　仪式的交融场景与壮族乡村善治实践

随着国家治理体系和治理能力现代化的不断完善,在自治、法治、德治相结合的新型乡村治理体系中,基层群众的主体作用、传统文化的助推力量以及内生动力的辅助功能不容忽视。在仪式传统呈演的交融场景中挖掘出村屯共同体内涵,洞见纵横向度作用下主体能动、内生动力和传统承继的现代价值意蕴,为乡村社会治理提供了仪式传统意境下的价值垂范意向,诠释了乡村社会治理的现代效能。大传统和小传统的共同作用下形成的德保壮族独特的民族文化形态,在流传至今的文化积淀中不仅反映在当地群众生活习俗中,更形塑着群众的思维习惯和行为方式,持续构建着壮族乡村社会治理结构。

一、主体能动性释放自治价值效能

壮族群众主体能动性体现出乡村自治实践中共同的价值目标和情感归属,村民的主动性和主体性是维系乡村生产生活秩序的最低成本。有学者认为,在中国乡村熟人社会中,不仅是按外在规则办事,更要有适应本土生长的节点力量。[1] 在自下而上乡村善治愿景中,村民主体能动性为乡村自治发挥了动力作用。村民在仪式中的主动性和主体性,建立在共同的价值目标基础上,而目标共存又反映了村民间的互动关系。壮族村屯的共同体关系,为村民提供了主体能动的价值归属和行为导向。这是一种乡村自治结构的价值依据,组成了适应壮族村屯本土生长的基层自治效力。

在德保壮族乡村社会中,仪式展演呈现出尊师重长、知恩报恩的价值观念,建构起传统和地域融合的村屯文化生态,融入了壮族群众的日常生活,形成了传统与地域文化作用下壮族乡村村民交融共同体。一般认为,善治的状态主要体现在良好社会秩序和公民参与上。[2] 喜村春节前追度仪式的集体互动,在仪式传统中呈现了村民参与的主观诉求和主动性。村屯中的能动主体

---

① 贺雪峰. 规则下乡与治理内卷化:农村基层治理的辩证法 [J]. 社会科学,2019(4):64-70.
② 邓大才. 走向善治之路:自治、法治与德治的选择与组合 [J]. 社会科学研究,2018(4):32-38.

在共同价值指涉作用下,表现为村民自发的参与行为。喜村春节前的集体互动联系使得仪式聚集状态更显自然,价值驱动下的村民主体性和主动性牵连出四面八方亲朋邻里的仪式互动。在相同文化背景下的价值趋同现场,能动主体释放出的价值能量形成乡村自治的源泉动能,释放出乡村治理自治体系中主体能动性的价值效力,使得村民的自愿参与行为更加自然和谐。

二、内生动力诠释法治辅助功能

内生动力以地方公认的礼仪规范为基础,是基于地方文化的行为规范。壮族乡村社会的治理结构中,村民融合现象在民族传统文化并未"失落"的同时产生着乡村社会秩序的平衡力量,推动着乡村社会治理内生机制的形成。中国传统社会常以法护"纲常"之礼,又"以礼入法"安顿礼的位置,形成了礼法融合的关系。[①] 广西德保壮族仪式传统的延续与象征、辅助与融塑现象,使得民间仪式情境中的群体交融现场形成内在价值趋同的行为礼仪规范。村民的集体意识指向乡村社会秩序,在传统与现代、内生与外生共塑的乡村社会秩序中,呈现出独具壮族地方特色的乡村社会治理结构。

乡村社会内生动力,某种程度上是维系社会秩序的最脆弱、最易变的因素。受中华传统文化影响较深的壮族村屯,形成了以礼为规范的行为动机。在现代社会转型中,存在礼与法二重性的礼治秩序和法治秩序共存图式。[②] 壮族乡村内生动力却表现出辅助性、持久性和平衡性的特点。一方面,仪式传统的文化内涵展演,反映出尊老敬老的内生规范,通过流传已久的"节庆""文本"等指向内生辅助功能。喜村春节前仪式中亲属们的站位分布和仪礼行为,充分反映了壮族群众辈分观念、仪礼规范的群体约束动机。族群的内部约束反映在外部则演化为对制度规范的辅助行为。另一方面,亲属及村屯内部的群众互动关系,通过舆论、攀比等因素制约着脱离秩序规范的观念行为,"礼仪""孝顺"等村民眼中的内生规范逐步蜕变为族群内部关系平衡的影响因素。乡村社会治理的现代化转型逐渐从传统的"以礼入法"向内生辅助的

---

① 王露路. 伦理视角下中国乡村社会变迁中的"礼"与"法"[J]. 中国社会科学,2015（7）：94-107.

② 赵旭东,张洁. 乡土社会秩序的巨变 [J]. 中国农业大学学报:社会科学版,2017(2)：56-67.

法治秩序蜕变。

三、传统承继助推德治融塑动能

在中华传统文化接续传承的壮族民间仪礼展演现场,诠释壮族乡村仪式传统的呈演形式和内涵表达,为壮族地区地域文化融塑演变创造了机会和条件。壮族传统节庆和日常生活中的民间仪式展演,受到中华优秀传统文化熏陶,繁衍了独具地域特色的民族文化基因,生成形塑壮族乡村社会治理结构的德治正能量。在失范的社会中寻找心灵归宿、凝聚共识,重要的一条是在回归传统中重塑传统价值。[①] 在壮族地方文化传统中,集传统与现代于一体的德治动能,体现了民族地区传统承继过程的文化形象。

传统文化作用下的村民融合关系大多是在模式和形式上的描述,并未重视不同地域交融状态的形成原因及对社会治理产生的影响力。壮族群众的互动交往建立在尊老敬老、敬重师长的价值观念基础上,传统文化的内涵融入壮族日常交往和行为表现中,融塑性的文化形态展现在壮族乡村仪式传统中,通过乡村仪式的互动促进壮族村屯共同体的形成,创建了地域民族文化的形态和功能,为壮族乡村治理现代化构造提供融塑性的助推动能。一方面,在壮族春节和中元节两大传统节庆前,壮族集体行为往往能反映族群的共同价值理念。壮族在节庆期间的行为动力表述的共同价值理念,不仅是在传统文化的形式层面,而且折射在集体交融场景中的价值层面。另一方面,对壮族仪式传统的文化溯源,要在追究其文化影响因素的同时,回归壮族乡村仪式传统的文化构成。通过对文本信息的具体分析可知,德保壮族受中华传统文化影响的痕迹明显,这种地域文化的构成对族群融合体的形成和演变而言,是具有现代化价值意义的乡村治理实践动能。

构建以多元共治为抓手的基层社会治理格局,是新时代推进国家治理体系和治理能力现代化建设的重要内容。少数民族地区乡村治理承袭着内生秩序规范作用下的外生制度耦合路径。在乡土秩序与外生制度的互动逻辑中,民族文化特性差异为地区乡村治理内涵诠释提供了不同途径。桂西南壮族仪式传统的展现形式和程式内涵,使村屯族群互动更具仪式化象征,仪式传统承

---

① 鲍宗豪,赵晓红. 现代性视域下的中国社会秩序重建 [J]. 社会科学,2014(5):84-92.

继展演持续形塑着村民的意识行动。在时空对话的互动关联中呈现的德保壮族祭祖仪式中,壮族群众以节庆仪式为节点,在时空维度中传递崇德尚贤、尊师重长的正能量,在纵横向度文化碰撞中诠释群体融合共识。时空互动和纵横交融下仪式传统的承继展演和多维族群的互动逻辑形塑了桂西南壮族乡村治理结构。

基于时空视角的中华传统与民族文化融合情景,展示了传统文化作用下的壮族乡村社会精神特质,仪式传统指向的价值观念使壮族村屯共同体的形成更具现代意义。基层群众的主体能动、礼仪规范的内生动力、文化传统的助推力量,在桂西南壮族乡村族群互动交融场景中构成自治、法治、德治相结合的壮族乡村善治实践。少数民族地区村落共同体形成于不同历史条件下。不同语境下不同民族乡村社会治理受文化环境、生产状况、生活条件等多重因素影响,而传统文化呈现的村社精神特质诠释了族群互动的愿望和寄托。民族地区乡村治理需充分考虑地方文化特性。在三治融合的乡村治理实践中,具有少数民族地方特色的主体性、内生性、传统性发挥着重要作用。

（本节部分内容源自笔者发表于《云南民族大学学报(哲学社会科学版)》2020年第4期的论文,收入本书时在原文基础上结合实际作了修改完善。）

第三篇

对策研究篇

第十一章 》

"六维共治"推动文化传统与
乡村治理现代化耦合实践

    在对乡村治理基本概念梳理的基础上,笔者从乡村治理主体、乡村治理实践过程、乡村治理目的和功能出发,对乡村治理内涵进行了阐释。针对云南、广西交界地区特别是民族地区的调查,结合对乡村治理文献的梳理,以乡村治理的六个维度模型为分析视角,可以从基础要素的层面阐释乡村治理现代化的具体内涵。

    本部分从滇桂边界乡村治理的六个维度出发,讨论乡村治理的"六维共治"现代化体系,探索滇桂边界山区文化传统与乡村治理现代化的耦合机制问题。如前所述,四类乡村治理实践模式分别是传统延续型村落实践模式、传统向现代转型村落实践模式、传统与现代整合型村落实践模式、传统与现代糅合型村落实践模式。之所以将区域内乡村治理整合为四类模式进行讨论,是因为在地区传统文化较为丰富、民俗传统较具特色情况下,乡村治理在实现农业、产业现代化发展过程中,要提升广大群众获得感、幸福感。将地方传统文化价值与村落社会发展相结合,探索其深度互动、高度嵌入的机制,讨论地区乡村治理的实践内容、基本概况、基本主题等,对理解新时代传统文化的创造性转化问题,对分析当前乡村全面振兴中的经济社会、文化价值、群众需求等多层面耦合问题,具有重要价值和意义。笔者基于对以上实际情况的分析和讨论,在对此四类模式进行探索的基础上,分别针对滇桂边界地区六个较具特色的村落类型开展实地调查,将文化传统、地方民俗、价值品质等嵌入乡村治理的现代化实践,结合产业发展、农业建设等一同考虑和讨论,并根据区域内不同特色的村落建设情况,分析其产业发展、文化旅游、村规民约等的内在机理,再将其放置到宏观的乡村治理现代化背景之中,考量文化传统发挥的作用。

在对滇桂边界一带乡村治理实践的调研过程中,结合滇桂边界民族地区实际,在分析传统延续型村落、传统向现代转型村落、传统与现代整合型村落、传统与现代糅合型村落治理主体基础上,基于该区域内四类乡村治理现代化主题,笔者分别讨论了治理类型的特点、差异和相同之处。以往对传统文化的讨论仅是对传统文化的传承和保护,笔者将新时代对传统文化的创造性转化和创新性发展作为重点,在乡村振兴背景下关注传统文化创造性转化的价值和实践。总体而言,论述滇桂边界文化传统与乡村治理现代化的耦合机制问题,不仅是将文化传统以单一或独立的形式进行阐释,而且是从更加包容和多元的角度将文化传统的内在机理放在外在乡村治理实践之中进行讨论和分析,从传统内涵与现代价值、文化嵌入与协同育人等角度,重点阐释文化传统内在价值在乡村社会现代发展过程中的作用和意义。

滇桂边界文化传统与乡村治理现代化的耦合实践,要通过对地方文化传统的解读,阐释其内在的运行机理和运行特点,并将文化传统的内在价值嵌入乡村治理的重点环节和相关领域,在此基础上分析当地乡村社会治理的特征。笔者实地调查发现,地区传统文化与村落产业的发展不仅不冲突,还具有可协同、能共进、结构优的特点。当前乡村社会的发展在推动农业现代化、产业发展等方面取得了成效,另外还需充分尊重群众的发展诉求,考虑当地群众的获得感、幸福感,积极为群众幸福生活努力。通过对此类乡村治理现代化基本要素进行的梳理,笔者尝试诠释乡村治理现代化的基础问题。通过前期研究,以该区域村落为切入点,可将乡村治理基本要素阐述为"乡村治理现代化六个维度",简称"六维共治"。这是在结合当前滇桂边界村落发展实际基础上进行的探索尝试,重点在于讨论文化传统内在价值与乡村治理现代化的整体耦合机制,但不仅仅局限于在当地发展领域进行讨论。本部分重点讨论乡村治理现代化六个维度要素,在此基础上构建文化传统与乡村治理现代化耦合的基本要素分析体系,推动滇桂边界文化传统与乡村治理现代化的互动耦合实践。本部分将从以下六个方面讨论文化传统与社会治理的耦合机制问题:一是组织建设核心化,二是治理格局共构化,三是运行效益集约化,四是转化效果效益化,五是价值效能主体化,六是民生服务有效化。

第一节 组织建设核心化

在乡村治理现代化的实践过程中,基层党组织发挥着重要作用。滇桂边界基层党组织肩负着带领广大群众增收致富、推动治理过程协调有效等职能,全心全意为民谋幸福,同时也发挥着引领乡村治理的前进方向、整合治理实践、实现治理目标等作用。滇桂边界乡村治理实践过程,要进一步发挥基层党组织的核心作用,使其真正成为促进乡村治理现代化的战斗堡垒。基层党组织不仅关系到基层村落建设的凝聚力,而且在统筹协调、分工合作、广泛动员、发挥优势等方面起到了关键作用,对集体经济发展、发挥组织优势、产业建设优化、提升群众满意度等也起到至关重要的引领作用。

在三治融合的框架下,基层党组织作为动员器和发动机发挥着动力驱动作用。以组织建设为核心,构建乡村治理现代化组织体系,夯实乡村三治融合的治理体系,是实现乡村治理现代化的有效保障和有益探索。在顶层设计的框架下,地方基层党组织行动实践的积极有效落实,能通过乡村治理中的执行力和行动力体现其效果。

首先,进一步加强区域内乡村治理的基层组织建设,人才是关键。着眼于以基层党建为引领,强化"第一书记"制度,重点在队伍建设、干部挂职、基层组织等方面。要完善乡村基层党支部的挂职选拔机制、干部调配机制等,促进基层党支部的干部队伍组成人员优化、挂职干部流动合理化,进一步发挥党员的模范带头作用,确保基层党组织的先进性,充分发挥基层党支部的引领作用和战斗堡垒作用。

其次,强化基层组织的自身建设。滇桂边界山区乡村治理中的引导作用是重点,应不断完善区域内基层党组织的组织架构体系。要以进一步增强地方基层党组织建设为重要内容,统筹乡村合作组织、乡村集体经济组织、乡村监督组织、乡村自治组织等协同建设,充分发挥基层党组织的示范、凝聚作用。要发挥基层组织体系架构在乡村治理中的组织优势,架构以支部建设为引领的经济合作、集体产业、村企合作、宣传教育、文化建设等方面的基层组织体系。以西畴县民生村乡村治理实践为例,基层党组织在乡村治理中充分调动村民积极性,以红色经典文化为引领,提升广大群众的精神价值内在动力,对村落生态宜居建设、产业拓展建设、新媒体推介平台等方面均起到了积极引领示范作用。民生村的实践证明,以文化传统内在价值为引领,不仅将文化元素嵌入村貌改造和升级之中,更为有效的是激发了当地村民的奋斗激情、干事热情,并将这些优质的价值品质融入乡村治理所需的传统美德、社会公德、家庭道德之中,形成了民生村乡村治理现代化的集体力量。可以看到,在人才队伍建设、示范引领作用等方面,民生村均通过积极探索实践为村落发展注入了新动力,赋予了新内涵,在乡村治理实践中走出了具有民生村特色的奋斗之路。

再次,强化基层党支部思想引领作用,进一步树立全心全意为人民服务的理念。滇桂边界山区乡村治理实践需树立正确的政绩观,进一步发挥高效治理效能,以满足人民群众对美好生活的向往。滇桂边界山区基层党组织要将实现乡村社会治理的目标落实到乡村治理的实践过程之中,落实到提升人民群众幸福感和获得感之中;坚持依法治国的法治建设优势,更好地理顺基层党组织和地方乡村社会建设之间的关系,正确认识区域内支部建设中的思想引领、法治教育、意识形态的重要性,更好地宣传和引导广大人民群众树立社会主义核心价值观。以滇东南石漠化治理村落为例,山石村在党支部的带领下发扬实干苦干精神,战胜自然资源匮乏的艰难险阻,带领群众奋斗 12 年打通村落通往外界的"最后一公里",实现了大变化和大发展。山石村的实干兴村之路,是以地方基层党支部的思想建设为引领,充分激发群众的实干精神,为解决村民切身利益和关心关切的问题加动力、添动能。在传统与现代发展之间,乡村治理过程和目标的有效性,一定程度上体现在满足群众所思所需上。滇桂边界基层党组织引领下的乡村治理实践过程,核心工作是做好群众工作,充分尊重群众、爱护群众,调动群众对美好生活追求的积极性,从而共同建设美好家园。滇东南山石村的建设历程充分说明了价值引领的重要作用,也更好地展现了基层组织树牢为人民群众服务意识,更好地满足人民群众对美好生活的向往和追求的生动具体实践。

最后,滇桂边界山区进一步发挥基层党支部组织优势,广泛动员人民群众积极参与到治理实践之中,打造党员模范带头、致富能手带动、广大群众积极参与的乡村治理广泛动员格局。乡村治理现代化在于治理能力和治理体系的现代化,治理能力现代化关键在人。在推进乡村治理的实践中,党员干部是带领群众致富的领头雁,是激发乡村社会活力的强心剂。充分发挥基层党组织优势,发挥党员干部队伍优势,广泛动员,才能形成乡村社会各类组织协同创造、广泛参与、协调推进的局面。滇桂边界地区乡村治理现代化的实践过程,要在广泛调动群众参与村落建设基础上,充分尊重群众的主体意愿,在实现地方产业发展、农业生产建设的同时,积极释放当地传统文化效能,将地方传统特色与现代发展的实践优势相结合,为促进地方经济社会发展、乡村秩序建设真正发挥作用。

第二节　治理格局共构化

实现乡村治理能力和治理体系现代化是一项系统而复杂的工程。新时代乡村治理在自治、法治、德治的融合框架下,共同构成三治融合的治理体系。三治融合治理体系蕴含了丰富的内容。

一是以法治为引领的顶层设计框架,充分诠释了贯彻落实全面依法治国的社会治理全过程。法律法规等规范性规约,在全面依法治国方略下展现出在乡村社会治理中的顶层引领意义。例如,云南文山州砚山大木村积极落实和宣传上级政策,以广大群众所熟知的村规民约的形式解读政策法规,形成村民们听得懂、能做到、会执行的办法;对乡村社会治理中法律法规、规章制度、规则条款等进行的解读,为群众提供了质朴的村规民约实践规范。村落通过出台乡土社会村规民约,将法律法规政策进行乡土化解读,为地方法治建设提供了群众能理解和认知的乡土实践。

二是以德治为推动的乡村治理体系,充分彰显出乡村社会治理的价值引领、价值核心、道德规范、实践规范等诸多内容。这不仅是乡村治理价值规约的呈现,也是社会主义核心价值观的积极践行,是将中华优秀传统文化创造性转化和创新性发展的有效实践。滇桂边界的乡村社会治理过程,在社会主义核心价值观的指导下,对乡村社会广大群众行动规范、价值伦理等的指导作用,充分展现了具有现代价值的实践方式。滇桂边界地区村落大多具有丰富的民俗传统,文化传统内涵丰厚,流传多年并具育人形塑价值。如何将地方传统文化创造性地转化为乡村治理的有效实践方式,成为新时代乡村社会治理的重要课题。大木村以其特色的传统文化优势,一定程度上对村落秩序和村民行动起到推动作用。流传于村落的三月三祭竜礼俗将村落规约、伦理等集合在一起,作为全村人共同遵守的规约和祖训。当地将道德示范融合于乡村治理的德治育人之中,发挥了文化传统价值在促进乡村治理现代化中的积极作用。同样,在大木村的插秧礼俗中,充分展现了当地村落尊老守礼的民俗传统,其内在的文化传统价值影响着一代代村民。这些民俗传统融入村落良好的家教家风之中,融进乡村治理的家族教育,为村落德育实践提供了既生动又真实的素材。乡村治理德治实践过程在社会主义核心价值观的指导下,充分发挥中华优秀传统文化的塑造作用,结合地方文化传统的积极影响以及村规民约的有效补充,彰显出德治在乡村治理中的作用。村落道德伦理对村民价值观念的塑造,其优势体现在为乡村运行秩序提供了贴近群众的实际素材。这也是村落德育实践中的重要抓手。将地方传统创造性转化为村民容易接受的道德伦理教育实践,对当地乡村治理中的德治教育起到了积极作用。

三是以自治为推动的乡村治理体系建设,充分体现了人民群众在治理过程中的主体地位,形成了村民自我服务和管理的运行体系。滇桂边界乡村治理的自治过程,坚持村民主体地位,发挥乡村社会的主体性价值塑造动能,持续强化在法治理念指导下的乡村社会自治制度运行体系,在以法治为引领、以德治为引导的条件下,构建起了基层自治的运行体系。村落自治通常强调的是自我服务、自我教育和自我管理,然而并不是摆脱现实的自我管理。类似滇桂边界山区这样的传统与现代结合的区域,要实现村民群众真正的自治,更需建立自治、法治、德治相结合的治理体系。然而,区域内的村民自治受到传统文化、地方民俗、村落特点等多重因素制约。以大木村的"四会"村落规约来说,在法治大框架下,乡村传统文化却为村落自治规约提供了基础保障。充分尊重群众意愿和意见的乡村规约,将村民共同关注的话题融入地方实践之中,为村民认知和行为规约提供了有效的参照。大木村村民的观念和行动实践在传统与现代的结合中逐步完善,这为村落自治提供了多重形态的整合效应。地方文化传统的价值优势,则在于充分尊重村民的意愿和意见,能够激发群众的主体能动性和参与积极性。这是乡村自治的重要内容之一。所以说,地方传统的优势在于与群众产生的血肉联系。这些不仅是群众所熟知和认识的常规习俗,也是乡村社会自治的中介和桥梁。如前所述,滇桂边界山区的乡村社会自治,建立在顶层设计的大框架下。以村落文化传统价值为桥梁和依托,充分尊重群众的主体意愿和意见,积极帮助群众建设美好家园,真正做到尊重和充分发挥群众主体作用,关心群众所想、所思,更好地帮助群众实现对美好生活的追求,这是做好区域内乡村社会基层自治群众工作的重要内容。

通过三治融合塑造形成的乡村治理体系,形成治理格局的共构结构,即自治、法治、德治三治融合,共同构成新时代乡村治理的新格局。笔者将三治融合以共构的形式诠释为乡村治理现代化的结构特征。可以说,三者是相互促进和融合共构的形态,共同组合形成了乡村治理体系的共构特征。实施共建共治共享的乡村治理制度,体现了乡村社会治理要实现治理效能最大化的过程,需要共同参与、共同实践、共同享有。也就是说,乡村治理需要广大群众积极参与,乡村治理的实践过程是广大群众共同实践奋斗的过程,乡村社会治理的成果应由广大人民群众共享。在滇桂边界区域内以传统特色为基础和优势的地区,文化传统的内在价值促进了地方社会治理中传统动力和现代发展的实践结合,这是难得的地方发展优质传统特色内容,其内涵在于激发群众参与村落建设,促进乡村治理现代化的积极实践探索。简而言之,乡村治理需要群众广泛参与,乡村治理的实施过程需要广大群众出谋划策,乡村治理的落脚点要体现在广大群众的幸福感和获得感之中。笔者通过对新时代乡村治理的三治融合体系以及共建共治共享的乡村治理制度的阐释,说明了乡村治理格局共构化的具体表现和现实意义。

第三节 运行效益集约化

以集约化的治理效益为侧重,通过乡村治理实现农业集约化、管理服务集约化等治理效益,这是针对滇桂边界山区乡村治理职责职能、管理决策、农业生产、监督体系等层面的阐释。通过讨论集约型农业的治理效益和目标追求,可看出区域内乡村治理在组织人事、管理机制等方面的积极探索实践。本部分通过对运行效益集约化的阐述,旨在说明乡村治理现代化的成效。从乡村治理的效率和追求的效益来说,治理的最终结果要体现在治理效率和治理效益的提升过程之中。笔者以滇桂边界六类村落案例为依托,将重点放在村落传统文化参与乡村治理的职能定位、价值优势、管理体系等层面,聚焦职能职责、农业建设、监督体系等,将地方文化传统与乡村社会现代化建设进行有机结合,探索文化传统内在价值与乡村社会建设的实践耦合效用。

滇桂边界乡村治理现代化应将地方传统文化的内在要义,充分整合进乡村治理现代化的外在实践过程中,通过由内在到外延的耦合链接,以积极有效的方式实现乡村社会运行的效益化和集约化。西畴谷雨村通过发扬传统文化优势,将文创产业、文化旅游等职能融入村落建设职能之中,在此基础上实现村落的转型发展。在村落管理制度方面,谷雨村的"一约四会"制度,在法治建设框架下将传统文化内容嵌入村落管理之中,形成村民议事会、道德评议会、红白理事会、禁毒禁赌会等地方管理组织的升级版。在村落集体议事制度方面,谷雨村以民主选举、民主决策、民主管理、民主监督的方式推行村民自治,成为推动村落集约化治理的积极探索。在农业建设方面,滇东南部分村落在取得石漠化治理成效的基础上,探索农业现代化建设的集约模式,将猕猴桃等水果产业化种植,并结合文化旅游对石漠化治理工作进行宣介。

滇桂边界村落管理制度的集约化,大多体现在管理服务能力的提升、村民参与村落建设能力的增强、村落产业发展的有效性等方面。在管理服务能力提升方面,不仅需在管理服务的制度层面突显治理效果,更需为群众所思、所想服务。一方面,要落实好政府的惠民政策,按照规范程序为群众谋福利、办实事。这就要求必须回应群众的主体诉求,以群众的核心利益为重点。如果远离群众所思、所想,以粗暴执行、形式落实取代群众关切,则失去了村落治理集约化的活水源头。另一方面,需运用群众听得懂、能理解的方式,将繁杂的治理过程简化为村民能熟知的内容。要充分尊重和关切群众的主体意愿和急难愁盼,积极调动群众的主体能动性,整合力量为群众生产增收创造条件,为乡村社会运行提供积极有效的治理。谷雨村在法治建设和服务方面,将社会道德、家庭美德、勤劳致富理念等融入村落法治建设和宣讲过程,为群众增强法治意识提供了有效的渠道。同时,西畴民生村运用新媒体技术将"案例普法""创新普法""互动普法"等融入村落日常法治服务之中。村落管理服务的对象是群众,而村落管理制度的制定、实施、运用和监督等内容,并无整齐划一的模板,效益集约化的实践过程也不是仅以群众所熟知的方式展开。并不是以地方传统文化为载体才是做好地方工作的正确路径,更重要的是要与现代社会发展相适应,关注和回应群众关切,以群众听得懂、能明白的方式与群众对话。

集约型农业同粗放型的农业相比,具有技术、技能等方面的优势。从土地生产率方面分析,更需针对当地的地理地形条件,实施有针对性的农作物的选种、种植和培育。结合民族地区土地实际开展农业种植,更能有效提升土地生产率。通常情况下,通过对当地土地、地形、水源等的科学研判,改变以经验为判断依据的现象,以先进的农业生产技术改变传统的生产模式,对于滇桂边界壮族聚居区提升农业生产效益,实施因地制宜的农业种植和生产具有重要意义。滇东南石漠化地区村落,从农业生产中,可以看到乡村治理现代化的积极探索实践。当地村落通过农业现代化建设实践,将村落周边石漠化地带规划为几千亩猕猴桃产业和石漠化公园,通过农业生产、景观打造相结合,实现了以地方文化传统嵌入乡村治理现代化的积极有效实践。不仅如此,以实干传统为引领的奋斗精神,也成为引领当地村落建设的地方传统。这些优秀品质是地方传统文化中蕴含的,也是当地群众在奋斗实干中创造的精神财富。

滇桂边界村落要实现乡村治理运行效益的集约化,重点内容包括两大方面。一方面是地方农业及产业等的有序建设、运行和发展;另一方面是以群众所关心的问题为重,真正为满足群众对美好生活的向往而努力。以上所述两个方面的问题正是乡村治理现代化的关键内容,也是积极推动实现滇桂边界乡村治理现代化的关键内容。一是在提升地方农业及产业现代化方面,通过先进的农业生产技术,改变过去对传统粗放型劳动的依赖,实现从体力型劳动到机械型劳动的转变,将乡村治理现代化在农业生产方面的转变,体现在劳动生产率的提升上;在提升劳动生产率的同时,释放出地方劳动力使用效能,以技术为带动,大力提升集约型农业的效能。笔者通过在滇桂边界壮族聚集区的田野调查发现,当地村寨存在土地使用率不高、农业生产效能较低等现象。虽然村落集体经济面貌改变了一些,但如何从实际出发提升农业生产效率并为老百姓创造更多的收入,是当前摆在地方乡村治理中的重要问题。然而,乡村治理现代化中的集约型农业打造,应是具有地方农业生产针对性和有效性的实践方式。这是追求现代先进技术融入农业生产,实现乡村治理现代化特别是实现农业生产方面的现代化,需结合农村实际进一步深入考虑的问题。二是在有效解决群众急难愁盼问题方面,滇桂边界山区村落的管理服务能力,还需在充分挖掘地方文化传统价值内涵的同时,创造性地转化为地方传统优势与乡村治理现代化的有效衔接。更为重要的是,要以群众所思所想所盼为出发点,充分调动群众的主体能动性和内在动能,为群众广泛参与村落治理创造平台,从而将配置到村落的共同资源最大化地发挥其作用。

第四节　转化效果效益化

在共建共治共享的乡村社会治理格局中,多层面治理主体共同参与实施乡村治理的实践过程,共同组合构成多层次的治理协作机制,形成了乡村治理共建机制的治理转化效益。从乡村治理主体的角度分析,多层面的治理主体促成的建设效果形成了多层次的治理路径。从自治、法治、德治三治融合的治理体系来看,乡村治理的主体至少有国家政策法规层面、地方政府治理层面、村委会及村民个体层面;通过对治理主体的分析可知,不同层面的治理主体代表着不同的实施效果,多层面的治理主体通常代表了多层次的转化效果。本部分所要讨论的治理效果的转化问题,不是单纯追求效用最大化的过程,而是呈现出多层次协作联动的治理效果。所以说,治理转化效果的效益化,不能仅从对治理效果的追求层面进行阐释,还要从多层面联动机制方面进行阐释。比如说要实现农业集约化的发展,不能以牺牲生态环境为代价;在追求生产效益的同时,更要树立生态环保理念;追求生产效益和环境效益的结合,才能更好地理解"绿水青山就是金山银山"的理念。

从多层面治理主体和多层次治理内容方面正确理解治理成效转化的效益最大化问题,才能全面地理解追求效益化的动因和成效。通过对效益化的阐述,笔者更深刻地认识到效益化不是单一以追求利益为目的,而是多层面协调联动的利益追求过程。从乡村治理主体角度阐释不同层面治理成果效益化,可以看出基本上形成了体制主体、社会主体、隐性主体三重共建模式。

一是体制主体需要讨论的是,乡镇政府如何更好地传达贯彻乡村治理政策,结合实际规范村委会职能职责,做好自上而下的制度传达和落实,支持、指导和帮助基层组织开展工作,实现乡镇一级基层政府和基层组织协调治理的格局。滇东南石漠化治理过程中,地方政府在指导基层治理实践,给予支持保障和引领示范,充分调动群众积极性、村落主体性等方面发挥了重要作用。基层政府克服地方石漠化困难,发动群众、给予帮助、强化引领,构建了在村落石漠化治理中具有地方特色的乡村社会治理共建共治共享格局。在以地方文化传统内在价值为引领的村落治理中,西畴县民生村因其特色优势,成为地方政府重点打造的集文化旅游、产业于一体的村落。基层政府在乡村治理现代化方面不仅给予了文化旅游的宣介平台、村落建设的前期支持,还在村落产业层次多元化发展等方面重点加力,从法治、文化、经济等层面协调引领、逐步推进,探索出多层次的乡村治理实践路径。

二是发挥基层党组织的领导作用,指导和带领村委会及其他村民组织开展自我管理和服务工作,特别是发动村集体经济组织、村小组、村民监督委员会等社会组织以服务广大村民为主要使命,调动更多村民参与村落治理事务。谷雨村广大群众参与到村落治理的实践过程中,以"一约四会"制度为抓手,在社会稳定、移风易俗、生态文明、平安建设、邻里关系等方面,制定了独具村落特色的集体规约。广大群众以学法、知法、守法为根本,维护法治尊严、维护社会秩序、保障村落平安、爱护公共财产、推进移风易俗、保护人居环境,将乡村社会运行、乡村社会建设、乡村社会发展等问题纳入易理解和认知的村规民约中。滇桂边界村落的发展离不开良好的村规民约、村民参与和集体监督,离不开广大群众的主动奉献,这是地方乡村社会治理实践中重要的内容,也是激发地方村落治理活力的主要内容。首先,西畴县谷雨村的文化旅游建设,以打造"文山最美民族村"为目标,集体建设文化体验、传习展示和宣传场所,村落传统文化资源的潜能得到了有效激发。其次,位于滇东地区民生村的生态宜居建设,就是在文化传统价值塑造下,打造的村落"红色+绿色"生态实践,从村落面貌、美化亮化、绿美建设、人居环境等层面提升了村落整体的环境面貌。现如今民生村的整体面貌焕然一新,不仅在生态环境绿美工程上取得效益,人们对青山绿水的守护更加主动和积极,生态环境面貌改善带来的效益也为群众收入、产业发展带来新的前景。村集体发展了生态农业、文化旅游业等新产业,当地柑橘、黄皮果的种植等生态农业运用了集体经济、对外承包等多种运营形式,取得了显著进步。在滇桂边界一带,村落主体的积极实践案例还有很多。村集体在带领广大群众、服务村民中将传统优势转化为文化旅游、生态宜居、生态农业、产业建设等的发展优势,不少村落已实现了发展效益和转化效益的双丰收。

　　三是在充分开展村落法治建设前提下,在发挥服务优势的同时,滇桂边界地区以传统文化优势为主体的村落,还需进一步发挥文化资源的效益作用。滇桂边界乡土社会的传统伦理和传统文化,滋养着一代代淳朴善良的村民。以家风家教为助推的治理成果效益化,不仅是对乡村社会文化资源的充分利用,也是传统文化创造性转化的积极阐释和实践。滇桂边界村落的文化传统优势为乡村治理的自治、德治实践提供了良好的平台,不仅因为当地村落有丰富的文化传统价值支撑,而且地方传统文化的创造性转化在当地部分村落中已出现较好的成效和收益。谷雨村的太阳节文化旅游、非遗文创产品,将国家级非遗文化优势转化为村落发展的传统文化优势。"太阳故乡"的品牌名片、太阳鸟母文化传习馆、女子太阳节等整合的传统文化效应,诠释了中华优秀传统文化创造性转化的生动实践。地方文化旅游小镇的建设,即充分发挥村落传统文化优势,进而创造地方传统特色与现代社会发展需求相结合的耦合发展模式。谷雨村将太阳鸟母文化嵌入村落旅游开发,将太阳故乡品牌名片延展成为集仪式展演、文化传习、文传产品、民族服饰、非遗展示等于一体的村落传统文化体系。非遗文化的创造性转化往往成为其进一步传承和拓展优势的关键。谷雨村以村落文化传统为基础优势,将太阳故乡文化品牌活动嵌入村落文化旅游的建设中,通过打造谷雨村女子太阳节,将其非遗传统活态运用于乡村文化旅游发展,真正实现村落传统和现代社会发展的优势结合。从乡村产业发展特色来看,地方传统可转化为村落产业发展的优质资源。西畴县民生村将地方传统优势转化为村落内涵的建设模式,并带动了地方旅游的发展。民生村旅游文化品牌的建设,同样建立在村落传统基础上,打造了具有年代感的公社食堂等网红景点,以地方传统嵌入村落旅游的模式逐步实现了传统文化创造转化的积极效益。

　　从转化效果效益化层面解读传统与现代化耦合的发展路径可发现,以地方传统为依托形成的村落发展优质特色,在追求村落持续发展目标的过程中,实现了文化传统内涵的创造性转化。谷雨村的太阳节文化旅游名片,现已打造成为当地民俗传统特色。在当地太阳节传说中彰显的善良、勇敢等高贵品质,创造性地转化为村落文化旅游发展的地方特色。同时,民生村的地方传统充分激活当地产业发展,为村民提供了不可多得的价值塑造效能,发挥着村寨自我建设和发展的功能。体制主体、社会主体和隐性主体等不同层次的主体实践,助推形成了区域内不同类型村落建设和发展的转化效益和实践成效,也为村落传统文化与乡村治理现代化实践提供了多层次的耦合机会。

由于村落自身资源赋能各异,要在多层面资源类型基础上实现多层治理效应协同发展实属不易,如石漠化地带村落的农业生产就应充分调动地方资源优势,而在民俗传统文化资源丰富的村落,村寨文化旅游资源建设更为有效。总体来说,共建共治共享的社会制度,能够充分调动群众积极性,参与乡村治理现代化建设。

第五节　价值效能主体化

滇桂边界乡村治理中的法治建设具有顶层设计的重要作用,本部分主要从以下三个方面进行论述。一是以社会主义核心价值观为引领。广大群众作为参与乡村治理的主体,在思想上要以社会主义核心价值观为引领,同时充分发挥优秀传统的文化理念和道德伦理的约束作用,发挥家教家风的道德传承作用。二是以村规民约为辅助。村规民约为乡村社会自治提供了有效保障。滇桂边界乡土社会淳朴的村落规范,建立在实践运行和乡土文化之上,是为群众所认知和认可的村落运行规约。这些是乡村社会自治的有效保障。村落共同的集体规约往往为乡村社会运行提供了村民熟悉的行动规范。滇桂边界的大木村就对婚丧宴请、禁毒禁赌等进行了细致的规约。这些规范条款呈现的不仅是村落运行的制度,更是村民集体行动的示范和规范。乡村民俗的辅助作用体现在其集体的认知和熟悉程度之上。从群众在乡村治理中自我服务和自我管理的角度来看,村规民约正是对法律法规、区域规章的再解读和宣介。滇东桂西一带不少村落均有村规民约,其内容有整齐划一的叙述,也有独具地方特色的村落文本内容,大多从社会稳定、移风易俗、平安建设等方面进行规约,并将群众能够认知的内容进行了表达。从某种意义上说,这些都是激发村民主体价值的地方规范,成为增进村民行动认知和价值规范的内在效能。三是以乡愁归属为依托。滇桂边界的村落大多拥有丰富的传统文化,地方文化传统的价值内涵为群众日常生产生活提供了丰厚滋养。多元文化汇聚和多层传统叠加,表现在村落集体的礼俗实践、互动交往和伦理道德之中。区域内优秀传统文化的创造性转化,将对地方文化保护和传承起到积极的助推作用。

滇桂边界村落的民俗传统、地方文化等与群众生活息息相关,同时也与村落社会运行联系紧密。群众对乡土社会的情感,往往呈现于以村落传统为主的文化旋律之中。这些都是滇桂边界区域内不可多得的丰厚滋养和创造动力。桂西一带壮族群众的节庆仪礼、家族仪礼,通常会在当地传统文化的作用下,集体表达对家族、亲友等的敬爱和尊敬之情。如当地村落的敬老仪礼、护童仪礼等均表达了既深刻又生动的传统叙事故事情节,为乡土社会中的"礼"、个体行动中的"礼"、村落秩序中的"礼"等赋予了不同层次的价值内涵和传统效应。在桂西南村落家族层面的集体礼仪中,村民通过仪式传统传递互动关系、礼俗实践、习俗观念和地方文化,提供了既传统悠久又具现代价值的村落规约、行为规范以及家族礼仪的传承和实践示范。这些地方传统文化的深厚道德,很多来源于中华优秀传统文化的传承,其中蕴含的道家、儒家思想,将既传统又具现代价值的文化内涵传递于乡村社会中,成为当地群众的日常习俗和生活观念,也成为村民们具有乡愁情节的内心思盼和内在价值。

上文通过对滇桂边界区域内价值效能主体化的实践路径分析,从三个层面阐述了区域内乡村治理实践中多层次价值效能的主体获得问题。对于基层治理来说,以为人民群众排忧解难为出发点,才能做好基层治理的群众工作,才能树立正确的政绩观。目前,滇桂边界区域内不少村落在村落制度、规章落实、上级要求等方面形成了外部层次的治理模式,制定了议事制度、监督制度等规约。这些规约在推动地方村落农业生产、社会运行等方面起到了积极作用。然而,要实现乡村治理的真正现代化,特别是对于滇桂边界山区地形复杂、石漠化较严重的区域来说,更要以尊重群众、维护群众利益为工作出发点,引领和带动群众积极投身乡村社会建设,并将基层治理与群众利益联系起来,为群众办实事、办好事,坚决杜绝"两张皮"的现象。

从乡村治理的基层干部治理主体分析可知,这个层面的价值效能体现在如何提升人民群众的获得感和满意度上。乡村治理要以人民群众急切期盼的利益问题为中心,解决基层治理的价值导向和效能问题。在乡村治理中,无论多元主体参与的形式如何,都应以人民为中心。从乡村治理的群众参与主体来看,价值效能的体现主要是在价值观层面。随着时代的高速发展,社会原子化、个体化的趋势也在乡村社会产生不同程度的影响。乡村社会无论在经济、产业、农业等方面的发展变化有多大,其最根本的价值层面效应都要有核心价值观作为支撑。

第六节　民生服务有效化

乡村治理的民生服务具有多层特性。在乡村治理主体的多元属性基础上，民生服务的类型也建立在多元特性之上。乡村治理包括基层政府、村落组织、乡贤村民等多元主体，与之对应的不同层次乡村治理制度的供给类型，组合形成制度供给、公共产品供给、村落特色文化供给等架构。所以说，民生服务的有效化，通常是建立在多元需求和多层属性基础上，突显的是地方群众利益需求的有效化特征。然而，民生服务的有效化不仅仅是在制度层面自上而下的服务落实和执行生效，而且在上级部门的好政策引领下需要开展高效和为民谋利的基层治理实践。通常情况下这是地方政府、基层村落执行力的有效体现，也是民生服务是否能够有效落实的具体实践。然而，不同村落之间因资源差异、人员差异、发展差异等，造成执行力度千差万别。所以，笔者通过划分制度、执行、基层三个层次的有效性实践，分类说明民生服务有效化的具体情况和执行过程。

乡村治理共同体通常将民生服务作为治理目的之一。乡村治理共同体建立在多层面治理主体共同参与的基础上。治理成效突显出的民生服务有效化，也应是建立在多层面主体参与基础之上的。一是在基层治理组织的层面，制度供给是多层面的，有一般制度、特色制度、特殊制度等。在制度供给的大框架下，特色制度要建立在一般制度的基础上，形成具有地方特色的制度规范。以民生服务为侧重，制度供给以规范性制度形式表征执行效果、要求规范等内容。以西畴谷雨村、砚山大木村执行落实制度层面的实践为例，谷雨村制定出台了"一约四会"制度，"一约"即村规民约，"四会"即村民议事会、道德评议会、红白理事会、禁毒禁赌会。从名称上看是村落的地方规约，但从内容分析是对地方政府相关制度的落实，以村民们较易认知的方式进行了规定，进而实现服务群众、引导群众、关心群众的目的。大木村将公序良俗编成了顺口溜，同时建立了群众参与管理、集体决策的村规民约，为乡村社会自治、法治、德治的融合提供了实践依据和有效参考。这些基层制度的有效落实和执行，对满足村民不同层次需求，服务村民更好地参与村落建设，帮助村民生产生活实践起到了积极有效的作用。

二是在村落组织方面,村级层面扮演了民生服务执行落实者的角色,从传达制度规章、执行上级任务要求,到集体动员、具体落实等程序,可以说是民生服务供给的终端环节,也是制度供给的执行落实层面。谷雨村的文创产业发展、民生村的生态宜居建设,充分体现了村落层面带领群众增收致富的积极实践。谷雨村文创产业解决了在村村民的就业问题,打造出了以太阳节为基础的多样文创商品,成为解决群众就业、助力乡村振兴的有效抓手;民生村的生态宜居建设,从村落生态环境、美化绿化等方面进行了积极有效的整治,不仅提升了村落整体形象,更为村落进一步打造旅游产业奠定了良好基础。

三是在制度供给、民生服务供给基础上,村落中的乡贤扮演着辅助角色。在村落的组织、落实阶段,村落中的乡贤发挥着重要作用。这里所指的乡贤供给不是制度层面、村落层面所指的民生服务,而是泛指由传统文化、民族习俗所产生的,在乡村社会具有文化传承效能的民生供给内容,从内容上分析也是具有村民内生性价值功能的内生性民生服务。以滇东南村落石漠化治理为例,在政府的积极支持和帮助下,为带领群众实现增收致富的梦想,地方精英积极作为、奋斗拼搏,以实干精神为引领,多年来带领广大群众克服困难、实干兴村,打通村落通向外界的石漠化山路,带领村民实现了生产生活水平的大提升。谷雨村的寨老作为国家级非遗文化的传承人,也是村落传统文化的守护者和传承者。他在积极参与打造太阳节文化旅游品牌的同时,将地方文化传统内在价值与现代乡村运行相结合,在传承和弘扬优秀传统文化品质的同时,不断实践和探索传统文化的现代价值。

民生服务有效化是在三层供给协同运行基础之上形成和发展起来的。在乡镇组织制度供给的框架下,村落层面以任务落实为主的民生服务供给,加上村民乡贤层面的辅助功能,形成了新乡贤内生供给。可以说,制度供给保障实现了村民的合法权益,比如养老、医疗、生活、教育等保障;村落民生服务供给保障了制度的有效落实,保障了民生需求的满足;新乡贤内生供给则主要依据传统文化的类型和地方民族习俗的特点,传承和创造着适应群众生活习俗的民生服务范式。以上三种类型的民生服务,建立在民生服务需求基础之上,三种供给方式创造出民生服务的多层面实践内涵形态。

参考文献

一、著作

[1] 范西姆. 壮族民歌 100 首 [M]. 南宁:广西民族出版社,2009.

[2] 广西壮族自治区编辑组. 广西壮族社会历史调查(第四册)[M]. 南宁:广西民族出版社,1987.

[3] 黄家信. 壮族地区土司制度与改土归流研究 [J]. 合肥:合肥工业大学出版社,2007.

[4] [美]韩明士. 道与庶道 [M]. 皮庆生,译. 南京:江苏人民出版社,2007.

[5] 贺雪峰. 乡村治理的社会基础 [M]. 北京:中国社会科学出版社,2003.

[6] [英]霍布斯鲍姆,兰格. 传统的发明 [M]. 顾杭,庞冠群,译. 南京:译林出版社,2004.

[7] 金耀基. 从传统到现代 [M]. 北京:法律出版社,2017.

[8] 梁庭望. 壮族文化概论 [M]. 南宁:广西教育出版社,2000.

[9] 梁庭望,罗宾译注. 壮族伦理道德长诗传扬歌译注 [M]. 南宁:广西民族出版社,2005.

[10] 梁庭望. 壮族风俗志 [M]. 北京:中央民族学院出版社,1987:155.

[11] 梁庭望,等. 壮族传统古歌集 [M]. 南宁:广西民族出版社,2011:29.

[12] [德]马克斯·韦伯. 经济与社会(上卷)[M]. 林荣远,译. 北京:商务印书馆,1997.

[13] [英]马林诺夫斯基. 科学的文化理论 [M]. 黄建波,译. 北京:中央民族大学出版社,1999.

[14] 欧阳修,宋祁. 新唐书 [M]. 北京:中华书局,1975.

[15] [法]皮埃尔·戈丹. 何谓治理 [M]. 钟震宇,译. 北京:社会科学文献出版社,2010.

[16] 覃德清.壮族文化的传统特征与现代建构[M].南宁:广西人民出版社，2006.

[17] 覃圣敏.壮泰民族传统文化比较研究(第三卷)[M].南宁:广西人民出版社,2003.

[18] 司马迁撰.史记[M].裴骃,解.北京:中华书局,1959.

[19] 王文宝,盛广智,李英健.中国俗文学辞典[M].长春:吉林教育出版社，1990.

[20] ［英］王斯福.帝国的隐喻:中国民间宗教[M].赵旭东,译.南京:江苏人民出版社,2018.

[21] ［德］西美尔.宗教社会学[M].曹卫东,译.上海:上海人民出版社，2003.

[22] 俞可平.治理与善治[M].北京:社会科学文献出版社,2000.

[23] 俞可平.论国家治理现代化[M].北京:社会科学文献出版社,2014.

[24] 《中国民间歌曲集成》全国编辑委员会.中国民间歌曲集成(广西卷)[M].北京:中国 ISBN 中心,1995.

[25] 张厚安,等.中国农村村级治理[M].武汉:华中师范大学出版社，2000.

[26] 钟文典.广西通史(第一卷)[M].南宁:广西人民出版社,1999.

[27] 中国民间文学集成全国编辑委员会.中国歌谣集成[M].北京:中国 ISBN 中心,2003.

[28] 周去非.岭外代答校注[M].杨武泉,校注.北京:中华书局,1999.

[29] Henri, Lefebvre. *The Production of Space*[M]. Trans. by Donald Nicholson Smith. Oxford：Blackwell Publishing Ltd. ，1991.

二、期刊论文

[1] 鲍宗豪,赵晓红.现代性视域下的中国社会秩序重建[J].社会科学，2014(5):84-92.

[2] 柏宏媛.乡村治理视域下培育现代乡贤的困境与对策[J].农业经济，2021(6):69.

[3] 陈明.“十四五”乡村治理现代化走向及 2035 年远景展望[J].治理现

代化研究,2022(3):26-27.

[4] 董磊明,郭俊霞.乡土社会中的面子观与乡村治理 [J].中国社会科学,
2017(8):158.

[5] 董思思.从赤脚医生到仪式专家:传统知识在乡村社会中的延续——一
项阅读史的研究 [J].开放时代,2019(6):211.

[6] 党国英.我国乡村治理改革回顾与展望 [J].社会科学战线,2008(12):1.

[7] 樊浩.中国社会价值共识的意识形态期待 [J].中国社会科学,2014
(7):22.

[8] 房正宏.乡村治理:精英与政府间的博弈 [J].学术界,2011(11):207-
213.

[9] 仝志辉,贺雪峰.村庄权力结构的三层分析——兼论选举后村级权力的
合法性 [J].中国社会科学,2002(1):160-161.

[10] 郭辰,王明月.新时代弘扬中华优秀传统文化的使命、定位与价值 [J].
中国矿业大学学报:社会科学版,2023(6):164.

[11] 郭明姬,张亮.传承和弘扬中华优秀传统文化的人民中心意蕴 [J].中
国矿业大学学报:社会科学版,2021(5):101.

[12] 贺雪峰.乡村治理现代化:村庄与体制 [J].求索,2017(10):4.

[13] 贺雪峰,仝志辉.论村庄社会关联——兼论村庄秩序的社会基础 [J].
中国社会科学,2002(3):124-125.

[14] 贺雪峰.论农村基层治理现代化 2.0 版 [J].理论月刊,2024(1):107.

[15] 贺雪峰.乡村治理研究的三大主题 [J].社会科学战线,2005(1):223-
225.

[16] 黄宗智.重新思考"第三领域":中国古今国家与社会的二元合一 [J].
开放时代,2019(3):31.

[17] 黄宗智.道德与法律:中国的过去和现在 [J].开放时代,2015(1):77.

[18] 季羡林.国学应该是"大国学" [J].紫光阁,2007(8):80.

[19] 吕德文.乡村治理 70 年:国家治理现代化视角 [J].南京农业大学学报:
社会科学版,2019(4):14-15.

[20] 李宸,方雷.礼序政治:"大一统"叙事的回归与重构 [J].开放时代,
2021(2):95.

[21] 陆益龙. 乡村民间纠纷的异化及其治理路径 [J]. 中国社会科学, 2019 (10): 188.

[22] 李永萍. 村庄公共性再造: 乡村文化治理的实践逻辑——基于福建省晋江市 S 村移风易俗的实证分析 [J]. 中国农业大学学报: 社会科学版, 2021 (3): 80.

[23] 马良灿, 哈洪颖. 新型乡村社区组织体系建设何以可能——兼论乡村振兴的组织基础建设 [J]. 福建师范大学学报: 哲学社会科学版, 2021 (3): 73.

[24] 欧阳静. 简约治理: 超越科层化的乡村治理现代化 [J]. 中国社会科学, 2022 (3): 154.

[25] 欧阳子豪. 学科核心素养的融通培养: 现实诉求和基本策略 [J]. 中国教育学刊, 2022 (2): 36.

[26] 润泽, 杨华. 转型期乡村治理的社会情绪基础: 概念、类型及困境 [J]. 湖南师范大学社会科学学报, 2006 (4): 11-13.

[27] 任艳妮. 多元化乡村治理主体的治理资源优化配置研究 [J]. 西北农林科技大学学报: 社会科学版, 2012 (2): 106-107.

[28] 宋建晓. 台湾妈祖信俗与乡土社会的互动发展研究 [J]. 世界宗教研究, 2019 (4): 108-111.

[29] 唐俊, 徐祖祥. 空间表征与象征秩序: 桂西南壮族乡村治理中传统文化的现代价值重塑 [J]. 云南民族大学学报: 哲学社会科学版, 2022 (2): 106.

[30] 王欣, 王焕午. 乡村都市化背景下傣族村社制度的再生产与社区治理——以云南西双版纳州曼村为例 [J]. 中国农业大学学报: 社会科学版, 2021 (2): 90.

[31] 王春光. 乡村建设与全面小康社会的实践逻辑 [J]. 中国社会科学, 2020 (10): 40.

[32] 王德刚. 空间再造与文化传承——栖霞古镇都村"非遗"保护工程实验研究 [J]. 民俗研究, 2014 (5): 15-16.

[33] 王宪昭. 论太阳祭祀活动中的神话传统——以云南汤果村女子太阳节为个案 [J]. 社会科学家, 2017 (1): 145.

[34] 王勇.社会治理创新与政府积极作为 [J].国家行政学院学报,2017(1):
66.

[35] 吴业苗."民生为先":乡村治理的基本遵循——兼论乡村振兴中的实
践问题 [J].社会科学战线,2022(6):208.

[36] 薛金慧.陕甘宁边区农民文化传统的改造与提升 [J].广西社会科学,
2023(3):146.

[37] 宣朝庆,葛珊.村庄公共性再生产与祭祖活动公共化的蜕变——浙江
省 G 村祠祭仪式考察 [J].民俗研究,2021(3):91-92.

[38] 萧放,何斯琴.礼俗互动中的人生礼仪传统研究 [J].民俗研究,2019
(6):91.

[39] 徐勇.GOVERNANCE:治理的阐释 [J].政治学研究,1997(1):63.

[40] 杨洪林,顿山.农民再组织化与乡村振兴——以贵州省 Z 县"新时代乡
村青年农民学校"建设的村治实践为例 [J].云南民族大学学报:哲学
社会科学版,2021(3):112.

[41] 游祥斌,彭磊.社会资本——中国"草根民主"的文化基础 [J].山西大
学学报:哲学社会科学版,2011(5):78-79.

[42] 俞可平.治理和善治引论 [J].马克思主义与现实,1999(5):39.

[43] 郑开.祭与神圣感 [J].世界宗教研究,2019(2):7.

[44] 张艳娥.关于乡村治理主体几个相关问题的分析 [J].农村经济,2010
(1):15.

[45] 朱政."三治融合"乡村治理体系探索——以"积分制"治理为素材 [J].
湖北民族大学学报:哲学社会科学版,2022(4):78.

[46] 张春华.乡村治理如何从失序走向有序 [J].人民论坛,2017(7):65.

[47] 周娜.乡村振兴视角下实现农业现代化的路径探析 [J].理论探讨,
2022(2):159.

[48] 徐勇.县政、乡派、村治:乡村治理的结构性转换 [J].江苏社会科学,
2002(2):27.

[49] 张辉刚,杜婷婷.中华优秀传统文化对外传播的创新模式——学习习
近平文化思想 [J].西北民族大学学报:哲学社会科学版,2024(1):11.

[50] 赵旭东,张洁.乡土社会秩序的巨变 [J].中国农业大学学报:社会科学

版,2017(2):60.

[51] 张兴宇.礼俗化:新乡贤的组织方式及其文化逻辑[J].民俗研究,2020
　　　(3):156.

[52] 赵艳.从"乡土中国"到"后乡土中国":民俗文化在乡村振兴战略中
　　　的资源价值[J].青海社会科学,2021(2):102.